Encuentra tu norte emocional

Colección Recupera tu brújula emocional

TERE DÍAZ SENDRA

Encuentra tu norte emocional

Reconcíliate con tu pasado y avanza hacia un destino más libre

DIANA

Diseño de portada: Planeta Arte & Diseño / Stephanie Iraís Landa Cruz
Imagen de portada: ©Getty Images
Formación: Baya de oro

Bajo el sello editorial DIANA M.R.
Avenida Presidente Masaryk núm. 111,
Piso 2, Polanco V Sección, Miguel Hidalgo
C.P. 11560, Ciudad de México
www.planetadelibros.com.mx

Primera edición impresa en México: abril de 2026
ISBN: 978-607-39-4030-6

Impreso en los talleres de Corporación en Servicios
Integrales de Asesoría Profesional, S.A. de C.V.,
Calle E # 6, Parque Industrial
Puebla 2000, C.P. 72225, Puebla, Pue.
Impreso y hecho en México / *Printed in Mexico*

ÍNDICE

PRÓLOGO

«¡Eres GRANDE, Teresa!». Esas fueron las primeras palabras que solté cuando terminé de leer este extraordinario y revelador libro que ahora tienes en tus manos y que, sin duda, devorarás, así como lo hice yo.

No es nada fácil autoobservarse y en ese largo viaje descubrir y aceptar que nuestros miedos, vacíos, debilidades, inconsistencias y demás emociones –muchas veces mal sentidas, mal entendidas y mal acomodadas– son las que nos definen, e incluso me atrevo a asegurar que nos son fundamentales para sobrevivir al ritual del diario vivir. Tere, en sus años de terapia personal, así como en su trabajo como psicoterapeuta, ha practicado el ejercicio de la autoobservación, y es aquí, en estas páginas, donde esta maraña de emociones, sentimientos y sensaciones vividas a través del tiempo cobran sentido tras volverlas terciopelo al momento de narrarlas. Un lienzo repleto de verdad, autoconocimiento, compasión y amor por sí misma.

Autoobservarse es todo un tema. Un ejercicio que indudablemente muchos, antes de leer este libro, dejarían en el cajón de «cosas en las que tengo que trabajar, pero después con más calmita…». Y así se nos va la vida, sin acomodar, sin experimentar, sin sentir y sin tocarnos a fondo. Y precisamente el objetivo de este libro es que no nos quedemos en la sombra, perdidos y abrumados, sino atrevernos a descubrir lo que somos a través de una historia real –la de Tere–, e inspirarnos a escribir nuestra propia historia.

Este libro nos invita –casi sin pedir permiso– a hacer un alto; un *stop* necesario para revisar la brújula interna que todos llevamos dentro, esa que a veces se descalibra sin que nos demos cuenta. No para corregirnos, sino para observar hacia dónde estamos apuntando, qué emociones nos están guiando y cuáles nos han llevado a territorios que ya no nos representan más.

Pero ¿es normal sentir miedos, paranoias, inseguridad y malestar en general? ¿Es normal experimentar que mi autoestima se quiebra frente a situaciones que, según yo, no puedo controlar? ¿Es normal llorar inconsolablemente sumergiéndome en la tristeza; sentir que no soy suficiente; o que puedo con todo, pero no quiero; o que todo me rebasa y, por tanto, me frustro? Aquí, el revelador «SÍ» de Tere Díaz me regresó el alma al cuerpo, y seguramente lo mismo te sucederá a ti, que has empezado a leer este libro.

Con cada capítulo, la autora nos va trazando el mapa perfecto, la guía de vida o el tutorial que todos esperamos para justo poder llegar a ese lugar que –por poco audaces– hemos evitado: develar los claroscuros de nuestro propio ser.

Nuestra brújula emocional no apunta siempre al mismo norte, y está bien. Cada experiencia la mueve, cada pérdida la sacude, cada logro la reconfigura. La tarea no es forzarla, sino revisarla, soltar lo que nos desequilibra y abrir espacio a aquello que genuinamente nos hace sentir bien.

Tal vez, al final, nuestra brújula interior no está hecha para llevarnos a un destino fijo, sino para recordarnos –una y otra vez– quiénes somos cuando nos atrevemos a mirarnos sin miedo.

Rebeca Mangas
Enero de 2026

INTRODUCCIÓN

ESTA SOY YO

Estoy por cumplir 65 años y, si bien a menudo me sorprendo del casi imperceptible correr del tiempo, también me deleito sintiendo la ligereza con la que acepto su avance en mi vida. Me regocijo al notar lo mucho que he vivido, las experiencias que he tenido, los aprendizajes que he integrado, los retos que he enfrentado –y sigo franqueando–, y las muchas conquistas esperadas e inesperadas. Tomando en cuenta que mi madre murió cuando yo tenía 22 años, tras casi cinco años de enfermedad, me era difícil vislumbrar una vida después de los 40, y el hecho de haber llegado a estas alturas del camino, con todas sus gracias y dificultades, para mí es un regalo.

La tercera y última parte de mi vida está arrancando con varios eventos importantes: la muerte de mi padre en 2020, quien fue mi pilar, mi sostén y una figura fundamental en mi vida. Estoy viviendo un tercer amor que, por lo mucho que he cambiado, por las mil manías que tengo, por los cien proyectos que manejo y por la simple dificultad de conocer hombres que me gusten, pensé que no llegaría. Mis hijos, después de largos años de crianza, son adultos cabales y autónomos en tantos sentidos que siento una inmensa alegría, una profunda paz y una deliciosa libertad. Mi trabajo, tras años de siembra constante y de empeño permanente, está dando frutos que no entreveía y que aportan un profundo sentido a mi vida, llenándome de satisfacción. Y finalmente atravieso un cáncer que me sorprendió en una etapa de gran plenitud vital y que está poniendo en juego todos mis recursos físicos, emocionales, sociales y espirituales. Constato con regocijo que me están funcionando, porque a pesar del desgaste que una situación como esta genera, no he perdido la fuerza, la tranquilidad y la alegría de vivir.

No puedo dejar de decir que quiero a quien me quiere y que estoy con quien quiero, y que he construido vínculos familiares, laborales y amistosos de gran valor que no solo aderezan deliciosamente mi vida, sino que son piedra angular de mis alegrías, mi fortaleza y mi plenitud. Por todo esto es que he decidido celebrar la vida haciendo, a través de este libro, un recorrido por diversos temas que han sido medulares en mi trayecto por el mundo, enriqueciéndolos con algunas experiencias de vida, profundizándolos con los estudios profesionales que me permitieron ampliar la mirada de las cosas y clarificándolos con ejemplos concretos de mi práctica como psicoterapeuta. El resultado de todo este material es lo que tienes hoy entre tus manos: un texto ligero que refleja mi manera de ser y la forma en que he capoteado la vida, transmutado lo que he creído, asumido lo que simplemente no he podido cambiar y desechado lo que de plano no me aportaba nada de valor.

Mi peculiar personalidad hace pensar a las personas que las cosas se me han dado fácil y naturalmente, sin embargo, con el correr de los años, me he dado a la tarea de tomar conciencia de mí, de mi entorno y de la vida, y he decidido agarrar al toro por los cuernos. Quizá por eso confirmo que la vida, al tiempo que es difícil, también es generosa. Me motivan los desafíos, me entusiasman las novedades y me fortalecen los desencantos. Y, en medio de todo eso, tengo la capacidad para enfocarme en lo que sí hay, para aprovecharlo y disfrutarlo hasta donde me es humanamente posible.

Mi papá solía contarnos las peripecias que atravesó para sobrevivir una infancia de carencias y abandono. Siempre aderezaba sus relatos con aventuras, retos y conquistas. Desde que tengo uso de razón, escuchaba con atención las mil anécdotas de su desafiante vida y me decía a mí misma: «¡Con esta vida tan bien armada que tengo, ni cómo acercarme a las hazañas que vivió mi papá!». Y es que, viniendo de una familia nuclear intacta y con comodidades cotidianas, sentía que mi existencia estaba programada y sería anodina: que solo debía cumplir con lo que me tocaba y no salirme del redil. Pero para nada fue así. Resultó que las cosas no se dieron ni como me las contaron y mucho menos como yo me las imaginaba, pero el hecho de tener una curiosidad infinita, una tenacidad aprendida a pulso y, sobre todo, una infinidad de deseos y metas por cumplir, me permitió hacer de mi recorrido vital una experiencia que, al menos desde mi perspectiva, es significativa y especial.

A esto agrego un aviso importante: no soy normal. Tampoco es que sea una persona fuera de serie, ni una trastornada mental. Pero no, no soy normal. Mi cerebro funciona raro, y tardé un buen tiempo en descubrirlo, aceptarlo y aprender a manejarlo. Hoy me parece que esa forma «rara» de impacientarme, esa ansiedad que hace que me corra la prisa, ese brincar de mi cabeza con miles de ilusiones, invenciones y retos, y ese mieditо de que las cosas me vayan a salir mal, son parte importante del corazón que pongo en lo que hago.

Descubro que en pleno siglo XXI la mayoría de las mujeres tiene que romper con un sinfín de creencias, culpas, relaciones, temores, estructuras y sermones si quiere avanzar primero en lo individual y después en lo colectivo. Los hombres que nos quieran acompañar tienen que estar a la altura, porque ya no amamos con abnegación –ni a la pareja, ni a los hijos, ni a los amigos ni a nuestros jefes–; ahora queremos su compañía generosa, respetuosa, amorosa y recíproca. Avanzar en esta hazaña es simplemente construir la vida que deseamos con los materiales y herramientas que tenemos, acomodando en todo momento nuestros deseos a nuestras posibilidades reales para hacer de lo que vaya resultando un espacio apetecible de habitar.

La felicidad del día a día está relacionada con lo cerca o lo lejos que estemos del ideal que hemos visualizado para nuestra vida: ¿cómo deberíamos lucir físicamente?, ¿qué deberíamos sentir?, ¿cómo tendríamos que pensar?, ¿con quién deberíamos relacionarnos y de qué manera?, ¿qué tanto éxito deberíamos de tener? Y finalmente, ¿en qué medida los desafíos que asumimos concuerdan con las habilidades que tenemos? ¿Qué requerimos desarrollar para acercarnos a nuestro ideal? ¿Qué prejuicios y creencias hemos de desafiar para que ese ideal se corresponda con nuestros deseos, intereses y valores?

La incomodidad por lo desconocido, la dificultad de tolerar la incertidumbre, el miedo al fracaso y el temor al ridículo son elementos casi universales que obstaculizan el logro de nuestros objetivos y la conquista de nuestra plenitud. Al recorrer los temas de este libro –el amor, la amistad, la salud mental, las emociones y los sentimientos, la imagen física, la maternidad y la paternidad, la seguridad personal, la sexualidad y el erotismo, los momentos de soledad, los esfuerzos y los desvelos, el manejo del dinero y la búsqueda de la felicidad–, harás algunas reflexiones que te facilitarán romper los esquemas que te dificultan construir la vida que quieres habitar.

Si bien abordo algunos de los temas desde el punto de vista de las mujeres, su eje no excluye la lógica masculina, y menos aún el impacto que estas situaciones tienen en la vida de todas las personas independientemente de su sexo y género.

Hoy más que nunca nos movemos en territorios diversos, complejos, simultáneos, siempre inagotables. Recorrer este libro capítulo a capítulo –sin que tengas que hacerlo en algún orden en particular– te permitirá comprender la construcción del mapa del mundo que utilizas para responder a algunos desafíos de la vida. Durante tu recorrido, te invito a recordar que el mapa nunca es el territorio, por lo cual tus aprendizajes, tu empeño y el paso del tiempo serán tus aliados para actualizar las respuestas que das ante la vida.

Confío en que este recorrido nos acerque y que, con un manojo de preguntas, una buena dosis de realidad, una maleta de herramientas propias y varias estrategias concretas para cambiar, experimentes la satisfacción de ir coloreando, con pinceladas únicas, el dibujo de tu vida para así acompañarnos a lo largo del trayecto y celebrar tu vida junto con la mía, con la certeza de Lao-Tse, quien afirmó que:

«Un viaje de mil millas comienza con un solo paso».

CAPÍTULO 1

¿SERÉ NORMAL?

1.1. POR QUÉ Y CÓMO CONSTRUIMOS NUESTRA PERSONALIDAD

Soy rara, hoy lo digo, lo acepto y lo disfruto. Pero años atrás yo no quería que se me notara, así que trataba de parecer lo más «normal» –adecuada, adaptada, amansada– posible. Con frecuencia me estresaba queriendo disimular mi ansiedad, mis nervios, mis miedos por ir a una fiesta donde había que mostrarse desenvuelta y relajada; por integrarme a un nuevo grupo de estudio con los mejores compañeros de la clase, pues yo me sentía medio ignorante; por acompañar a una amiga cuya familia incluía miembros de distintas nacionalidades y había que entender y responder en otro idioma; por ir a la misa dominical y tener que darle la paz al señor de mi derecha, que entre que me gustaba, me atemorizaba y, en resumen, me imponía.

Desde un evento simple hasta una tarea complicada podía ser un reto estresante para mí. En ocasiones pasaba semanas sufriendo por cosas que ni ocurrían, o bien, me angustiaba por tratar de aparentar que estaba contenta y divertida en entornos y espacios que me descolocaban.

Y al final no, no soy tan normal. Me tomó tiempo reconocerlo, aceptarlo, capotearlo e incluso disfrutarlo. Pero ¿quién es del todo normal? Las personas somos tan complejas y diversas por la combinación de genes, infancias, historias, mundos, anhelos. Y a eso hay que agregarle el saco de causalidades, la presión social del contexto en que vivimos, que nos empuja para que nos mostremos de una forma aceptable y nos adaptemos, ajustemos y amoldemos bajo la amenaza –expresa o velada– de no pertenecer, ser señaladas, que nos critiquen o rechacen.

Sí, caminar y vivir en este mundo es una experiencia intensa, nos necesitamos unos a otros y al mismo tiempo queremos que la gente nos quiera por ser nosotras mismas, y es solo conociéndonos y entendiéndonos que podremos entrelazar ambas necesidades y empezar a construir una vida buena, ajustada a lo que podemos, a lo que queremos y a lo que somos, sin aislarnos, ni fusionarnos y perdernos en las demandas y expectativas de los demás.

Aún hoy, con mis 64 años a cuestas, varias terapias tomadas, muchos desafíos superados, algunos retos presentes y un sinfín de vivencias disfrutadas, me pregunto algunas mañanas al abrir los ojos: ¿qué siento hoy?, ¿qué ocurre en lo profundo de mi ser? Y me cuestiono con frecuencia, en esa rareza mía: ¿será que me estoy deprimiendo?, ¿o simplemente es que ya no quiero seguir con esta tarea que ha dejado de resultarme estimulante?, ¿o quizá lo que quiero es negarme a ir a esa comida que me drena más de lo que me va a revitalizar?, ¿o tal vez esto que siento conecta con algo difícil que –tengo que aceptarlo– estoy viviendo?

Y es que mi necesidad de encontrarle un sentido a lo que hago, mi hipersensibilidad a ciertos malestares corporales (como cuando duermo mal o cuando como un poquito de más) y mi «deber ser» –que bastante me ha servido: desde la cuna, pasando por la escuela, siguiendo por la universidad, llegando a la maternidad y despuntando en lo profesional– terminan limitándome y apretándome cuando lo que necesito es soltar el cuerpo un poquito más y dejarme estar.

Me ha llevado años conocerme para entenderme, aceptarme y respetarme. Y al hablar del respeto personal no lo hago en un sentido «blandengue» respecto a afrontar lo que me toca, sino a conquistar lo que quiero, darle la cara a eso que temo, y al final, responsabilizarme de las consecuencias de mis decisiones, con sus aciertos y errores incluidos. Pienso en respetarme como el empeño de legitimar mis peculiares deseos, atender mis genuinas necesidades, dar espacio a mis curiosos intereses y honrar mis más profundos y sinceros valores, e irlos actualizando conforme voy cambiando a lo largo de la vida. He descubierto que el bienestar se adquiere cuando consideramos tanto lo que deseamos hacer como lo que debemos acometer de lo que somos y necesitamos, tomándonos en cuenta a nosotras mismas, pero sin perder de vista la relación con los demás.

Recuerdo, hace mucho tiempo ya, a mi papá y a mi mamá contándome la fiesta que me organizaron (¿o se organizaron ellos?) cuando cumplí dos años. Entre familiares y amigos de la familia, un mago y un cuento narrado por unas marionetas, mis padres me observaban moviendo las manitas, bailando al ritmo de la música, riéndome con algunas piruetas de los títeres, asustándome con algunas magias sorpresivas, en fin... Pero la fiesta terminó, y dando las diez de la noche, ¡yo seguía enfiestada dentro de mi cuna! Me incorporaba, agarradita de los barandales, para seguir con mis bailes y llamaba en tono de melodía a mis papás para continuar con el alboroto iniciado diez horas atrás. Ahora entiendo que, como dicen, genio y figura hasta la sepultura, porque aún hoy, cuando algo me estimula y me entusiasma, me quedo despierta hasta tarde, dando vueltas en mi cabeza y con dificultades para poder dormir.

Así como esta, podría compartirte un sinfín de experiencias que dan cuenta de mi temperamento –desde otras vivencias en mi corta infancia, pasando por presiones matrimoniales tras mi divorcio, hasta las piruetas que implica gestionar todo lo relacionado al cáncer que me aqueja– y que, de distinta forma, junto con mi educación infantil, mis historias familiares, mi vida de estudiante y la experiencia de ser mujer en México, me fueron condicionando a ser quien soy. Todo esto me sirve para reconocer de dónde vengo y poder diseñar mi vida siendo compasiva conmigo, pero también siendo persistente para llegar a donde quiero estar. Y a pesar de lo mucho que me gusta mi vida, no es que todo haya salido como lo pensaba, ni que la incertidumbre no se haya apoderado de mí en ocasiones, pero en este ir y venir que implica el conocerme y respetarme, he ido entendiendo qué quiero, qué puedo hacer y cómo irme acercando hacia donde considero que estaré mejor.

Sin embargo, no dejo de debatirme y preguntarme: ¿por qué respondo de una forma tan extravagante a los desafíos de la vida?, ¿por qué no me logro adaptar a ciertas usanzas de mi entorno o me desestreso pidiendo un favor?, ¿para qué pienso tanto una decisión en vez de dar vuelta a la página y listo? Pero esta soy yo, y al final de cuentas con todo y mis rarezas, me digo a cada rato: ¿quién es del todo normal?, ¿qué es eso de ser normal?

Todos somos más o menos «normales» hasta que nos conocemos unos a otros y convivimos. Sin duda hay gente más complicada, conflictiva y trastornada. Algunos de ellos con suerte –pero nunca sin dificultad– encuentran caminos de autoconocimiento, «ángeles» que los contienen y acompañan en su trayecto, y tratamientos –cuando no incluso medicamentos– que les ayudan a atenuar su afección. Pero los que estamos en la media de lo «común y esperable» siempre traemos un estira y afloja para adaptarnos a una sociedad que presiona con sus parámetros de lo correcto y lo esperado, mientras que nuestra persona busca sus formas peculiares de convertirse en ese alguien que una quiere ser.

Y sí, insisto en que es esta mezcla de temperamento, crianza en los primeros años de nuestra vida, historias amorosas, experiencias desastrosas y contextos sociales diversos –como la escuela, el trabajo, la iglesia o los amigos– lo que nos convierte en las personas que somos. Pero una cosa es estar condicionadas por estos factores y otra vivir determinadas por un destino que nada tiene que ver con la vida que queremos para nosotras.

Por eso es importante conocernos y reconocer nuestras diferencias, oportunidades y limitaciones a partir de todos estos influjos. Todos venimos al mundo con una **carga genética** que nos predispone hacia diversas vertientes. Para darte una probadita, una de ellas es la tendencia natural a la extroversión o a la introversión. De acuerdo con Susan Cain –escritora y conferencista estadounidense autora de *El poder de los introvertidos*–, esta distinción determina aquellos rasgos de carácter que nos hacen requerir, para el propio crecimiento y bienestar, espacios más tranquilos y solitarios para alcanzar nuestro equilibrio interno o, por el contrario, situaciones de mayor convivencia y estimulación, para nutrirnos y florecer. Por ejemplo, una persona que se cataloga como introvertida –característica que, Cain insiste, no significa carencia de habilidades para la socialización, sino más bien una estrategia de carácter para recargar energía y favorecer estados de satisfacción y creación– valora más la soledad, los espacios individuales y el silencio. Una de cada tres personas es introvertida en este sentido, por lo que valora mucho más su individualidad al tiempo que requiere de mayor soledad para expandir su personalidad. Y para qué te cuento, si esa soy yo. Pero entenderlo, conocerlo y respetarlo me llevó mi tiempo y mi empeño, y otro tanto para hacerlo valer entre la gente que me quería clasificar como aburrida, cortada y amargada.

Lo mismo puedo decir con respecto a la **influencia de los primeros años de nuestra vida,** fundamentales para entender el mundo, a nosotras mismas, a los otros y nuestra relación con ellos. No podemos generalizar, pero tampoco minimizar, el impacto de los vínculos con nuestros cuidadores primarios —padre, madre, abuela o tíos— y la manera en que influye en la imagen que tenemos de nosotras mismas y de lo que ocurre a nuestro alrededor. La mirada que recibimos de los demás en esos primeros años de vida no determina nuestro futuro, pero sí condiciona nuestra manera de valorarnos, entender las relaciones, adquirir temores y afianzar seguridades. Por ejemplo, una mujer que fue constantemente invisibilizada, ignorada e incluso maltratada, se autoconsiderará poco merecedora de amor, e incluso puede temer el contacto íntimo con otras personas, pues esta experiencia de rechazo la llevará a considerar que el mundo que habitamos es inseguro o amenazante, o a asumir que los hombres son más importantes que las mujeres, o a creer que los niños pequeños no saben ni pueden opinar.

Y si bien con el paso del tiempo **las relaciones de pareja, nuestro trabajo, algunos de nuestros familiares y los buenos amigos** pueden ayudarnos a actualizar estas perspectivas, se requiere un trabajo personal para transformar la idea que tenemos respecto a lo que merecemos y podemos lograr, así como para saber de qué pie cojeamos y buscar formas que nos ayuden a avanzar firmes y tropezar menos en nuestro camino.

Dentro del mismo paquete que nos constituye como personas singulares se encuentran **las historias, los mitos y los secretos que se cocinaron en nuestra familia de origen.** Nos guste o no, las vivencias que se gestaron desde nuestros ancestros y nos llegaron como mandatos, prejuicios o creencias por el simple hecho de pertenecer a esa familia generan en nosotras un sentimiento de compromiso y unión, más o menos consciente, hacia nuestro grupo familiar. Por esto, si las generaciones anteriores a nosotras dejaron sin resolver alguna tarea, las siguientes generaciones tenderemos a enfrentar asuntos que, sin ser parte de nuestra historia presente, nos atraparán en busca de una resolución. Así, los temas de nuestros antecesores y las injusticias cometidas dentro y fuera de la familia que nos presidió pueden tener un impacto inconsciente en nuestra propia vida: ¿enfermedades?, ¿depresiones?, ¿fracasos económicos?, ¿relaciones conflictivas? Incluso la dificultad para encontrar pareja, disfrutar de ella o hasta dejarla ir.

A mí me costó la vida, el alma y el sueño divorciarme. En mi familia, divorciarse era visto como un pecado debido a que significaba destruir una familia, fracasar como persona y arriesgarse a no poder, en el futuro, tener una vida satisfactoria. Culpa y miedo fueron sentimientos que tuve que enfrentar, así como el temor de arruinar la vida de mis hijos y la creencia de no poder volverme a levantar y disfrutar como mujer. Mi padre fue hijo de una madre soltera, vivió un abandono temprano y siempre valoró la vida familiar por encima de todo, porque él nunca la experimentó como tal, así que ese deseo suyo incrementaba mi temor de «deshacer» una familia que ya existía.

Y es que pienso que es inevitable experimentar cierta culpa y temor si «traicionamos» a nuestra familia de origen con algún comportamiento que desafía su historia familiar. Sentimos culpa de conseguir lo que otros no tuvieron –por ejemplo, un estatus económico más desahogado, un buen divorcio o una buena relación–, o temor a «ser expulsada» y perder el derecho a la pertenencia familiar si te casas con alguien que profese otro credo y decides no practicar algunos rituales que no vayan de la mano de tu propia religión. En lo particular, la experiencia de mi padre –quien además del abandono de su padre, vivió pobreza y se dio a la tarea de salir de esa escasez para no volver a sentir el temor de ir sobreviviendo día a día– resuena en mi cabeza a manera de culpa cuando no me termino la sopa del plato o me doy un lujo. Y a esto tengo que agregar el contexto en el que crecí: los preceptos de mi escuela religiosa de puras niñas, las amenazas de ser mujer en una sociedad machista y las implicaciones de pertenecer a una familia conservadora. ¡Cuántos mandatos sembrados y barreras internas que derrumbar!

Todas traemos una carga que hay que desentrañar, comprender y acomodar. Sin embargo, antes de entenderlo con esta claridad, ¡cómo me torturé comparándome con la media! Me esforzaba por pensar-sentir-hacer lo que la mayoría disfrutaba y por supuesto que me agotaba tratando de encajar. Hoy muy orgullosamente afirmo que me salgo de esa «normalidad» –soy atrabancada, hiperactiva, impaciente, extravagante e imprudente– y que por fortuna, y con menos presión, mi «deber ser» –aunque todavía oprima un poco– va cediendo ante mi genuino deseo de actuar a mi aire, a mi favor, aunque, claro, considerando también a quienes están a mi alrededor.

Si queremos alcanzar un cierto bienestar y una suficiente realización como personas, no podemos darnos el lujo de no adueñarnos de ese costal que cargamos al hombro. Con susto y gusto, pero con convicción, afirmo que entender de dónde venimos, tener alguna idea del porqué nos duelen ciertos recuerdos y otros no, reconocer aquellas situaciones que nos han planteado importantes retos y descubrir qué es lo que nos resulta más fácil de manejar es conveniente para quienes buscamos vivir una buena vida, que, si bien no siempre es fácil, sí puede ser de suficiente satisfacción y bienestar.

Pero, ¡ojo! A veces nuestra carga nos parece insostenible y vergonzosa, y no, el problema no se encuentra en sí mismo en el costal que llevamos a cuestas, sino en el temor de que nos sorprendan con él y que nos lastimen al descubrir lo que tanto hemos intentado esconder: la vulnerabilidad, los errores y las vergüenzas de nuestra historia de vida. Todas, de una u otra forma, somos vulnerables, tenemos experiencias que nos duelen, que nos avergüenzan, que nos atemorizan, y es común que no las queramos mostrar. Esa vulnerabilidad se puede manifestar cuando tratas de mentirte fingiendo que no ves algo que es evidente a tus ojos, pretendiendo no sentir temor o inquietud por aquello que estás por realizar y te hace temblar, o simulando tranquilidad cuando lo que experimentas es quizá miedo e incertidumbre por lo que vendrá.

Y luego está el esfuerzo de encajar tratando de adaptarte al lugar en el que estás. Y es que mostrarnos vulnerables, dar a conocer aquello que nos pasa, aceptar lo que sí podemos, pero también aquello que nos limita, es bajar la guardia y dejarnos ver, incluso por nosotras mismas, en nuestra propia realidad. ¡Y vale la pena hacerlo! Porque aparentar lo que no somos, pretender querer lo que no queremos, creer lo que no creemos y hacer lo que no deseamos no solo es agotador, también nos desconecta de las genuinas relaciones de intimidad con los demás. Sin embargo, hay que saber qué decir, qué mostrar, a quién, cuándo y dónde. Esto es aprender a cuidarnos también; no todos tienen ni el derecho ni las características adecuadas para mostrarles nuestro interior.

Y pese a que nos guste nuestra individualidad, somos seres sociales. Las personas nos construimos como tales en nuestra convivencia con los demás. ¿Quién no disfruta saberse querido, reconocido y respetado? Pertenecer es una necesidad básica, conectarnos unos con otros genera contención y tranquilidad. Las sanas conexiones con los otros no solo nos dan paz, sino también aportan una sensación de disfrute y de sentido de vida. Si no nos conectamos es porque tememos mostrarnos, no queremos que nos vean vulnerables, tememos que la gente note nuestras inseguridades y nuestras rarezas, nos avergüenza y **da miedo «no ser suficientes» a los ojos de los demás.** Si pensamos que somos raras o anormales, más temeremos mostrarnos como somos. Pero aquí yace una de las contradicciones centrales de los seres humanos: queremos conectarnos, pero tememos mostrarnos y salir lastimados, sin embargo, la verdadera intimidad implica dejarnos ver por los demás.

Recuerdo tantos momentos y espacios en los que he tenido la valentía de decirles a mis amigas «Yo no estoy de acuerdo con hablar así de esa persona»; de plantear ante mi familia religiosa y conservadora mi postura respecto al aborto y la infidelidad; y ya no digamos, en contextos laborales, revelar mi desacuerdo con algunas políticas y prácticas profesionales, consciente de que mi planteamiento va a generar cierto malestar. A ver, no se trata de ser siempre la aguafiestas del grupo, sino de vivir en congruencia con una misma y honrar eso que soy mostrando aquello en lo que creo de corazón. Pero definirnos y mostrarnos ante la gente requiere, además de conocernos y tener criterios y posturas personales, desarrollar la **valentía necesaria** para plantarnos con congruencia, con compasión hacia una misma y con un respetuoso trato hacia los demás. Y para esto requerimos tolerar la vulnerabilidad, esa inquietud que sentimos al saber que podemos no agradar, no ser comprendidas e incluso generar rechazo y malestar.

A mí me costó una **depresión profunda** romper mis corazas: al tiempo que me apretaban muchas creencias y hábitos de vida, temía que el hecho de legitimar mis deseos, necesidades y valores implicara quedarme sola y no poder adaptarme a mi entorno social. Mi gente cercana –mis hermanas, mis amigas, mi esposo, mi padre, incluso algunas colaboradoras del trabajo– me miraba con preocupación y trataba de exhortarme a no hacer algo más grande de lo que era en realidad. Se asustaban de mi enojo y mi cansancio, me pedían reconsiderar mis decisiones con respecto a mis estudios, a mi proceso terapéutico y a mi crecimiento profesional para, ya y de una vez por todas, volver a «la normalidad». «¿Por qué te complicas tanto la existencia? Si tienes todo lo que cualquiera quisiera para vivir en paz» era la frase que, de distintas formas y a través de diferentes personas, llegaba a mí. Recuerdo la sensación de angustia e incertidumbre que sentía en relación con mi futuro, con el hecho de que el presente me apretaba, con el peso de la responsabilidad que implicaba ser la cuidadora primaria de mis hijos pequeños, con el desasosiego de seguir inmersa en una fuerte crisis con mi pareja y con la dificultad de nadar contracorriente para conquistar mi independencia económica y mi autonomía emocional.

Hoy me pregunto si hubiera podido evitar llegar a un fondo tan oscuro para lograr impulsarme desde lo profundo de mí misma hacia la superficie de mi vida, romper las propias ataduras internas y desafiar también las limitaciones marcadas por un contexto que me impedía crecer. Pero si bien cada una toca su propio fondo de distintas formas, con frecuencia se necesita llegar a una crisis de considerable fuerza para poder soltar las viejas creencias, cambiar los inoperantes adoctrinamientos y actualizar los hábitos automáticos que nos desgastan y nos llevan a trastabillar. Tras ese quiebre, fui paso a paso acogiendo la vulnerabilidad que me caracteriza y **elegí mostrarme tal cual soy.** A veces tropiezo, claro; perfecta no soy. Pero es que la vulnerabilidad, aunque es incómoda, nos hace auténticas, amables y nos conecta con la gente que queremos y que está lista, junto con nosotras, para vivir en intimidad. Todas podemos ir eligiendo nuevas formas de estar, de vivir y de convivir con los demás.

¿Vieras qué liberador y satisfactorio es llegar, antes que después, a este punto en la vida? Con todas mis rarezas y mis fortalezas, me he liberado de infinidad de hábitos que me daban la sensación de insertarme a este mundo como metida en una apretada e incómoda faja, siempre buscando el momento de poder quitármela. Y no solo lo he vivido en carne propia, sino que también he disfrutado observando a amigos, consultantes, familiares y colegas deshacerse del peso de agradar y encajar.

Recuerdo con asombro cuando leí *El caballero de la armadura oxidada* de Robert Fisher. ¿Y de qué se trata esa armadura que nos ponemos para esconder a la persona que realmente somos? Descubrí tantas **conductas concretas que limitan nuestra vida y nuestras posibilidades** de goce, expansión, transformación, conquista y bienestar. Es que si algo produce placer en la vida es el propio crecimiento, es vivir como se quiere, es ocupar el espacio que nos corresponde en nuestros diversos círculos de acción. Nada nos puede asegurar el éxito, pero tampoco nadie puede usurparnos la satisfacción de vivir con congruencia e integridad. Sin duda el hacernos conscientes –tras conocernos y aceptarnos– de los hábitos de conducta con los que hemos construido la coraza que, suponemos, nos protegerá, nos permitirá irlos desmantelando y vivir con mayor autenticidad y libertad.

Viene a mi memoria Rosario, una consultante de 33 años que hace varios años trabajó conmigo un proceso terapéutico interesante. Lo que trajo a Rosario a terapia fue su deseo de crecer profesionalmente y la dificultad para lograrlo. Ella se caracterizaba por ser una mujer entusiasta en su profesión y muy comprometida con su trabajo; había estudiado Comunicación, tenía una especialidad en Mercadotecnia y en ese momento estaba terminando una maestría en Literatura y Escritura Creativa.

Era parte de una reconocida empresa de comunicaciones y, tras dos años en el área de promoción de eventos, logró ingresar al área editorial. Desde hace tiempo deseaba generar contenidos a través de entrevistas a especialistas para adquirir información novedosa en temas de actualidad y redactar artículos de interés. Como era novata en esta área y compartía el área de trabajo con algunos periodistas reconocidos y articulistas aclamados, Rosario sentía que no tenía la talla profesional para pertenecer a ese espacio. Le costaba trabajo sentirse a sus anchas en su escritorio, parecía que tenía que hacerse **chiquita para caber** en ese espacio físico y esa posición laboral. Se **borraba para no incomodar** a los miembros reconocidos de su oficina, preguntaba en voz bajita, se disculpaba cuando no tenía claro algún tema que se debía discutir y se minimizaba cuando quería opinar usando frases como «Yo sé que me falta experiencia, pero…» o «Perdón que les quite tiempo con esta aclaración».

Su **temor por molestar o equivocarse** le impedía generar propuestas, y cuando alguno de sus artículos tenía buena respuesta, le era imposible compartir sus logros sin hablar en plural: «Lo logramos», como si dos sugerencias que le había dado una de sus colegas hubieran sido la razón de que acertara. Cuando yo le preguntaba: «¿Qué te impide compartir tus éxitos con los demás?», me contestaba que sentía que hablar de los propios logros o de las tareas bien cumplidas le parecía un acto de presunción. Además, ¿cómo comparar sus logros con los de los doctores x, y, z que tenían reconocimiento internacional? Y así esperaba que el entorno, particularmente sus superiores, **se dieran cuenta de forma espontánea de sus competencias** para que tarde que temprano la pudieran promocionar. ¡Qué difícil fue ir integrando con ella las distinciones entre *blofear* sobre lo que no se es y adueñarse de sus competencias para poderlas expresar y compartir con paz!

Con frecuencia también se sentía **comprometida a agradar y a apoyar** a sus compañeros de trabajo, la mayoría hombres mayores que ella y con más años de experiencia. La idea errónea de que su tranquilidad presente y su crecimiento futuro dependían de agradar a los demás para que así la invitaran a diversos proyectos y la promovieran por ser «buena gente» le impedía negarse a ciertas peticiones absurdas para proponerse abiertamente para tareas en las que tenía no solo interés, sino mucho que aportar.

A eso sumemos sus cansados e infructuosos **intentos de perfección** y su creencia de que le **faltaba *expertise*** –más estudios, más diplomas, más especializaciones– para poderse promocionar. Finalmente, y tras meses de esfuerzos desgastantes, se abrió una vacante en su área para sustituir a uno de los coordinadores de contenidos digitales. El puesto le interesaba y sabía que ella tenía el perfil adecuado para calificar. Cuál fue su sorpresa cuando se enteró de que promovieron a un colega que, si bien llevaba más tiempo en la empresa, carecía de las credenciales académicas con que ella contaba y de los años de experiencia que ella ya había acumulado en su vida profesional.

Así fue como llegó a terapia, con un agotamiento acumulado y una frustración desalentadora. Hacer más, estudiar más, revisar sus entregas una y otra vez para hacerlas mejor y ayudar a otros sin ton ni son, solo para quedar bien, claramente no era el camino de resolución y promoción. Comenzamos la terapia deteniendo los **pensamientos obsesivos.** En su cabeza revoloteaban los supuestos errores que había cometido desde que se abrió la posibilidad de ascender de puesto. Su mente giraba en torno a lo que pudo haber hecho mejor, a lo que le faltó decir para darse a entender con claridad y a lo que dejó de hacer, que la perjudicó. Todas eran ideas inconexas que daban más cuenta de su cansancio y confusión que de un discernimiento estratégico para poder avanzar. Continuamos trabajando la capacidad de **afinar su dispersión mental** con el fin de enfocarse en lo que sabía hacer bien (que era bastante), en lo que quería lograr (que tenía muy claro) y en lo que podía realizar (sin que le representara un costo físico, emocional y económico excesivo). Y de ahí comenzamos a organizar cómo jugar, paso a paso, todas esas cartas a su favor.

Rosario fue **adueñándose de las aptitudes que tenía** para escribir; de hecho, se ofreció a colaborar como voluntaria en una revista virtual que iniciaron dos amigas de la maestría, tarea que le confirmó sus habilidades de narración, redacción y edición. Su capacidad para abordar temas de actualidad con respecto a las ventajas y riesgos del mundo virtual, haciendo uso de un lenguaje ligero, con gracia, ironía y mucha claridad, la catapultó a ser contratada para la redacción de una columna semanal. La seguridad que fue adquiriendo le permitió **promoverse a sí misma,** pues aprendió a distinguir el comunicar con asertividad y proactividad lo que sabía hacer del *blofear*. Preparamos en consulta un pequeño **párrafo «elevador»** que le permitiera externar en un minuto qué hacía, qué quería hacer en el futuro, por qué era la persona adecuada para esa vacante y en qué beneficiaba eso a la organización.

Se fue **liberando de la necesidad de quedar bien con todos** tras aceptar que eso es algo imposible y empezó a **tolerar la ansiedad** que le producía percibir ciertas envidias e intrigas a su alrededor. La terapia fue llegando a su punto final cuando, sintiéndose más segura de sí misma, se permitió **acercarse a colaboradores de rangos más altos** para preguntar sus dudas, pedirles consejos y mostrarles su trabajo con el fin de hacer oír su voz y hacerse notar sin presunción. Descubrió que para construir una carrera se requiere **esfuerzo y preparación,** pero también el **uso adecuado de su inteligencia emocional y social.** Así fue como entendió que los intercambios con amigos y colegas de otras áreas no significaban aprovecharse de su amistad, sino **construir relaciones de colaboración** donde el objetivo es el intercambio honesto que desemboque en un ganar-ganar profesional.

Rosario terminó el proceso terapéutico haciendo interesantes **conexiones entre su historia de vida, su carácter, sus condicionamientos sociales por el hecho de ser mujer y los obstáculos internos** –creencias, temores, prejuicios– que enfrentaba en su vida laboral. Sin duda, a lo largo de la terapia distinguió aquellos cambios que dependían de ella de las limitantes externas en las que tenía poco margen de maniobra y que debía visualizar y capotear.

Al igual que Rosario, muchas de nosotras sentimos una recóndita vergüenza e incomodidad por mostrarnos como somos debido al temor de ser diferentes, de no ser «normales». Tememos ser descubiertas insuficientes, diferentes y vulnerables. El asumir que todas cargamos con temores y dudas personales, y al mismo tiempo que todas tenemos la necesidad de pertenecer, nos facilita aceptarnos y actualizar nuestra identidad las veces que sea necesario.

La identidad –ese núcleo que constituye el yo, que me hace sentir quién soy y que es el resultado, como ya lo he mencionado en este capítulo, de la mezcla de nuestra genética y el intercambio con nuestro entorno– no es fija. Se transforma con el tiempo; podemos actualizarla. No somos siempre la misma persona; es más, podemos ser distintas personas en diferentes circunstancias sin que eso signifique que estemos locas ni que queramos ocultar nuestro verdadero yo. Al decir esto no me refiero a vivir en una inconsistencia o volubilidad permanente, ni tampoco a ser emocionalmente inestables, ¡y mucho menos a tener personalidades múltiples! Lo que sucede es que, en las distintas etapas de la vida, nuestras diversas elecciones, los distintos lugares en los que quizás hemos vivido, los trabajos realizados, los amores experimentados a lo largo del tiempo y otras experiencias nos ayudan a construir y reconstruir la propia identidad, modificando paso a paso la idea que se tiene de una misma.

Cuando enfrentamos nuevos retos, pérdidas o situaciones críticas, nuestra identidad se desbalancea y viene el cuestionamiento «y ahora, ¿quién soy?». Lo que parecía que se tenía conquistado respecto a una misma se quiebra al punto de llegar a sentir que no valemos y que nuestra vida, sin aquello que se perdió o dañó, no tiene mayor sentido.

Más que desgastarte pensando en cómo encajar, en cómo ser normal, recuerda que **la identidad adulta se construye a partir del autoconocimiento,** pero también a través de diversos puntos de conexión con el medio que nos rodea. El entorno nos retroalimenta y ayuda a moldear esa identidad, de la misma forma que nuestra identidad nos impulsa a mostrarnos de tal o cual manera en nuestra relación amorosa, con la carrera que elegimos, con las amistades que generamos, en los logros personales, en el trabajo que desempeñamos, en el disfrute de un pasatiempo, entre tantas cosas más.

Quizás hoy atraviesas alguna situación, sea cual sea, que te obliga, sin desearlo, a cuestionar quién eres y a reinventar tu identidad. Pareciera que ese «tú» que se mostraba con anterioridad al mundo hoy te resulta un tanto desconocido, desubicado e inoperante. La sensación de pequeñez, insuficiencia, inutilidad y poca importancia te hará mostrarte sin fortaleza y con dificultad para decir lo que quieres, lo que necesitas o lo que ya no te sirve. La desorientación y la vulnerabilidad pueden ponerte a la defensiva y/o agresiva, desencadenando conductas como la vigilancia, la desconfianza, el encierro, la dependencia, los celos, la envidia y la necesidad de control. El malestar experimentado puede generar en ti la tentación de encontrar respuestas rápidas, fáciles y superficiales que te den apoyo, o bien, el deseo de esconderte y resignarte a lo que «te tocó». No obstante, el proceso de crecimiento no se da de esta forma, y llegar a conclusiones triviales te dejará una sensación de falta de solidez, de poca estabilidad, de escasa integración y de falta de integridad; en síntesis, una vivencia de insatisfacción general.

A estas alturas del capítulo no te quedará duda de que todas, de una u otra forma, iniciamos nuestro existir con inseguridades y vamos consolidando nuestra identidad y sintiéndonos más satisfechas y seguras si trabajamos en nosotras mismas. **Tenemos la vida entera para construirnos y reconstruirnos** de manera que nos sintamos más congruentes y cómodas en nuestra propia piel. Lo que toca entonces es que, reconociendo quién eres, lo que deseas y en qué momento y situación te encuentras, vayas reconstruyendo una identidad elegida, sostenida y también flexible, desde tu congruencia y tu paz. Y es que un claro sentido de identidad nos da una experiencia de **coherencia, consistencia y continuidad** en medio del cambio. Una identidad construida e integrada te permitirá pensar, crear y concretar anhelos y erigirte como la arquitecta de tu propio destino. No te acercarás a los demás por la pura necesidad de que confirmen tu imagen, sino que verás en ellos a otros acompañantes de tu crecimiento, sin temor a ser raro o a ser «anormal».

No hay caminos fáciles ni recetas mágicas; sin embargo, este recorrido hacia el autoconocimiento tampoco es desolador. Por supuesto que es una aventura llena de retos y algunos tropiezos, pero reporta al mismo tiempo la gratificación más consistente para una persona: el amor a sí misma, la conquista de la propia autonomía y el diseño de un futuro con sentido. En tres palabras: serás tú misma.

Hoy, con mis hermanas y amigas cercanas, me río con frecuencia de mis excentricidades, limitaciones y obsesiones, ¡y es una experiencia liberadora! Cada día, yo arranco con manías, obsesiones, ansiedades, miedos, aceleres, fobias, impulsos, compulsiones y preocupaciones; pero trato, con mucho esfuerzo y algunos resultados, de que no se me note tanto esa insidiosa rareza que me acompaña, que ahora acepto y he sabido entender, capotear, para poder despuntar a pesar de ella.

Yo pienso que de cuerdos y locos todos tenemos un poco; además, ¿a poco no esas temidas rarezas personales (según y cómo) pueden dar un toque peculiar a la vida, siempre que se reconozcan, se medio entiendan, se cuasi acepten y se sepan manejar? Yo, al igual que Jack Kerouac, novelista estadounidense y pionero de la Generación Beat, pienso: «Las únicas personas que me agradan son las que están locas: locas por vivir, locas por hablar, locas por ser salvadas…».

CAPÍTULO 2

¡SOY UNA GARROCHA!

2.1. ESTE CUERPO MÍO, ¿ME GUSTA O NO ME GUSTA?

Mido 1.80 metros y todos los días alguien se me queda viendo, me revisa de arriba abajo, checa si traigo tacones y con frecuencia viene el comentario: «Wow, eres altísima, ¡qué impresión!». Literal, diario. Hoy ya lo tomo como parte de mi rutina, pero a mis 13 años, cuando anhelaba tener un novio más alto que yo y poder ponerme unos pantalones que no me quedaran de brincacharcos, era un problemón.

No pasa un día sin que muchas mujeres nos miremos al espejo y nos digamos: «Me faltan pompas, me sobra peso, me avergüenzan estas estrías, ya me cuelgan los pechos». La supuesta belleza femenina es de tal exigencia que a infinidad de mujeres les cuesta verse desnudas al espejo, se les dificulta moverse con ligereza de un espacio a otro, y les es imposible vestirse sin criticarse. Esto ocurre a cualquier edad. Podríamos pensar que las mujeres jóvenes quedan exentas de esta tiranía, pero no ocurre así. Las mujeres nos medimos teniendo como parámetro a actrices, gimnastas y bailarinas, y es que compararse con Jennifer Lopez, de quien se dice que a sus cincuenta y tantos tiene cuerpo de 32, es patético.

El cuidado del cuerpo en cuestiones de salud e imagen es un tema recurrente que se ha vuelto más importante para las personas. Quizá por el constante bombardeo de los medios de comunicación, quizá por un auténtico darse cuenta de lo importante que es cuidar el único cuerpo que poseeremos en vida, las personas piensan más en adquirir hábitos más saludables y mejorar su imagen personal. Vestir mejor, alimentarse bien, hacer ejercicio, dormir lo suficiente, evitar el alcohol y otras sustancias, etc., son los primeros puntos en la lista de cosas por hacer para cuidarse, y no son pocos quienes los tienen como propósitos cada nuevo año. Aunque, en otros casos, pasan y pasan los años y jamás se comienza con ese cambio.

Y no es que solo tengamos un cuerpo, somos cuerpo. Existimos, nos manifestamos y nos relacionamos a través de él. Pero en nuestra cultura, ese cuerpo a través del cual expresamos todas nuestras dimensiones –erótica, intelectual, actitudinal, emocional y afectiva– se convierte en un elemento clave de identidad personal y de valor social para las mujeres. Se nos evalúa, nos evaluamos y evaluamos a las demás en relación con la apariencia, y depende de cómo nos vemos y cómo nos ven si nos sentimos adecuadas o no, valiosas o no, queribles o no.

Me encanta la moda, me gusta ver lo que se usa y cómo estéticamente van cambiando colores, formas, texturas en el vestir y en el maquillaje. Pero antes me importaba verme como modelo de revista y, al no estar a la altura, me sentía mal. El ideal de belleza que la moda plantea provoca un descontento femenino generalizado: con frecuencia, las mujeres nos sentimos demasiado gordas o flacas, muy altas o extremadamente chaparras, fofas o simplemente desgarbadas, muy blancas o con una piel más que tostada, oscura o manchada. Por un lado, se dice que cada cuerpo es diferente y que debemos querernos y aceptarnos como somos –pues insisten en que la diversidad de formas, tamaños, colores y texturas es la norma–, pero, por el otro, algunas diferencias femeninas se califican –tanto por el entorno como por nosotras mismas– como marginales, poco estéticas e insuficientes.

En la actualidad, a esto se ha sumado el pretexto de la «salud», convirtiendo cada decisión del día a día –me como esto o lo otro, duermo así o asá, me ejercito dos días a la semana o diario, utilizo estos suplementos alimenticios o aquellos, me embadurno tales cremas o las que vende mi mamá– en la clave que cambiará nuestro bienestar y nuestra vida. Eso sin señalar cuántos especialistas de la salud física y mental, con sus propias creencias y prejuicios, aducen infinidad de malestares físicos y mentales a un cuerpo distinto, muchas veces más grande que otros, como si la talla fuera la única causa de toda enfermedad.

Aquí me gustaría aclarar, y haciendo hincapié en el estigma que deriva de los cuerpos grandes a través de la llamada gordofobia, que la salud no es algo que solo se da en los cuerpos delgados o normativos. La salud es posible en todas las tallas y ningún peso asegura estar en un estado óptimo de salud, o, por el contrario, estar en riesgo de enfermar. Con esto no quiero ponerme romántica respecto a la obesidad como algo deseable y saludable, simplemente quiero subrayar que **existe una gran diversidad de estructura físicas,** que existen cuerpos distintos y que es un prejuicio etiquetarlos por salirse del «molde». Son muy pocas las mujeres que se sienten representadas por la hiperdelgadez, de ahí que, entre otras razones, muchas han desarrollado una inmensa insatisfacción corporal y, junto con ella, vergüenza por su cuerpo, cuando no francas violencias hacia ellas mismas. Con frecuencia, esto genera diversos trastornos alimenticios que suelen tener su punto de partida en estos mandatos del «cuerpo ideal».

Cuando era niña, por ejemplo, no se consideraban normales ni se promovían los cuerpos extremadamente delgados. Si te animas a ver películas de la década de los treinta, observarás que las actrices famosas tenían las curvas propias de un cuerpo femenino: caderas anchas, muslos bastos, pechos grandes y un abdomen abultado que no escondían. La definición de la belleza en la actualidad no es ni justa ni democrática.

Las cosas empiezan lentamente a cambiar, pero aún carecemos de modelos estéticos que incluyan la diversidad, aunque a veces somos nosotras mismas quienes desaprobamos las diferencias y soltamos frases del tipo: «¿Quién le cortó el pelo a María? Parece espantapájaros», «Qué necesidad de Mónica de usar esos colores que se le ven tan mal», «En qué cabeza cabe ajustarse ese vestido para resaltar su panzota». Existe una compulsión femenina por criticar el cuerpo propio y el de las otras también. ¡¿Por?! ¿En qué nos suma esta actitud? ¿El cuerpo es nuestro o sigue siendo un envoltorio para ser calificadas por quienes nos rodean? La competencia voraz por el cuerpo perfecto y la juventud eterna solo nos aísla de nosotras mismas, nos separa de las otras mujeres, además de consumir nuestra vida en rutinas devastadoras, fajas asfixiantes y proyectos estéticos ilusorios, opresivos, carísimos y, muchas veces, riesgosos y desgastantes.

¿Tener 50 años y verse de 25 implica libertad o es una forma de tiranía? Yo confirmo cuán influenciada a veces estoy por esta tendencia, porque siento un gustito interno cuando me dicen con asombro: «¿Tienes 64? No me lo hubiera imaginado». Y es que la necesidad de luchar contra ciertas características corporales que consideramos imperfecciones nos arrastra de distintas formas a la mayoría de las mujeres. Sin duda hemos hecho importantes avances como civilización, y muy particularmente en temas de inclusión e igualdad, pero aún existe, cuando bien nos va, un sutil –sino es que un explícito y molesto– mandato femenino que dicta: *sé perfecta, sé sexual, así vas a agradar y complacer a los hombres, y no serás criticada y excluida por otras mujeres.* Este decreto sigue limitando nuestras decisiones y alejándonos de la posibilidad real de habitar libremente nuestro cuerpo y de disfrutarlo sin opresión.

Anna Freixas, en el libro que escribió con Clara Cloria y Susana Covas, *Los cambios en la vida de las mujeres,* afirma que esta moda, además de ser un gran negocio para muchas prácticas quirúrgicas riesgosas e infinidad de productos cosméticos inútiles, es también el arma por excelencia del patriarcado para mantener nuestra cabeza ocupada en parecernos a la muñeca Barbie y entorpecer así la conquista de nuestra independencia financiera, el combate a nuestra exclusión política, el rechazo a nuestra infantilización emocional y la inmersión en una rica y variada vida cultural. No hay duda de que las mujeres hemos logrado mucho, pero aún nos falta ganar algunas batallas, y entre ellas, la de los supuestos cánones de belleza que nos encarcelan a través de juicios crueles y exigencias absurdas sobre nuestro cuerpo.

Y es que nuestros cuerpos no solo son diferentes entre unas y otras, sino que inevitablemente cambian con la edad: van adquiriendo formas, texturas y posturas que no son las de tiempo atrás. La piel se modifica, el color del pelo cambia, nuestra cara empieza a manifestar pliegues producto de nuestras risas y nuestros llantos, y nuestra coordinación y flexibilidad se hacen diferentes. Todo esto es prueba de que estamos creciendo, de que estamos vivas y de que ya llevamos un tramo recorrido. Yo apruebo y compruebo los beneficios de cuidar mi cuerpo, único vehículo para relacionarme, disfrutar y disfrutarme, más aún ahora que atravieso una etapa de enfermedad en la que juntos vamos librando una batalla, pero no por eso dejo de experimentar que sí, que mi cuerpo se transforma, pero que mi valor se mantiene y mi bienestar y sabiduría aumentan. ¿Tenemos que hacer de esta madurez y experiencia un calvario físico y psicológico? Para nada. Por el contrario, hemos de redefinir la belleza con cualidades que no impliquen juventud eterna, perfección quimérica y delgadez extrema.

A mí me gusta arreglarme, pero entiendo el cuidado personal como algo más amplio que una belleza dictada desde afuera. Lo estético y atractivo de nuestra dimensión corporal incluye la vitalidad, la postura, el cuidado genuino, la agilidad del paso a paso, la higiene de cada día, el erotismo y el garbo. Y es que todo esto junto, sumado a la experiencia de bienestar que genera, promueve el gusto por una misma, facilita que nuestro cuerpo sea la ventana de la mente y del corazón, e integra una experiencia de comodidad al ser quienes somos. Sumar puntos en cada uno de estos rubros mencionados promueve un círculo virtuoso que incluye el deseo de cuidarnos, el disfrute personal, la prevención de enfermedades, o un trayecto más amable si enfrentamos algún proceso de salud, y, claro, el gusto de habitar el cuerpo en que nacimos.

Todas conocemos personas hermosas físicamente que pierden su atractivo en cuanto cruzamos con ellas dos o tres palabras. Sin duda, la belleza tiene un componente exterior, pero incluye importantes elementos interiores dentro de los cuales la inteligencia, la emoción, la bondad y el entusiasmo por la vida son poderosas fuentes de atractivo.

¿Cómo construir una belleza que venga de nuestra mirada compasiva y de nuestra aceptación personal? Hoy podemos vivir un tercio de años más que los que vivían nuestras abuelas y aun así nuestra sociedad apenas comienza a visibilizar algunas imágenes sociales y culturales que nos muestran atractivas, valiosas y significativas en claves realistas. Estamos haciendo camino al andar y nos toca ir creando nuestra propia idea de belleza, independientemente de la edad que tengamos, en aras de desechar los demandantes e imposibles estereotipos que estrechan nuestro mundo y nuestro bienestar.

Habiendo dicho esto, te pregunto: **¿te sientes a gusto o incómoda con tu cuerpo?** En caso de no habitarlo con comodidad, ¿qué te hace despreciarlo? ¿Algún trauma que llevas arrastrando desde la infancia o adolescencia? ¿El comentario juicioso y abusivo de alguien? ¿Alguna creencia sobre lo que es la belleza y sentir que esa definición no encaja contigo? Si bien todas estamos influenciadas por un modelo estético generalizado, cada una de nosotras tenemos una historia diferente que nos hace sentirnos más o menos satisfechas en nuestra propia piel. Lo que sí puedo afirmar es que, además de sostener una resistencia que se oponga y vaya desbancando las ideas falsas respecto a la perfección física que he mencionado, las mujeres que disfrutan de su cuerpo, más que sobreadaptarse a los cánones estéticos, realizan algunas prácticas que les permiten aprender a habitarlos cómodamente. A continuación, te comparto algunas que a mí y a varias consultantes nos han funcionado.

Como he dicho antes, el primer paso es reconocer lo mucho que la sociedad influye en nuestro gusto o disgusto por nuestro cuerpo. Tomar conciencia de esto nos permite mirar otros cuerpos, otras actitudes y otras formas de habitar cuerpos que rompen la norma sin hacer juicios y sin rechazarlos. Sí, tengo claro que la mayoría aún se amolda a los dictados sociales, pero cada vez más mujeres resistimos esa tendencia a despreciar un cuerpo diferente, incluido el propio. Para ejercitar esta conciencia, dejemos de criticar nuestro cuerpo cada vez que se apodere de nosotras una punzada de vergüenza o de desprecio, y lo mismo hagamos respecto al cuerpo de otras mujeres que rompen moldes. Esta disposición incluye invitar a otras mujeres a hablar de sus propios cuerpos, incluso de lo que consideran imperfecciones, con autocompasión y respeto siempre que sea oportuno y la relación se preste a ello.

Ahora, para reconciliarnos con nuestro cuerpo, a veces también debemos de poner límites o alejarnos de personas que se nieguen a respetarnos con comentarios, burlas, consejos o críticas respecto a nuestra corporalidad. Permitir que la gente con visiones estrechas y estereotipadas de la belleza y la salud se dé el permiso de opinar sobre nosotras es confirmar que nuestros esfuerzos de respeto personal son inútiles y que no disponemos de la capacidad de cuidarnos deteniendo, señalando o alejándonos de quienes insisten en querer opinar, juzgar y cambiar nuestro cuerpo. Habiendo dado este paso, y aceptando que el cambio social y cultural es más lento que nuestro deseo de transformar esa mirada con respecto a la belleza física, tenemos que buscar espacios, amistades y grupos que refuercen nuestra postura ideológica de inclusión a la diversidad corporal y que respeten nuestra propia corporalidad. Nadar contracorriente no es fácil, pero nos fortalece para soltar falsas creencias sobre nosotras y dar los primeros pasos para generar un verdadero cuidado personal.

Después de esto, cabe la pregunta: ¿cómo estar a gusto con nuestro cuerpo y nuestra sexualidad? El cuerpo –a través del cual se manifiesta nuestra dimensión erótica– es lo único que realmente poseemos. En él se asienta también nuestra intelectualidad y nuestras emociones. ¿Cómo habitarlo plenamente, disfrutarlo, desplegarlo? ¿De qué forma podemos hacer de él nuestro mejor aliado e instrumento de expresión? Considero que los siguientes puntos que te voy a compartir son valiosos y que, si bien incluyen la parte estética en el sentido amplio de la palabra, también abarcan otros aspectos que dependen mucho de nosotras y contribuyen a ese cuidado más extenso, a ese gusto más personal y a ese concepto de belleza mucho más integral. Porque ante las imposiciones estéticas sociales viene la elección de lo que realmente una quiere hacer para cuidarse integralmente, y eso incluye el cuerpo, la mente, las relaciones y el corazón. Somos una unidad indivisible y, si bien cada una de nuestras dimensiones humanas tiene mayor o menor relevancia en lo personal, cuidar de todas ellas facilita la mirada amorosa y la intervención oportuna en todas las demás.

Siguiendo la propuesta de Catherine Hakim en su libro *Capital erótico,* te comparto algunos puntos que mueven el foco de la aceptación de nuestro físico desde la sola belleza normativa hacia una experiencia de bienestar físico integral:

- **Trabajemos en nuestra vitalidad.** La vitalidad es una mezcla del cultivo del propio carácter con cierta condición física desarrollada. No necesariamente se debe tener un cuerpo perfecto para hacer uso de una disfrutable y magnética vitalidad. La fuerza y la energía irradian cierta luz. Hay distintas formas de conseguir esta vitalidad, pero por lo general se genera con una mezcla de distintas prácticas. Hay quien la conquista a través del ejercicio planeado o realizando algún deporte. Otra vía de acceso es la conciencia postural o la ejecución de respiraciones conscientes y profundas que oxigenan particularmente el cuerpo. La agilidad y la fuerza potencian la vitalidad.
- **Despleguemos nuestra gracia.** Se puede ser sexualmente atractiva, culta y genéticamente bella, pero carecer de gracia. El carisma posee ese detalle que genera el deseo y el gusto de estar (o no) con una misma o en compañía de alguien más. La gracia se constituye de muy diversas cualidades: el sentido del humor, la inteligencia, la sencillez o la amabilidad; a veces incluye un no sé qué –quizás algo genético también– que nos hace sentirnos adecuados, ligeros, queribles.
- **Conservemos la salud.** Si cuidamos nuestro coche, nuestra casa, nuestros libros, para disfrutar de ellos, ¿por qué no cuidamos –perfumamos, tonificamos, ejercitamos, acariciamos– nuestro cuerpo para poderlo disfrutar? La alimentación, el sueño, la higiene personal, la condición física, el equilibrio y cierto tono muscular nos mantienen, como dije, vitales, y también sanos y fuertes. No necesitamos realizar prácticas gimnásticas extenuantes, con salir a caminar o trotar puedes mejorar tu condición física y aumentar tus endorfinas, fuente de bienestar.

Hay algo muy atractivo en aquellas personas que se quieren a sí mismas, se tratan bien, se cuidan y respetan.

- **La belleza entendida desde nuestros propios criterios.** Conscientes de que la idea de lo que es bello cambia entre culturas y épocas, también podemos construir nuestra propia vivencia de lo que es bello para una en conjunto con los aspectos anteriores. Si desbancamos los estándares de belleza que imponen los medios –no todo es una cintura angosta y unos pechos enormes, o un abdomen de metal y un cuerpo lampiño–, podemos encontrar nuestra propia belleza en unos ojos grandes y brillantes, en unos labios carnosos, en una voz agradable, en una piel suave al tacto, en unas piernas largas y una cabellera sedosa y negra; cualquier cosa que sepas que es apreciable y especial en ti. Y porque justo somos seres culturales, el juego, el adorno, lo artístico, el color, los aromas y demás suman a la construcción de un cuerpo estético.
- **El despliegue del erotismo.** El erotismo se monta en la sexualidad, pero va más allá de ella, y la sexualidad se monta en el cuerpo. No se necesita de un cuerpo perfecto ni joven para desear y ser deseada, para atraer y sentirte atraída. Por eso es importante ampliar la idea del sexo como algo puramente físico y genital, a un estatus que pasa por lo cultural, por lo humano, con todos los significados únicos y peculiares que cada una le puede dar. Desde esta perspectiva, desplegar el erotismo y la experiencia de sentirnos plenamente hombres, mujeres, humanos deseantes, implica elevar la sexualidad, que en estricto sentido es puramente reproductiva, a ese erotismo, que es la elaboración cultural del sexo, es decir, llenarlo de significados, juegos, seducción. Si bien el despliegue del erotismo requiere de un gusto por el propio cuerpo, también puede recorrerse en sentido inverso: un flujo de atracción y deseo que danza a través

> del juego, del artilugio, de la danza de la seducción, que puede incluir o no el roce de la piel, pero que genera una tensión placentera, anticipa el goce, y es, en sí mismo, un disfrute que nos permite experimentar el deseo de ida y vuelta, y la comodidad del propio cuerpo que recibe placer y que también lo puede generar.

Es importante señalar que nuestra dimensión corporal va de la mano de nuestra dimensión erótica. La dimensión erótica refiere a la experiencia de sentirnos seres sexuados: hombres, mujeres o cualquier género que encarna en su cuerpo el deseo sexual y el placer. Por eso dedicaré aquí unas líneas al tema del deseo, ya que este se percibe en el cuerpo. A todas nos gusta desear y sentirnos deseadas, pero centrar el deseo solamente en la mirada del otro y no en la mutualidad de la atracción, lejos de expandir la experiencia de nuestro yo, nos escinde de nosotras para centrarnos en los demás.

En el caso de las mujeres heterosexuales, el deseo se enfoca casi siempre en la mirada de un hombre, dándole con ello al otro el poder de decidir si somos atractivas o no, si tenemos capacidad de seducción o no, y si somos interesantes y valiosas o anodinas. El deseo de gustar es agradable y genera bienestar psicológico, pero necesitamos integrar mensajes más incluyentes de lo que significa ser deseables, interesantes y atractivas para no perdernos con el fin de gustar. Por esto es tan importante insistir en la necesidad de cuestionar la definición de belleza que se centra en la delgadez y la juventud, porque mientras no la desafiemos, seguiremos considerándonos poco deseables.

Agrego, además, que el ya recalcado mito de la belleza femenina incluye elementos que históricamente no solo limitan a las mujeres, sino que son convenientes para el sexo masculino. Esto se debe a que ancestralmente el cuerpo de la mujer es el *cuerpo deseable* y, por tanto, idealmente perfecto, y el del hombre es el *cuerpo anhelante* y esencialmente activo. La supuesta esencia de la feminidad ha implicado la negación de nuestros deseos: **se nos valora y recompensa por lo que evocamos en los demás,** no por lo que deseamos nosotras. Poco interesan nuestras acciones o proposiciones, nuestros sueños, intereses y proyectos, ya que nuestro máximo valor ha consistido en ser objetos de deseo.

Desde niñas recibimos –explícita o veladamente– el mensaje de que debemos gustar a los hombres y que nuestra apariencia es un elemento clave para lograrlo porque de ella dependen las oportunidades sociales de que dispondremos. ¿Calladita –y bien arregladita– me veo más bonita? Seguimos debatiéndonos en la contradicción de estos mensajes: ser vistas como sujetos activos de nuestra vida, pero con la premisa de que nuestra apariencia resulta socialmente más interesante que nuestro pensamiento. Y por ello, para encajar y para gustar, nos alejamos de nuestras propias necesidades, intereses, valores o deseos. Preferimos ser deseadas a ser valoradas de manera integral. Además, como hemos sido condicionadas ancestralmente a hacer del amor y la pareja nuestro principal y casi único proyecto de vida, el no ser deseadas nos condena a vivir en soltería, lo cual se convierte en una tragedia universal, como si el transitar tramos de la vida sin pareja no fuera una etapa casi inevitable que todas las personas del siglo XXI, tarde o temprano, tenemos que atravesar.

Todo esto nos muestra la aún vigente herencia de un sexismo patriarcal que, aunque ya muchas mujeres no lo acepten, sigue permitiendo que los hombres usen una doble moral: ellos se dan licencias estéticas –obviamente sumadas a otras tantas más– donde a nosotras se nos exigen esfuerzos. Así, aunque sea injusto, las mujeres hemos de aceptar que los hombres sean menos guapos y jóvenes, mientras que muchos de ellos siguen esperando lo contrario de nosotras. Sin embargo, hoy como nunca, los hombres empiezan a considerarse sujetos sexuales desde parámetros puramente estéticos también. El cuerpo del deseo, por primera vez en la historia, tiene dos sexos. ¿A qué nos lleva toda esta argumentación? No se trata, ni para los hombres ni para las mujeres, de hacernos esclavos de la imagen, pero sí de tomar conciencia de la necesidad de cuidar nuestro cuerpo.

Por tanto, y dejando a un lado las exigencias irracionales, trabajar en nuestra autoimagen sería al cuerpo lo que a la mente es trabajar en la autoestima. Debemos sentirnos cómodas y satisfechas habitando el cuerpo que tenemos, dotándolo de todo el atractivo –en el sentido amplio de la palabra– que sea posible. Si bien el margen de acción es limitado si lo tomamos en forma literal –por ejemplo, la estructura corporal, la estatura y los rasgos faciales no son modificables por medios naturales–, nos queda la alternativa de potenciar la vitalidad, la gracia, la salud, la higiene y, como parte de ellas, las posibilidades psicoestéticas en general, como ya lo describí en páginas anteriores. Y es que incluso el cuidado de los dientes, el aliento, el pelo, las uñas, la piel y unos trapitos encima que nos acomoden darán en conjunto una imagen que nos haga sentir cómodas.

¿Intervenciones quirúrgicas? Puede ser, siempre y cuando se quiera, se pueda, no se abuse y se haya trabajado previamente la autoestima y la seguridad personal, incluida la autoimagen. Porque, si no, la operación que sea tendrá pocos o nulos resultados: **el bisturí no cose lo que está roto por dentro.** Y aquí se abre un tema inevitable: **envejecer con dignidad** no siempre significa «verse joven», pero hoy muchas personas, principalmente mujeres, reciben el mensaje contrario, que el objetivo es **que *no se note* el paso del tiempo,** como ocurre con ciertos modelos aspiracionales tipo Kris Jenner, donde el ideal parece ser la juventud permanente, impecable, casi sin huella. Mi postura es esta: si una intervención te ayuda a habitarte mejor, bienvenida; si te condena a vivir en guerra con tu propia edad, es una trampa cara y agotadora.

De hecho, la película *La sustancia,* protagonizada por Demi Moore, lleva este debate al extremo: plantea, en clave de sátira oscura y horror corporal, la obsesión por la juventud y la belleza como un mercado que promete «renovarte» y termina cobrando el precio en tu identidad, tu cuerpo y tu libertad. La película funciona como un espejo incómodo: no critica que alguien se haga algo, critica el mandato silencioso de que **envejecer está prohibido.** Por eso, si bien no podemos dejar de lado los aspectos físicos, insisto en que son más modificables los psíquicos. Trabajar primero en estos impacta de manera profunda en nuestro bienestar erótico y corporal, y nos permite elegir –con calma y agencia personal– qué hacemos con el cuerpo que tenemos y con la edad que estamos viviendo.

Esto nos demuestra que antes de querer gustar debemos gustarnos a nosotras mismas, entendiendo que, si históricamente hemos sobrevalorado el cuerpo y el atractivo físico, es porque nos ha faltado un mundo propio: profesional, relacional, social, cultural y político que nos envuelva y devuelva un reflejo de nuestro valor, más allá del cuerpo, más allá de vivir o no en pareja. Insisto en que, sin descuidar nuestro cuerpo –todo lo contrario, atendiéndolo, consintiéndolo, aceptándolo y disfrutándolo–, podemos transformar el valor histórico que se le ha atribuido por su belleza (para que nos elijan), su salud (para reproducirnos) y su utilidad (para satisfacer graciosamente las necesidades de los demás), para que nos complazca a nosotras y nos permita el disfrute de elegir las actividades, los espacios y las personas con quienes lo queremos compartir.

Hace unos años, si una mujer no tenía aquellas cualidades ideales –valoradas por la sociedad en general y por los varones en particular–, estaba destinada a «vestir santos» en un convento o a cuidar de sus padres. Hoy en día, hemos de construir la propia autoestima –esa experiencia de merecimiento y de competencia personal– y la propia autoimagen –esa valoración y gusto del propio cuerpo– a través de una profesión relevante, una vida personal rica, vínculos valiosos, intereses que nos estimulen y valores significativos que den rumbo a nuestro proyecto de vida personal.

Solo me queda insistir en que el cuerpo es el único vehículo que tenemos para llevar a cabo estas faenas: nuestro cuerpo, es decir, nosotras mismas, con el cual vamos integrando, a través de nuestros sentidos, sensaciones, pensamientos y emociones, aquello que vamos deseando, construyendo, disfrutando y compartiendo con quienes decidan estar.

CAPÍTULO 3

¿VALGO O NO VALGO? ¿PUEDO O NO PUEDO?

3.1. Conquisto mi seguridad personal o se la entrego a otros

Muchas personas piensan que la mayoría de sus desgracias, tropiezos y problemas tienen que ver con ellas mismas: por lo que son, por lo que no son, por lo que hacen, por lo que dejan de hacer, por cómo sienten y por lo que temen y presienten, en fin, tienen un cúmulo de reproches hacia su ser y sus historias de vida.

A veces en consulta, un curso o a través de mis redes sociales me expresan inquietudes como: «Siento que soy un fracaso, no tengo un proyecto de vida», o bien, me preguntan: «¿Qué es lo que no funciona bien en mí?». Tras darles unas palabras de confianza para tranquilizarlos, suelo contestarles que yo, a mis sesenta y varios años, sigo aprendiendo a diario algo nuevo de mí que me permite superar mis límites y con ello darles la vuelta a inconvenientes que antes me hundían en la desesperación. Ojo, no es que minimice los dolores y sinsabores que tienen mis consultantes, mis estudiantes o quienes me siguen en las redes, pero con el paso del tiempo uno aprende a entenderse, valorarse y a abordar la vida con mayor seguridad.

Por ahí dice un refrán que **las mayores conquistas son las victorias psicológicas** y yo también pienso que trabajar con una misma –desafiar creencias, cuestionar prejuicios y revertir inercias– es parte de ese trabajo psicológico que nos puede llevar a lugares deseados que pensábamos imposibles de alcanzar.

Quizá por esto, uno de los asuntos más taquilleros en psicología es el tema de la autoestima, aunque ese deseo de experimentarnos valiosas y competentes, de adquirir seguridad para convertirnos en las capitanas de nuestras almas, generalmente se malentiende y se malogra. Es que atravesar el trayecto que nos lleva a experimentar agrado y confianza en nosotras mismas es mucho más que un deseo, un sentimiento o una opinión personal; no se conquista haciendo afirmaciones positivas y lanzando súplicas al universo. La construcción de la autoestima es un proceso que se recorre paso a paso, con comprensión, intención y acción, para ir conociéndonos en nuestra justa medida, responsabilizarnos de lo que nos compete y poner en perspectiva aquello que no podemos cambiar y, por lo cual, no hemos de culpabilizarnos.

Ya lo decía el psicoterapeuta canadiense Nathaniel Branden en su libro *El poder de la autoestima:* «De todos los juicios que emitimos en nuestra vida, ninguno es más importante que el que emitimos sobre nosotros mismos». Y es que, si consideramos que **la calidad de nuestra vida depende de la calidad de nuestras relaciones,** no hay duda de que una de las relaciones menos atendidas y que tienen mayor impacto en nuestro bienestar es la relación con una misma: ¿me agrada la persona que soy?, ¿aprecio mis competencias?, ¿acepto mis limitaciones?, ¿entiendo mi contexto y su influencia en mí? Las respuestas a estas preguntas dan cuenta de cómo nos relacionamos con nosotras mismas. Puede ser que en el correr de cada día acallemos estas preguntas, pero tarde o temprano estaremos solas en medio del silencio de la noche y tomaremos conciencia de que podemos poner fin a las relaciones con distintas personas, pero la única relación inevitable, con la que hemos de lidiar siempre, es aquella que entablamos con nosotras mismas.

Pero ¿por qué, a diferencia de otros animales, somos los únicos seres que podemos relacionarnos –de esa manera peculiar– con nosotras mismas? La respuesta radica en nuestra capacidad consciente: somos seres conscientes; más aún, somos autoconscientes, ya que no solo nos damos cuenta, sino que nos damos cuenta de que nos damos cuenta. Por eso surgen preguntas vitales respecto a quiénes somos, qué queremos, hacia dónde nos dirigimos. Además, la fuerza de nuestra conciencia también acalla estos cuestionamientos para huir de sus respuestas, aunque evitarlas genera una experiencia de ingobernabilidad de la propia vida y de sinsentido personal. La conciencia permite autoevaluarnos, y según las respuestas que demos a esas preguntas sobre nosotras y nuestra vida, nos gustará o no la forma en que estamos abordando nuestro existir: nos sentiremos satisfechas o fracasadas, estaremos orgullosas de nosotras o frustradas. Aquí reside nuestra grandeza y nuestra debilidad también.

La manera en que afrontamos los desafíos básicos de la vida –por ejemplo, sostener relaciones de valor, superar experiencias dolorosas, encontrar una forma de ganarnos la vida, tolerar las frustraciones, cuidar de nosotras– depende en parte importante del uso que hacemos de nuestra mente. Y con esto no quiero decir que todo dependa solo de nosotras: hay situaciones que nos vienen dadas genéticamente, incluidos los rasgos de nuestro temperamento, que nos predisponen a ser más optimistas o vivir con más negatividad. En realidad, de ese factor genético deviene el 50% de nuestra actitud positiva o pesimista ante la vida.

Sin embargo, hoy las neurociencias nos hablan de la plasticidad de nuestro cerebro para trabajar algunos rasgos innatos. Si bien existen circunstancias sobre las cuales tenemos muy poco control –por ejemplo, la familia a la que pertenecemos, el país y clase social en el que nacimos, la posibilidad de una rica vida académica y cultural, entre otras–, la mayoría de las personas piensan que su experiencia de éxito deviene de estas circunstancias –su posición económica, su habilidad de conseguir el trabajo en la empresa de sus sueños, el tener o no tener pareja o hijos, e incluso la casa en la que viven–.

Estudios sobre la felicidad indican que este factor referente a las circunstancias de nuestra vida influye tan solo en un 10% de nuestra felicidad. Si sumamos el 50% genético y el 10% circunstancial, nos queda suelto un 40%. ¿Y este restante de qué va? Ese 40% tiene que ver con la **actitud que adoptemos hacia nosotras mismas** y nuestro entorno, actitud que influye en cómo valoramos nuestras circunstancias y el tipo de elecciones que tomamos frente a lo que la vida nos pone. Y aquí es donde entra la autoestima, pues dependiendo de cómo aprovechemos y abordemos estas características propias y estas condiciones de vida, nos vamos a autoevaluar y el resultado positivo o negativo será lo que nos hará sentir satisfechas con nosotras o nos generará la sensación de fracaso personal.

Por más condicionada que esté nuestra libertad –por los genes, las experiencias infantiles, nuestro contexto y ciertos acontecimientos azarosos que poco dependen de nosotras–, siempre podemos escuchar nuestro interior e ir construyendo una vida más acorde a lo que nuestra conciencia nos dicta.

Pero ¿por qué es tan común que dudemos de nosotras mismas? Mucho tiene que ver con nuestras experiencias tempranas en la vida. Imagina a una niña que observa a sus padres pelear y les pregunta si están enojados, a lo que alguno contesta: «No, solo estamos cansados». Ante esa respuesta, la niña se cuestiona por qué confunde el cansancio de sus padres con el enojo. Lo mismo puede ser el caso de otra niña que invita a jugar a su mamá, quien acepta, pero con fastidio, y la niña le pregunta si se está divirtiendo, a lo que la madre dice: «Sí, este juego me encanta», al tiempo que se distrae con su celular y pone poca atención al momento. Estas niñas, tras vivir estas experiencias de contradicción, comenzarán a dudar de sus propias percepciones y a dar validez a las afirmaciones de sus mayores: ¿cómo dudar de los adultos de quienes depende tu vida? Es más útil pensar que tú estás mal y que ellos saben mucho más de ti, y que por eso nada te va a pasar. Estas niñas, al convertirse en adultas, perderán el propio referente y darán más valor a las respuestas externas que a su experiencia interna. Es así como empieza nuestra confusión y la duda respecto a lo que vemos, sentimos, pensamos, incluso deseamos, porque al recibir mensajes que nos hacen pensar que no interpretamos bien la realidad y que nos desconocemos, comenzamos a silenciar nuestro interior, a dudar de nuestras percepciones y a temer a nuestra interpretación.

Si bien estas experiencias tempranas nos condicionan a dudar de nuestra capacidad de darnos cuenta, no nos determinan. De hecho, hay quienes, habiendo sido muy queridos, incluso sobreprotegidos, tampoco desarrollaron una buena autoestima. La autoestima es una fuerza motivadora interna que nos inspira a actuar a nuestro favor, e independientemente de lo que hayamos vivido, podemos conquistarla a través de un proceso paulatino que incluye conciencia y voluntad.

Muchas personas buscan sentirse seguras y competentes al ser aceptadas por los demás y al adquirir bienes y categorías reconocidas por la sociedad, pero, al paso del tiempo, se dan cuenta de que se siguen sintiendo vacías e inseguras, ansiosas por no conquistar una experiencia de satisfacción y de bienestar, y finalmente piensan que fracasaron. Por tanto, ¿qué es lo que realmente genera la confianza en una misma, aunque cometamos errores en el camino? Si de seguridad personal se trata, hemos de trabajar en dos aspectos claves: la experiencia de ser eficientes o competentes ante lo que la vida nos ponga enfrente y el sentimiento de valía personal o autodignidad, es decir, de ser merecedoras de bienestar y felicidad.

Desglosemos estos conceptos. La autoeficacia o competencia personal es la habilidad de confiar en nosotras mismas. Facilita que nos sintamos capaces de enfrentar la vida, es decir, cuidar de nosotras mismas, responsabilizarnos de nuestro bienestar, generar los medios económicos para sustentarnos, superar las adversidades de la vida, así como cuidar de nuestras relaciones y construir vínculos de apoyo y afecto. Al sentirnos competentes, empezamos a confiar en nuestra mente como herramienta de conocimiento para juzgar, elegir, decidir y corregir. Esta sensación también nos ayuda a reconocer y confiar en nuestras percepciones de manera que podamos comprender y respetar la realidad que nos circunda, al tiempo que facilita el desarrollo de nuestros atributos personales para abordarla.

Por otra parte, la **autodignidad** nos permite reconocer nuestro valor, sentirnos dignas, respetables y valiosas. Consiste en apreciarnos y sentirnos merecedoras de amor y felicidad y, por tanto, de actuar para satisfacer nuestras necesidades, respetar nuestros deseos, expresar nuestros afectos, validar nuestros intereses y defender los propios valores. La autovalía también posibilita establecer relaciones equilibradas: ni temer al encuentro con otros ni caer en el aislamiento porque «no somos dignas de nadie». La autodignidad también combate la necesidad enfermiza de requerir, para cualquier decisión o acción, la anuencia de los demás.

Entonces, la autocompetencia y la autodignidad están en la base de la conquista de la seguridad y el bienestar personal. Y ambas se sustentan en la autoconciencia: esa capacidad de darnos cuenta, de reflexionar y responder a la vida con satisfacción, y no lo contrario, es decir, sentir que nos traicionamos a nosotras mismas. Este alineamiento facilita la construcción de nuestra autoestima. No pretendo convencer a nadie, con un optimismo idealizado, de que todo se puede y las cosas siempre se darán como las queremos. Tampoco albergo un pensamiento mágico, pues la vida no se comporta así. En lo que sí creo es en la atención consciente, en las reflexiones profundas y en los procesos sostenidos, y con ellos, el deleite de disfrutar el camino mientras lo atravesamos. Por eso te invito a iniciar el proceso que te voy a compartir. A mí me ha resultado útil y significativo, y me ha dado herramientas para sentirme más segura y más disfrutadora de lo que la vida me da, y con más fuerza para adaptarme cuando eso toca.

Empecemos destacando la importancia del autoconcepto. El autoconcepto o concepto de una misma crea un conjunto de expectativas sobre lo que es posible y apropiado para nosotras. No se trata de vivir en la grandiosidad o en la irrealidad, pero sí de observar que todas tenemos la oportunidad de conocernos, mejorarnos y aumentar nuestro bienestar y realización personal. Para Antoni Bolinches, psicoterapeuta y sexólogo español, el autoconcepto es algo que se puede modificar. A diferencia de ciertas condiciones de vida y de algunas características físicas, el autoconcepto se trabaja usando nuestros atributos personales –los rasgos, aptitudes, capacidades y destrezas que todas poseemos y que podemos desarrollar–. Nuestra carga genética nos predispone a tener ciertos atributos y el medio propicia o no que los utilicemos, pero más allá de esto, los atributos que necesitemos pueden ser desarrollados, en mayor o menor grado, con conciencia y voluntad.

A diferencia de los rasgos físicos, que son poco modificables, los atributos personales se ubican en el territorio de lo psicológico y de lo social: pueden ser aprendidos, cultivados, practicados y adoptados. Así, podemos llegar a integrar la inteligencia, la simpatía, la sensibilidad, la confiabilidad, e incluso actitudes como la empatía, la elegancia, la amabilidad y la sinceridad. Y de esa forma, el autoconcepto se desarrolla impulsando tus atributos positivos y moderando los negativos.

Todas contamos con diferentes atributos personales: sean más o sean menos, vistosos o discretos, todos pueden ser utilizados a nuestro favor para «colorear» nuestra vida y hacer con ella dibujos adecuados para cada ocasión. Bolinches insiste en que no solo todos contamos con atributos personales, sino que además estos tienen suficiente margen de cambio porque se dan en el campo emocional y social. **No puedes cambiar tu personalidad del todo, pero sí cuentas con la posibilidad de mejorarla voluntariamente.** Por ejemplo, podemos usar la inteligencia para departir y no para competir, para indagar y no para atacar; o la simpatía, para integrarte a grupos sociales de tu interés y no para pavonearte y presumir. Cualquier cualidad se convierte en defecto si no se usa sabia y oportunamente. El objetivo para trabajar en el autoconcepto es conocerte, para hacer de tu mejor parte tu mayor parte.

Me recuerdo siendo joven, a mis veintitantos años, agrandando las cualidades de la gente a la que admiraba y minimizando mis atributos. Hoy me doy cuenta de que parte de lo que me ocurría era propio del proceso de maduración, pero otro tanto era una duda respecto a mí: me daba cuenta de que era hábil y tenaz para algunas cosas –dar conferencias, escribir artículos, coordinar equipos de trabajo–, pero consideraba que requería de más práctica y de más conocimientos para subirme a un estrado, escribir un libro, o bien, facilitar un taller. Pronto descubrí que los propios recursos se despliegan usándolos, equivocándose y rectificando. **El trayecto es todo un proceso de entrenamiento y aprendizaje.** Por eso, pregúntate: ¿cómo poner manos a la obra una vez descubiertas mis competencias y sabiendo que puedo usarlas a mi favor? ¡Accionando! No hay recetas mágicas para actualizar nuestro autoconcepto y construir la autoestima, pero sí hay acciones concretas que facilitan su desarrollo. La limitante es que, en un mundo que ofrece respuestas rápidas y caminos fáciles, con frecuencia nos falta voluntad: no hacemos lo que necesitamos y nos quejamos de no tener lo que queremos.

Para accionar, hay que realizar, como las nombra Bolinches, conductas de autovalidación: solo es posible desarrollar los atributos personales acometiendo estas acciones. Y qué son estas conductas de autovalidación: hacer algo, renunciar a algo o decir algo que te haga sentir más auténtica, más autónoma, más congruente o positiva. Por pequeñas que parezcan estas conductas, sostenerlas en el tiempo permite desarrollar tus atributos personales. Necesitas actuar para fortalecerte, no basta con conocerte y apreciar tus competencias, no es suficiente con reflexionar: hay que actuar con decisión y voluntad. El potencial no realizado se vuelve frustración, inseguridad y dolor.

Vuelvo a citar a Nathaniel Branden, estudioso, entre varias cosas, de procesos de crecimiento personal. En su libro *El respeto a uno mismo,* nos da a conocer cinco pilares de la autoestima, que son escenarios privilegiados para realizar estas conductas de autovalidación. Realizar conductas de autovalidación en cualquiera de estas áreas abonará al desarrollo de tu autoestima. Y es que no se trata de actuar por actuar, menos aún en forma defensiva o impulsiva, sino de accionar desde la reflexión y la intención. Por eso, actuar con conciencia respecto a lo que queremos lograr a través de acciones concretas es ir depositando confianza en nosotras mismas e ir alimentando nuestra seguridad personal. Una acción concreta en cualquiera de estos pilares tendrá un efecto interno de satisfacción que te fortalecerá.

- **Aceptarse a sí misma.** La autoaceptación implica relacionarte positivamente con lo que eres y convivir con ello. No es ser conformista ni mediocre, sino diferenciar tus aspiraciones de tus posibilidades, conocer tus limitaciones y tus cualidades. Abrazar tu compleja realidad para transformar lo que no sirve, dejar atrás culpas o resentimientos y usar de la mejor manera todo lo bueno que sí hay.

- **La asertividad.** Ser asertivo consiste en la capacidad de autoafirmarte. Hacer valer lo que quieres, pedir lo que necesitas, externar tus valores y poner límites. Dar a tus pensamientos, sentimientos y creencias personales el respeto y el espacio que das a los demás. Puedes ser contundente y eficaz en lo que pides y cuidas, sin violentar a los demás; así, la asertividad no es ni sumisión ni agresión.
- **La congruencia.** Ser congruente significa vivir con integridad: alinear lo que piensas con lo que dices y haces. Esto requiere conocer tu escala de valores para identificar tus principios, distinguiéndolos de tus prejuicios y de las presiones sociales. Los valores direccionan tu actuar. No confundas lo que realmente deseas de lo que «deberías» querer, pues te traicionarás a ti misma y vivirás sin integridad.
- **Asumir la responsabilidad de tu vida y de las consecuencias de tus actos.** No puedes delegar en otros el éxito o fracaso de tu propia vida: no eres víctima de todo lo que te pasa. Desarrollar una agencia personal desplegando tus competencias, asumiendo tus errores, fracasando a veces y volviéndote a levantar te convierte en la protagonista de tu propio destino.
- **Vivir con un propósito.** El propósito es la motivación que da dirección y significado a la vida. Vivir con propósito es identificar lo que te da sentido, cuáles son las metas que quieres alcanzar y las acciones para lograrlas. Cuando se tiene un «para qué» es más fácil encontrar el cómo. El propósito es resultado de la intersección de lo que te gusta hacer, lo que sabes hacer, lo que te pagan por hacer y lo que el mundo necesita de ti. Son esos factores que entretejen pasión, vocación, profesión y misión en tu vida.

Tras revisar estos pilares de la autoestima, confirmo que la confianza y la seguridad personal no se consiguen con bienes materiales, amigos a granel y un cuerpo ideal. Tampoco se conquistan hallando a la pareja anhelada, terminando una carrera o viajando a otro país. La belleza física, los recursos económicos, los buenos lazos sociales, el amor, los viajes, los autos, así como otros bienes y muchas más circunstancias son factores que facilitan o entorpecen la sensación de seguridad personal, pero hay muchas personas que, teniendo todo eso, viven inseguras y sin satisfacción personal.

Es fácil dejarnos encandilar con los espejismos respecto a lo que da autoestima y felicidad y perdernos en el camino. Por eso es necesario regresar a la conciencia y experimentar en una misma que lo que más suma a la seguridad personal, a la sensación de valía y a la autosatisfacción es el **desarrollo de tu potencial interno.** Desafíate, cambia tus paradigmas en cuanto a lo que puedes y a lo que no, y trabaja en ello. Practica las conductas de autovalidación, esas pequeñas acciones sostenidas que apuntan a un fin concreto y que apuntalan los pilares de la autoestima. Decide con qué acciones iniciarás. Toda conducta de autovalidación desafía inercias que impiden el cambio. Detener y mover estas inercias requiere de esfuerzo y determinación: ¿estaré haciendo lo correcto?, ¿servirá?, ¿me aceptarán cuando diga lo que quiero? Vencer dudas y obstáculos produce cierta ansiedad que has de estar dispuesta a tolerar y atravesar.

Iniciar el cambio tiende a generar cierto malestar. Aprender a calmarse es muy importante para tolerar la ansiedad propia del autodesafío y para sostener la acción que implica conquistar la autoestima. Y es que trabajar en ella, actualizar nuestro autoconcepto y usarlo en el día a día siempre implica salirnos de nuestra zona de confort: es correr el riesgo de hacer cosas distintas para vivir de forma diferente también. El cambio implica tolerar una dosis de ansiedad e incluso cierto miedo. Conquistar la autoestima no solo incluye la incomodidad de transformarnos y desechar creencias obsoletas y viejos patrones de conducta, sino también sostenernos ante un entorno –laboral, familiar, social o religioso– que nos impele a seguir siendo las mismas de siempre para no moverles las aguas con nuestra transformación.

La ansiedad que produce una baja autoestima puede generarnos muchos malestares, pero también la ansiedad de cambiar puede hacernos sentir inquietas, nerviosas, incómodas y fuera de lugar. Esta ansiedad puede manifestarse a través de insomnio, palpitaciones, sudoración, falta o exceso de apetito y miedos irracionales. Estos síntomas dan cuenta del malestar que se filtra cuando empezamos a hacer cambios, por pequeños que sean. La reacción ansiosa dependerá de muchas cosas: yo, por ejemplo, soy un manojito de nervios, así que me la paso rumiando en la mente y planeando en papel qué sigue y cómo lo voy a lograr. Pero lo que me resulta más útil es volver a mi centro para recuperar la paz: con ella viene la acción reflexionada y luego el fortalecimiento, la satisfacción y la seguridad. Por eso, para transitar este proceso, se requiere **aprender a calmarnos** de manera que logremos sostener la tensión que el cambio implica y capotear el malestar que toda nueva experiencia puede generar.

A continuación, te comparto siete aspectos que resultan de vital importancia para aprender a calmarte:

1. **Sigue regando la confianza en ti misma.** Recuerda que esta crece y se consolida al reconocer tus competencias y hacer uso de ellas. Apropiarnos de los logros previos obtenidos refuerza la experiencia de agencia personal al tiempo que te comprueba para qué eres buena y lo que puedes lograr. Insisto en que las metas concretas, a corto plazo y de baja dificultad, son óptimas puertas de entrada para este ejercicio: no admiten grandes excusas al tiempo que van creando hábitos nuevos. Nuestro cerebro es tan plástico que las pequeñas acciones sosteni-

das crean nuevas conexiones neuronales que confirman la idea de que somos capaces, ¡porque lo somos!

2. **Ponerle un alto a las ideas negativas** es indispensable para continuar en este camino. Estas irrumpen en tu cerebro y detienen tu avance haciéndote pensar «No puedo, me falta tiempo, con esto no mejoraré». Las creencias erróneas se paran ¡parándolas!, desactivándolas. No evites el pensamiento, es imposible, pero entra y sal de él. Distráete y repítete a ti misma: «Esto que me digo es una creencia equivocada» o «De nuevo la mente me quiere jugar chueco». Sostente centrada en tu objetivo y avanzando en las pequeñas acciones que vas ejecutando.
3. **Aprende a gestionar las emociones.** Si bien no es una tarea fácil, también es entrenable. Manejar la presión, la ansiedad y el miedo es una habilidad que se puede adquirir. Para conseguir esta capacidad, es importante llevar a cabo ejercicios que te enseñen a respirar, a relajarte y a concentrarte. Respirar profunda, sostenida y pausadamente obliga a bajar el ritmo cardiaco y, por tanto, a contener la ansiedad y el miedo.
4. **Reconocer el pensamiento que está tras la emoción** imperante es otro recurso para erradicar la distorsión cognitiva que detona la ansiedad: por ejemplo, pensar que todos los jefes tienen que ser de carácter fuerte y explosivo te puede generar una reacción ansiosa que no corresponde con lo que está ocurriendo en una sala de juntas.
5. **El ejercicio físico** es un hábito fundamental que, además de aportarte vitalidad, te ayudará a relajarte: no tienes que ser un gran deportista para caminar 15 minutos diarios que harán una gran diferencia.
6. **La atención plena** implica poner foco e intensidad a lo que estás haciendo: elimina distracciones físicas o mentales que disparan temores y facilítate el permanecer en el aquí y el ahora.

7. **El manejo del estrés.** Este es la respuesta del organismo a la anticipación del futuro imaginado como amenazante. Para sentirte mejor, será importante que te centres en el presente y mires los logros que esperas conseguir en el futuro, conectando con el sentimiento de éxito. El poder vivenciar anticipadamente el logro de lo que estamos emprendiendo no solo favorece la motivación, sino que activa una química corporal que genera bienestar y positivismo.

Aprender a calmarte te permitirá iniciar y continuar el cambio. No dejarás de sentir inquietud al hacer algo diferente, pero tendrás herramientas concretas para reconocer lo que te pasa, modular tu malestar, manejarte mejor y sostener, paso a pasito, las nuevas conductas de autovalidación.

Muchas veces nuestra sensación de poca valía y falta de competencia se relaciona también con la idea de que nuestra voz no es escuchada, de que nuestras necesidades no son satisfechas y de que las otras personas tienen más poder que una misma y pueden pasar por encima de nosotras. Muchas de las experiencias de fracaso personal y falta de autoestima tienen que ver con la incapacidad de sostener nuestros deseos, necesidades, intereses y valores ante los demás. No se trata de negar lo que los demás requieren, pero sí de dar cabida a lo que nosotras necesitamos también. Para ser asertivas y autoafirmarnos, para responsabilizarnos de la vida que queremos tener y poder actuar con propósito, para aceptarnos, cuidarnos y considerar lo que nos es oportuno y constructivo, se requiere aprender a poner límites. Si no lo logramos no solo nos resentiremos, sino que con el tiempo tendremos que usar técnicas de chantaje, manipulación, ataque o victimización para compensar nuestro malestar.

Poner límites es una acción compleja que requiere el desarrollo de diversas cualidades humanas. En primera instancia, tenemos **el autoconocimiento,** porque, como hemos venido diciendo a lo largo de este capítulo, conocerte te permite distinguir tus propios límites y saber qué es permisible para ti y qué no lo es. ¿Cómo podemos poner un límite si no nos conocemos? Poner límites implica tener claro lo que requerimos y amamos. Para ello también se necesita de **asertividad,** que ya sabemos que es uno de los pilares de la autoestima.

La asertividad implica usar mensajes «yo» para no culpar o agredir al otro de lo que nos falta, pero al mismo tiempo usar un mensaje «tú» para explicarle lo que queremos o no queremos en su actuar y las consecuencias que habrá en caso de no cumplirlo. Ser asertivo significa decir las cosas de manera cuidadosa, pero clara y contundente. Por otro lado, saber decir «no» implica **valentía.** Sí, esa fortaleza personal que nos ayuda a superar las resistencias internas que nos impiden decir «no» de forma sabia y exitosa, como por ejemplo superar el temor a que nos dejen de querer y el miedo a equivocarnos.

Por último, requeriremos **persistencia** para sostener el embate del entorno ante los límites que impongamos. Como he venido diciendo, a muchas personas no les gustará nuestro cambio, pues, al cambiar nosotras, haremos olas en sus vidas, y menos aún les gustarán los límites que pondremos porque les cortarán privilegios, ventajas, e incluso, detendrán su trato abusivo.

No sobra señalar que existen situaciones de francas diferencias de poder que nos ponen en desventaja respecto a otras personas a la hora de poner límites y que nos llevan a tener que evaluar tanto los efectos de estos, como el apoyo que podríamos requerir para establecerlos. Cuando los riesgos de decir «no» pueden ser graves –como un despido, por ejemplo, o incluso un golpe–, hemos de considerar las instancias y recursos que tenemos para apuntalar nuestra seguridad, proteger nuestra integridad y tomar la decisión.

El saber poner límites nos permite establecer vínculos sanos, oportunos y armoniosos en los cuales se puede cultivar y preservar el amor. Los límites también consolidan el sentido de coherencia e integridad –otro pilar de la autoestima–, porque nos permiten honrar las necesidades, intereses, deseos y valores propios. Los límites generan una profunda experiencia de autocuidado y libertad. Decir «no» a alguien o a algo es decir «sí» a lo que necesito y valoro.

¿Te sigues sintiendo como un agente pasivo de tu destino o empiezas a tomar las riendas de tu vida? A muchas personas se les va la vida esperando que algo pase, que alguien llegue o que su ángel guardián les dé la pista de cómo comenzar. Existe la magia de la autoestima solo si tú haces lo que te corresponde para cambiar. Siempre está la tensión que se genera entre el deseo de cambiar y la comodidad de lo conocido. Los seres humanos nos sentimos cómodos cuando tenemos control sobre nuestras expectativas de competencia y confianza, pero a veces las circunstancias varían y nuestra forma de afrontar la vida ya no nos está funcionando, por lo que nos hallamos ante el reto del cambio. Es probable que una frágil autoestima te haya llevado a tomar decisiones incómodas e ineficaces y que estés listo para cambiar. Cuánto tardes y si tendrás éxito o no en adaptarte al cambio dependerá de la percepción que tengas del cambio: como una oportunidad o como una amenaza.

Te invito a que reconozcas qué pensamiento recóndito te está impidiendo iniciar la conquista de tu autoestima. Seguramente, algunas de las siguientes afirmaciones te resultarán conocidas:

- Prefiero evitar el malestar y ansiedad de lo desconocido y de la incertidumbre.
- El cambio es un desafío grande para mí.
- El confort adormece mi conciencia y me facilita autoengañarme.
- No me gusta correr riesgos.
- Pienso que me van a dejar de querer, y quizá perderé a gente querida.

- Temo hacer el ridículo.
- Me falta voluntad, tiendo a posponer gratificaciones o a evitar la frustración, aunque estas actitudes me lleven a un bien mayor.
- Intuyo una amenaza real, por ejemplo, perder mi trabajo.
- No sé cómo iniciar la transformación de manera realista.

El primer paso para desafiar esas creencias y practicar acciones de autovalidación es que te plantees **objetivos concretos y alcanzables,** ya que estos te ayudarán a evitar intentos fuera de lugar y desequilibrios innecesarios. A mayor intento de cambio, mayor es la ansiedad (recuerda la importancia de ¡aprender a calmarte!), pero también es más grande la satisfacción que experimentarás con el logro de tus metas. El opuesto a este proceso de reafirmación personal equivale a la autotraición: arrastrada por las expectativas de los demás, por tu propia inercia y por temores recónditos, dejas de hacer valer lo que necesitas y lo que te importa, yendo en contra de ti misma. ¿No has sufrido en silencio la vergüenza de «venderte» y no defender tus convicciones? Pocas cosas generan tanta minusvalía y sensación de incompetencia como la traición a una misma. Actuar bajo parámetros ajenos o dejar de actuar por falta de voluntad te llevará a desconfiar de ti misma: es una especie de derrota previa a cualquier intento de cambio.

Si realmente te interesa cambiar, es necesario que destierres la creencia de que la autoestima se modifica con base en ideas y te convenzas de la importancia de actuar. Son muchas las maneras de activar este proceso de transformación. Aquí te propongo tres mecanismos que son particularmente eficaces.

1. Diseñar **experiencias** de vida variadas: planear un viaje, leer un libro, cursar un taller, generar alguna relación. Las experiencias de vida te obligan a salir de tu zona de confort, te perturban en el buen sentido de la palabra

y, por tanto, amplían tu manera de vivirte y mostrarte. En pocas palabras, te enriquecen.

2. Crear nuevas **narraciones** sobre ti y sobre el mundo que te rodea. Este mecanismo privilegia la reflexión: revisa cómo te describes, analiza tu pasado y reacomódalo para generar diversas interpretaciones de este, agregando explicaciones que enriquezcan y amplíen lo que siempre te has dicho de ti misma. También puedes reescribir tu historia preguntando a quienes te rodean cómo te ven.
3. Realizar **acciones** concretas que te permitan hacer las cosas de manera diferente. Por ejemplo, poner límites a conductas abusivas de otros, pedir lo que necesitas, levantarte más temprano, expresar lo que sientes, abrir una cuenta de banco, visitar a alguien que no has visto, compartir con alguien lo que piensas, sacar una cita con un terapeuta, comprar algo que siempre has deseado o simplemente cambiar tu cama de lugar.

Planear experiencias, construir nuevas narraciones o ejecutar acciones es realizar conductas de autovalidación. Estas te moverán de la zona en la que estás incómodamente asentada, y te permitirán descubrir tu poder y conquistar tu autonomía. Modificar lo que vives, lo que dices o lo que haces generará un movimiento en cualquier punto del triángulo experiencia-narración-acción, activando tu proceso de transformación: el único camino hacia la auténtica autoestima.

CAPÍTULO 4

APRENDÍ A LLORAR, A SENTIR Y A VIVIR A LOS 34 AÑOS

4.1. Dios nos hizo agujerados para no morir reventados

Me recuerdo a los 4 años llorando a moco tendido. Tengo la viva imagen en mi cabeza: mi mamá manejando su Consul rosa, yo sentada junto a ella, mi hermana Maru a mi derecha y atrás Nar, nuestra amada nana, cargando a Pupi, la bebé de la familia. Aún hoy, mi cuerpo siente ese momento, a mi madre tensa, seria, concentrada en el volante. También recreo, como imagen fotográfica, el interior del coche, frío, oscuro y silencioso, y a mí, en un llanto desconsolado, con la repetida cantaleta de «Yo no me quieroooo moriiiirrrrrr...». No tengo el más mínimo recuerdo de cuándo me callé, de cómo me calmé, solo recuerdo que llegué a mi casa, exhausta, y me acurruqué para dormir. Es posible que el puro cansancio fungiera de arrullo. Lo que sí sé es que un jueves, pocos meses antes de mi angustioso desconsuelo, mi abuela paterna llegó a comer a mi casa –como cada semana– y murió *ipso facto* de un infarto fulminante en los brazos de mi papá. Fue en esa misma época cuando mi abuelo materno sufrió una embolia que lo incapacitó y tras un largo internamiento en el hospital, a donde mi mamá nos llevaba a visitarlo y nos cargaba para llegar a lo «altísimo» de su cama para darle un beso, falleció cuando Pupi, la menor de la familia, tenía no más de tres meses de nacida. Vivíamos pérdidas importantes: dos abuelos jóvenes, padres de mi padre y de mi madre, muy jóvenes también.

Después de aquel llanto desesperado en el Consul rosa de mi mamá, tengo poquísimos recuerdos de haber llorado hasta que cumplí 34 años. A ver, no voy a exagerar diciendo que en todo ese tiempo no derramé alguna lagrimilla, pero, en verdad, fuera del día que diagnosticaron el cáncer de mi madre a mis 17 años, de la lastimosa cita médica en que me dijeron que no se salvaría de la enfermedad a mis 21, y del jueves que murió teniendo yo 22, no evoco episodios concretos llorando a mares mis tristezas, miedos y enojos. Me recuerdo de niña, más bien, atravesando situaciones que me generaban incertidumbre con una actitud contenida y ansiosa para no alterar a mi mamá –quien yo sentía que se desmadejaba con facilidad– ni *enmuinar* a mi papá, que con todo lo conectado y divertido que era, ante eventos que él consideraba «incorrectos» o «riesgosos» reaccionaba con un enojo abrupto que me paralizaba sin entender ni lo que pasaba, ni lo que estaba mal, y sin siquiera poder registrar el efecto que su repentina reacción generaba en mi interior. Y a partir de esas experiencias de antaño, me veo como adulta joven, construyendo mi día a día con pasos entre temerosos y cautelosos, tratando de no equivocarme, reprocharme y, menos aún, de provocar molestia a los demás.

«Dios nos hizo agujerados para no morir reventados», me dijo mi amigo Pablo hace ya muchos años en un retiro de meditación que compartimos. Y yo, si bien no reventé a los 34 años, sí me deprimí profundamente al iniciar la tercera década de mi vida, lo que para mí fue una experiencia de hundimiento, de desfallecimiento: una implosión. Me atrevo a decir que con todo lo que ya he vivido a mis 64 años, pocas experiencias han sido tan aterradoras como la angustia desbordante y la profunda depresión que hace más de treinta años experimenté. Ni el mismo cáncer que ahora atravieso me ha llevado a tan oscuras profundidades.

Fue entre terapias, meditaciones, ejercicio físico, trabajo corporal, clases y lecturas que una mañana –mientras sin energía buscaba en mi clóset qué ponerme para «emprender el día»– pude finalmente soltar un llanto profundo y liberador. ¡Cuánto dolor acumulado y cuánta rabia encapsulada! Y qué difícil fue para mí sentir lo que tocaba sentir, cuando era momento de sentirlo.

Todos sentimos, pero a casi nadie se nos educa emocionalmente para saber qué sentimos, de dónde vienen esas emociones, qué nos dicen y qué hemos de hacer con ellas. Vivimos en un mundo que valora tanto la inteligencia entendida como racionalidad –lógica, memoria e información– que se desprecia o minimiza nuestra dimensión afectiva: ser sensible se considera una pérdida de tiempo y una debilidad. Lo que sí nos enseñan con frecuencia en la infancia es a invisibilizar lo que sentimos, minimizarlo, distorsionarlo o reprimirlo. Y como yo intentaba encajar en el molde de ser «objetiva», proactiva y pensante, tardé en reconocer que la inteligencia emocional –ese reconocimiento, comprensión, aceptación, expresión y manejo adecuado de nuestros sentimientos y emociones– es esencial para conocer el mundo, conectarnos unos con otros, relacionarnos con nosotras mismas y generar bienestar.

Vivir en la confusión y en la vaguedad emocional es como andar a oscuras por la vida, sin entender qué nos pasa, por qué nos pasa y cómo hemos de responder a eso que nos está ocurriendo. Y si bien no todos sentimos de la misma manera y con la misma intensidad, ¡todos sentimos!, en mayor o menor medida, pero todos sentimos. Nunca somos neutros afectivamente hablando ante lo que nos acontece: por tenue que sea la experiencia emocional que experimentemos, siempre estamos en relación con algo, con alguien o con nosotros mismos, y esa interacción nos provoca afectivamente algo (agrado, desagrado, placer, displacer, gusto, disgusto).

En mi caso concreto, fue la liberación de mi llanto la que me permitió entender –con todo el cuerpo y no solo con la cabeza– la importancia de conocer nuestro mundo afectivo, pues las emociones y los sentimientos son reflejo de la propia historia, de la vida personal y de nuestros deseos más profundos. No sentir era no solo la experiencia de estar apagada, de aplanamiento, de indiferencia, ¡sino también una sensación de muerte! Por el contrario, conectar con mi profunda tristeza acumulada y acallada por años, con el enojo de estar aceptando una vida que me robaba ilusiones y con el miedo de tomar decisiones que podrían cambiar no solo mi trayectoria personal, sino la de toda mi familia, fue una experiencia retadora, revitalizadora y de importante movilización. Mi proceso de liberación y crecimiento inició con ese llanto, que, si bien arrancó desordenado y perturbador, también me sacó del vacío paralizante de la depresión y de la zozobra galopante de la ansiedad. Sí, en efecto, «Dios nos hizo agujerados para no morir reventados».

Las vías a través de las cuales se gestan nuestros sentimientos son sencillamente dos: **la externa y la interna.** La información del exterior es recabada por nuestros sentidos, de modo que los sentimientos surgen como una especie de sexto sentido que nos permite ordenar, dar significado e interpretar lo que percibimos a través del tacto, el gusto, el olfato, la vista y el oído. La información interna, por su parte, viene de nuestro interior y puede surgir por diversas razones:

- **La evocación de experiencias anteriores,** porque rememorar las huellas que deja en nuestra persona lo vivido nos permite, posteriormente, darles orden a ellas y a lo que nos transmiten.

- **Como respuesta a aquello que consideramos bueno o malo.** De aquí la importancia de trabajar, más que en moralismos culpógenos y distorsionados, en un justo sentido ético que nos permita cuestionar el efecto –bueno o malo– de nuestras acciones sobre nuestro ser y sobre los otros; además de distinguir lo que es bueno o malo para una misma en el aquí y en el ahora.
- **A través del valor que les asignamos a nuestros deseos.** Sentir, como prerrequisito para poder comprendernos y comprender nuestro entorno, es desear. **Sí, sentir es desear.** Las emociones son hijas del deseo. Imagina a una persona que no siente, sería alguien sin capacidad de desear, todo le daría lo mismo. Estaría desinteresada tanto del exterior como de sí misma. El deseo nos permite nombrar el movimiento afectivo que nos aproxima a nuestras apetencias, aspiraciones, necesidades, intereses y valores. En la base de cualquier sentimiento hay un deseo: nos interesamos por estar más o menos cerca o distanciados de personas, vivencias, objetos. Buscamos, así, la forma de acercarnos a lo que deseamos y de alejarnos de aquello que nos desagrada o amenaza.

Confiar solo en la inteligencia racional para manejar nuestra vida deja fuera mucha información que nos viene dada por las emociones; es más, las abstracciones que solo vienen del razonamiento, si bien son importantes y necesarias, abren camino para actos inhumanos y destructivos cuando no incluyen a los sentimientos. ¿Conoces a gente que carece de empatía? ¿Personas a las que se les dificulta ponerse en los zapatos de otros? El extremo del «no sentir» es la sociopatía y el narcisismo, trastornos que están en la base de inmensas atrocidades humanas.

No hay duda de que antes de mi depresión yo ya empezaba a darme cuenta de que algo no iba bien, y ante ese malestar emocional que se iba gestando, buscaba con inquietud explicaciones que, si bien generaban algún entendimiento de lo que estaba viviendo, no me abrían puertas concretas de solución. Estaba como bloqueada, la ansiedad pervasiva la sentía como una lápida pesada que impedía que algo más profundo aflorara en mí. ¿A qué se debe esta dificultad de sentir y de fluir emocionalmente, que pudiendo ser dolorosa, es también la única manera de sanar las pérdidas añejas, de reconocer los dolores presentes, de frenar los efectos emocionales adversos y de dar cabida a las acciones adecuadas para afrontar la vida con su diario acontecer?

Uno de los temas más tratados en psicología y en la mayoría de los abordajes psicoterapéuticos son las heridas de la infancia: los dolores que nuestros padres o cuidadores primarios infligieron en nosotros a través de castigos, negligencias, insultos y advertencias provocándonos sufrimiento. Los efectos de estas heridas dejan una huella profunda en nuestra psique y condicionan nuestra forma de sentir y de entender la vida y las relaciones, así como la manera de apreciarnos y aceptarnos a nosotras mismas. Por lo general, el cuidado y el afecto de quienes estaban a cargo de nosotras llegaba mezclado con conductas lastimosas o de indiferencia. En la adultez minimizamos el efecto que tuvieron en nosotras, pero es que no se requiere necesariamente recibir maltratos y violencias evidentes para desarrollar estrategias emocionales defensivas que nos permitan sortear la invisibilidad, la humillación, la burla y la apatía, que son también generadoras de experiencias traumáticas en la infancia. Inclusive el hecho de haber puesto en nuestros hombros responsabilidades superiores a las adecuadas para nuestra edad y nuestras capacidades después provoca la sensación de insuficiencia, inseguridad y desamparo.

En mi caso, ese llanto desolador era una reacción ante la intuición de la muerte como experiencia inevitable de la vida

–cercana a mí por la muerte temprana de mis abuelos– y a un claro temor a la pérdida o al abandono de alguno de mis padres, junto con la sensación de invisibilidad ante la ansiedad galopante de mi madre. Posteriormente, este episodio fue lo que me orilló a sostener una vigilancia cautelosa a lo que ocurría en mi entorno y a experimentar un velado tejido de riesgo e inseguridad si cometía algún error o demandaba a mis padres de más. De modo que la forma en la que resolví mis necesidades infantiles fue acallando los problemas que podrían ser una carga «innecesaria» para mi madre y una «irritación» perturbadora para mi padre, y optando por atenuar un grado considerable de ansiedad jugando con mis hermanas para silenciarme, aguantando, reprimiéndome y evitando crear olas que pudieran molestar. Conforme fui creciendo, a esto se sumó mi esfuerzo por no cometer errores que provocaran en mis padres entre enojo y decepción, así que me empeñé en resolver mis inquietudes y acomodar mis emociones sola para evitar enfrentar a mis padres con su reacción de impaciencia y desespero que me hacía sentir que lo mío era inoportuno y sin importancia primordial.

Si bien las primeras experiencias de la vida no suelen determinar nuestro porvenir emocional, sin duda condicionan en algún grado nuestro sentir diario, y con él, nuestro actuar. Somos quienes somos en parte importante por una herencia genética con la que nacemos, pero esta también se va modelando por las experiencias iniciales de nuestra vida. En la infancia, herencia y contexto temprano conforman nuestra personalidad, esa manera de asomarnos al mundo y de plantarnos frente a los desafíos básicos de la existencia. Genética y entorno condicionan en muchos sentidos nuestra respuesta emocional ante lo que ocurre a nuestro alrededor.

Lo aceptemos o no, lo veamos o no, es claro que de una u otra forma todas cargamos con mayores o menores dolores y sinsabores producto de lastimaduras vividas durante nuestra niñez. Por eso, es importante detenernos a reflexionar y a sentir, y así distinguir los traumillas de los traumotas y el impacto de estos en cada una de nosotras. Pocos recibimos el amor infantil perfecto, de hecho, dudo que tal cosa exista; más bien pienso que muchos padres cuidadosos y afectuosos lastiman a sus hijos con las mejores intenciones. Esto no los excusa de su responsabilidad, pues de buenas intenciones están hechos los infiernos familiares. Simple ejemplo de esto son las frecuentes respuestas adultas: «Eso no es tan importante, no te sientas mal» o «¡Problemas los míos! Guárdate tus lágrimas para cuando crezcas». Estas son formas cotidianas de invisibilizar y minimizar los sentimientos infantiles como «forma de cuidado» o estrategia «educativa». Lo mismo ocurre cuando los niños externan ciertos pensamientos y percepciones desde su óptica y reciben comentarios como: «Eso no ocurrió así, todo está bien» o «No, hija, no te equivoques, no estoy enojada, solo estoy cansada». Estas descalificaciones dan a los niños un mensaje de desconfirmación con respecto a lo que perciben, sienten y piensan, y produce en ellos sentimientos de incompetencia, duda sobre su percepción, un sentido de baja valía, de falta de confianza personal y quizás hasta de vergüenza y humillación.

Nuestros cuidadores primarios –padre, madre, abuelos y demás– no siempre actuaron de manera oportuna y constructiva para el mejor desarrollo de nuestro mundo afectivo ya sea por desconocimiento, falta de sentido común, por tener información errónea sobre el funcionamiento de nuestra mente o por cargar sus propias historias irresueltas a cuestas. Eso sin contar a los padres francamente tóxicos que generan heridas mayores. Y es por ello que todos, de distintas formas, desarrollamos estrategias para atenuar el dolor que esas respuestas nos generaban. Sí, para sobrevivir los dolores de la infancia **construimos defensas** que nos permitieron sortear esas carencias y sentirnos lo suficientemente fuertes para continuar con la vida.

Lo que después resulta difícil de entender es que, con el paso del tiempo, esas defensas requieren desmantelarse para poder sanar y evolucionar: solo sintiendo esos dolores, aceptando su origen y manejándolos mejor podremos distorsionar menos la realidad interna y externa en la que vivimos, y actuar de forma actualizada y oportuna sobre ella. No hay duda de que el dolor enterrado genera una sensación de desvalimiento y vulnerabilidad, pero interpretar que esas vulnerabilidades son vergonzosas y debemos esconderlas, o que incluso no deberíamos ni sentirlas, es lo que nos lleva a enterrarlas, iniciando así el camino de la represión. Reprimir –negar, invisibilizar, evadir, racionalizar– es una manera de sobrevivencia, pero ha de ser una estrategia temporal. Sostener esta rígida estrategia en la vida adulta imposibilita el camino del crecimiento, la paz interna y la autonomía emocional: los sentimientos y emociones no reconocidas, expresadas y aceptadas hacen que su efecto doloroso se prolongue, produciendo síntomas que nos drenan energía y generan agresión, ansiedad, depresión y otras inadecuadas reacciones para con nuestro entorno y hacia nosotras mismas.

Evadir, negar, minimizar, proyectar en otros lo que es nuestro, victimizarnos, racionalizar –todos, mecanismos de defensa– nos evita sufrir, pero la incapacidad de verlos e irlos modulando a lo largo del tiempo también nos imposibilita responder a la vida y disfrutar de ella. Insisto en que los mecanismos de defensa tienen una función de sobrevivencia: distorsionan la realidad para tolerarla; sobre todo, en los primeros años de vida, protegen nuestra frágil psique para sortear el dolor y evitar un quiebre psicológico. Estas defensas se dan en la esfera intelectual: se usan palabras e incluso acciones para «entender» lo que nos pasa y acallar lo que nos duele, en vez de sentir lo que toca y atravesar el dolor. En la infancia son un recurso temporal para sobrellevar situaciones que no podíamos afrontar porque carecíamos de la agencia personal –la inteligencia, la autonomía, la madurez emocional, la comprensión y la fuerza– para enfrentarlas y protegernos de ellas. Pero como adultos necesitamos **aprender**

a llorar, a sentir, a vulnerarnos y a afrontar y atravesar el dolor para sanar.

Solo sabiéndonos vulnerables, abrazando nuestro dolor, dejándonos sentirlo y confiando en que podemos con él, podremos también construir fuerza, seguridad y confianza personal. Sí, el camino que te muestro aquí es contradictorio y ambivalente, implica tanto momentos de bienestar como estados de malestar, pero es justamente la resiliencia –la integración de la experiencia de fuerza y de cansancio, de esperanza y de nostalgia, de temor y de valentía– la que nos permite salir airosos no solo de las carencias y sufrimientos infantiles, sino de las experiencias de pérdida que se nos presenten a lo largo de la vida. La resiliencia implica aprender a llorar sin dejar de disfrutar, a sentir sin olvidar, a cuestionar sin victimizarnos, a sanar con todo y la cicatriz, y en esa paradoja redentora, a vivir.

¡Cómo recuerdo haber sido invitada por amigos y familiares a cursos de autoestima y superación personal donde se nos exhortaba a sentir el dolor en el cuerpo! Me resultaba exagerado, dramático, ridículo. **Me incomodaba ver gente llorando y sollozando.** Mis defensas eran altas y mis retos aún no me llevaban al tope de la molestia psíquica. Pero el tiempo y los efectos que estas defensas provocan cuando se resisten a ceder (en mi caso, una depresión y ansiedad galopante) nos dan siempre la oportunidad de nadar más profundo y atravesar las corrientes emocionales internas que nos impiden aflorar a la superficie, y así, sentir.

Cuando podemos conectar con nosotras mismas, experimentamos una liberación, entendemos el mundo diferente y nos relacionamos más empática e íntimamente con los demás. Porque insisto, si bien los mecanismos de defensa son útiles para sortear los dolores de la vida y poder sobrevivir a ellos, el abuso de estos nos lleva a una distorsión de la realidad y a un analfabetismo emocional que nos impide entender el sentido de nuestro dolor, experimentarlo, liberarlo y, finalmente, no solo sobrevivirlo, sino vivir, y vivir bien.

Quizá mientras me lees piensas: «Tere está dramatizando el asunto, se puede vivir sin darnos tanta cuerda y pasarla bien». Es claro que no todos vivimos las mismas historias de carencia y dolor, también es evidente que hay situaciones de vida tanto más desafortunadas que otras que requieren de defensas rígidas para ser sorteadas, pero todas las personas, en mayor o menor grado y de distintas formas, cargamos a cuestas dolores, temores, carencias, distorsiones y sinsabores con sus respectivas secuelas. **La vida no es fácil.** En efecto, es una secuencia de transiciones y de diversas crisis, pero asumirlo nos permite suavizar las expectativas y fortalecernos para transitarlas.

Aunque la vida no sea fácil, si sabemos torearla, es generosa también. Toda crisis, dependiendo de qué hagamos con ella, puede, o bien llevarnos a un hundimiento, o ser portadora de oportunidades para sanar y crecer. Ser adultas y asumirnos como tales implica hacernos responsables de asimilar las experiencias vividas, manejarlas, integrarlas, aprender de ellas y llevarnos desde el aprendizaje a un lugar mejor. Tras mi depresión, recuerdo tanto la liberación como el encuentro con un camino lleno de opciones a elegir. Escudarnos en nuestra vulnerabilidad frena nuestra posibilidad de elegir y asumir responsabilidad, a la vez que nos impide dar el paso hacia la madurez emocional.

Madurar emocionalmente es de las tareas más desafiantes, y a la vez reconfortantes, de la vida adulta. Y parte de ese reto es ir desbancando la atrofia afectiva que en su momento nos protegió del dolor emocional: reconocer «nuestro talón de Aquiles», aceptarnos, responder mejor ante los desafíos (en lugar de reaccionar con bloqueos o con impulsividad) y, sin duda, cuidarnos también. Si como niña dependíamos de los demás para alimentar nuestro mundo emocional, como adultas podemos desarrollar los recursos indispensables para conocer la realidad, entenderla y aceptarla con mayor fortaleza, al tiempo que detenemos los abusos que se lleguen a presentar.

Actualizar nuestra vida emocional significa trabajar para que los sentimientos den cuenta del presente y nos proporcionen una perspectiva personal de los hechos que estamos encarando. Esto no quiere decir que en el hoy no haya espacio para los sentimientos del pasado –felices y tristes–, sino que podemos hacer distinciones para que lo que sintamos sea más una respuesta a lo que se nos está presentando que a los hechos vividos años atrás. Esto es justo lo que yo llamo madurez emocional y se logra procesando el pasado para que no quedemos prisioneras de él. El objetivo de este proceso es sentirnos lo suficientemente fuertes, seguras y con recursos de afrontamiento para no tener la necesidad de distorsionar la realidad. Así, si deseamos evocar sentimientos antiguos y examinarlos para volver a resolverlos, podremos hacerlo sin sucumbir una vez más. Yo debo aceptar que regresar a la experiencia de mi indefensión infantil y de mi depresión adulta aún me genera cierto penar, pero hoy me es más fácil moverme hacia una actitud de autocompasión que de vergüenza y recriminación.

Te invito a no descartar la posibilidad de recrear lo vivido, pero acompáñate de alguien, por ejemplo, alguien que atravesó contigo esa etapa de la vida y está dispuesto a recrear la experiencia contigo o un terapeuta, si así lo requieres. A veces las charlas con los propios padres, si ellos se abren a la escucha y su acompañamiento, permite reparar relaciones y aligerar el peso de ciertas vivencias. Acompañarnos de otros para abrir nuestra ventana emocional es un camino para sanar.

Existen otras distorsiones que también nos pueden generar sufrimiento. Las familias, los contextos, la educación y la cultura en general construyen supuestos y creencias que no siempre corresponden a la realidad, por lo que nos llevan a deformar nuestro sentir. Un ejemplo interesante de estos mensajes culturales es la creencia del instinto materno: si el mensaje que se recibe es que las mujeres «nacen» con él, la mujer que no lo experimente se sentirá «defectuosa», con culpa y vergüenza por traicionar a la sociedad y a sí misma si no se convierte en mamá. Como este ejemplo podrás encontrar un sinfín de creencias que te provocan dolor: vivir en soltería con lo «maravillosa» que es la vida en pareja; fracasar en la vida por divorciarte y «no haber luchado más por tu relación»; no tener un físico escultural «pudiendo hacer más ejercicio, más dietas y, si es necesario, hasta una cirugía estética»; y, por supuesto, por no estar casada y vivir en «vergonzoso amasiato». La vida implica que cuestionemos de dónde vienen las creencias e imposiciones sociales que nos hacen sentir insuficientes, ineficaces y frustradas, y que reducen nuestra paz y nuestro bienestar. **Cuestionar los mandatos sociales** nos permite elegir la propia escala de valores, distinguir nuestros principios de nuestros prejuicios y honrar nuestras legítimas necesidades y deseos.

Tras mi depresión, pude empezar a enojarme, pero aún sentía el temor a ser rechazada. Pero es que cuando el mundo nos quiere doblegar sin respetar nuestros deseos y necesidades, ¡lo que toca es enojarse! Pero enojarse bien, con la persona, el lugar y de la manera adecuada. El enojo es una energía que mueve a la acción y, si no la dejamos fluir, o se revierte contra nosotras mismas (deprimiéndonos o enfermándonos), o se desborda sobre alguien que nada tiene que ver con su razón de ser.

Los sentimientos tienen todo un lenguaje propio que hay que escuchar. Recorreré cada uno ellos, simplificando un poco su significado. La **ansiedad** es el temor a ser lastimada, a perder algo; a veces nos alerta de algo real que puede ocurrir, pero también puede activar temores imaginados. Por otro lado, la experiencia de **daño o pérdida** es la que nos lleva a sentir dolor de lo que sí ha acontecido. A veces es algo que temíamos que ocurriera, pero en otras ocasiones es un suceso que no imaginábamos que podríamos vivir: desde simples cosas como el percibir que nos critican, hasta el dolor por pérdidas profundas como el final de un amor, la fractura de nuestra estabilidad económica o incluso la muerte de un ser querido. Todo dolor crea un **desequilibrio de nuestra energía interna:** algo nos pasa, nos desbalancea, nos perturba, ¡nos duele! Y nos pide también una respuesta para su aceptación y liberación. Esta respuesta que hemos de dar puede dirigirse hacia fuera, sobre todo hacia el punto o la persona que originó nuestro dolor –por ejemplo, culpando a nuestros padres por su falta de afecto o simplemente a nuestros vecinos por no apoyarnos en una campaña de limpieza–. La expresión de esa energía debiera ser normalmente el **enojo.** Perder algo genera enojo, pero cuando la energía no puede exteriorizarse como tal (lo cual no significa agresión, sino confrontación y límites) y se interioriza contra uno mismo, **se vive como culpa o depresión.** La culpa se alivia, o bien aceptando el enojo original como repuesta lógica al daño («sí, mis padres no supieron quererme como yo lo necesitaba, quizás hoy yo me pueda dar eso que me faltó y buscar espacios de convivencia con ellos que simplemente me confirmen que tratan de darme lo que sí pueden»), o volviéndose contra la persona que la siente, transformándose en **depresión.** Por su parte, la **culpa** mal manejada no sirve ni para reparar nuestros genuinos errores, ni para pedir una reparación a quienes nos lastimaron, menos aún para defendernos de quienes siguen haciéndolo, solo nos debilita volcándose contra nosotras mismas y llevándonos a la depresión. La **tristeza,** distinta de la depresión, llega finalmente cuando una asume la pérdida en su justa medida, llora la ausencia, se duele de lo que ya no será, y con ese sentimiento de pena profunda, se acerca a la aceptación. La **aceptación,** finalmente, produce calma y liberación.

A continuación, te comparto un caso que puede ilustrar este recorrido emocional, que si bien nunca se da en línea recta –de la pérdida a la sanación–, normalmente incluye y recorre antes que después todos los sentimientos (ansiedad, enojo, culpa, tristeza) para llegar a la aceptación.

Martha nació en la Ciudad de México en una familia de clase media. A diferencia de sus padres, ella pudo estudiar en escuelas privadas, incluso terminar una carrera universitaria. Sus padres, quienes trabajaban surtiendo materia prima de su población natal en la Central de Abasto, decidieron pagarle una escuela privada con la idea de que ello iba a mejorar el bienestar diario de Martha, tanto por estar en una institución educativa más calificada, como por crecer en un entorno social más amigable al que ellos pertenecieron.

Los padres de Martha, quienes con dificultades terminaron la escuela secundaria, sentían las deficiencias de su preparación y las limitaciones de sus propias familias de origen, y anhelaban para su hija algo mejor. Martha se sentía cómoda tanto en su casa como en la escuela, y destacaba como estudiante debido a su particular gusto por la lectura. Un buen día descubrió que los compañeros de su clase comentaban experiencias de vida y actividades cotidianas que ella desconocía debido a que aquellos gozaban de una serie de comodidades de las que su familia carecía. Con el paso del tiempo fue perdiendo seguridad personal con sus compañeros, quienes, al descubrir que Martha no participaba en ciertas conversaciones, comenzaron a corregir su lenguaje, y a interrogarla respecto al trabajo de sus padres o sobre lugares a los que había viajado.

Así, Martha empezó a notar diferencias con respecto a su contexto –su ropa, su forma de comer, los medios de transporte que utilizaba e incluso el lenguaje que usaba para nombrar a personas y realidades–. Martha descubrió que cada vez que compartía con sus compañeros información sobre las costumbres y entretenimientos de su familia, ellos se secreteaban y se reían a sus espaldas. Así comenzó a sentir vergüenza por ser quien era y a experimentar rencor hacia sus padres por no pertenecer a ese mundo al que ellos la habían acercado al tiempo que se sentía culpable por despreciarlos. Sentía enojo con sus compañeros por hacerla sentir mal debido a sus diferencias y decepción con ella misma por comenzar a falsear su realidad y callar sus gustos ante sus amigos.

Esta experiencia se fue dando en un proceso lento pero creciente. La intimidad con sus padres se fue mermando y comenzó a adoptar una actitud más escurridiza en su ámbito escolar. Fue en preparatoria que se deprimió sin entender qué le pasaba: no quería socializar con sus amistades y tampoco hablar con sus papás. Su madre, preocupada por Martha y su hermetismo, se había enterado por una vecina que acudía a terapia de que podía proponerle que pidiera ayuda emocional. Solicitó una sesión terapéutica a la que Martha aceptó acudir solo si sus padres la acompañaban: así llegaron como familia a mi consultorio. Fue en la tercera sesión que, tras escuchar los esfuerzos y el desaliento de sus padres ante su situación, ella explicó las contradicciones que vivía entre la escuela y su casa, y el enojo –«tonto», según ella– que esto le producía.

Después de escucharlos a todos, pude ver que toda esta experiencia era normal, pues les comenté que sentir no es bueno ni malo, que una siente como respuesta a lo que vive. Y nombré el proceso de adaptación que Martha vivía como un esfuerzo por distinguir sus verdaderos valores, por aprovechar una mejor vida ofrecida por sus padres, sin despreciar su origen, pero dándose la oportunidad de elegir lo que le hiciera bien sin necesidad de negar su realidad. La terapia continuó como un proceso familiar, combinando sesiones individuales, en las que atendía solo a Martha, con sesiones de pareja a las que iban sus padres y sesiones de familia en las que trabajaban en conjunto. Al paso del tiempo, Martha dejó de vivir con vergüenza y humillación su realidad, sus padres pudieron comprender que lo que para ellos era una gran ventaja para Martha había implicado una dolorosa contradicción. Cesó la necesidad de enjuiciar y despreciar internamente a sus padres, empezó a integrar las diferencias sociales que vivía y a elegir a sus verdaderas amistades sin necesidad de ocultarse, pudiendo honrar su mundo personal.

Martha salió de su depresión y aprendió a enojarse, no por quienes eran sus padres, sino por las conductas descalificativas y burlonas de sus compañeros. Superó la culpa improductiva que la hacía sentirse «mala» por aspirar a algo diferente y por avergonzarse de sus padres. Empezó a hacerse consciente de sus sentimientos, de sus reacciones y a tomar responsabilidad cuando hacía algo que fuera ofensivo para los demás. Superó su depresión reconociendo la contradicción y el reto de pertenecer a dos mundos. Su proceso terapéutico terminó con la decisión bien pensada de rechazar la oferta de sus padres de ingresar en una universidad particular e inscribirse, con gran orgullo, a la Universidad Nacional.

Como observamos en el caso de Martha, experimentar sentimientos no tiene una connotación moral –no es ni bueno ni malo–; uno siente, es humano, y ya está. Existen básicamente dos tipos de sentimientos: **los positivos** –que aumentan nuestro sentido de fuerza, confianza, plenitud y vitalidad– y **los negativos** –que interfieren con el placer, agotan la energía y nos dejan extenuadas con un sentido de bloqueo, vacío y soledad–. Sentirlos no nos hace buenas o malas personas. Si bien con los primeros nos regocijamos (como cuando Martha pudo elegir con libertad dónde estudiar su carrera universitaria), con los segundos nos abrumamos (por ejemplo, Martha al enojarse con sus padres por ser diferentes a los papás de sus amistades). Lo que se requiere es entender el significado de lo que nos está pasando, antes de decidir y actuar.

La bondad y la maldad se encuentran en las **acciones** que realizamos con lo que sentimos. Yo puedo estar enojada con mis padres, pero no actuar agresivamente contra ellos, sino poner los límites necesarios para conservar mi integridad; o puedo sentirme culpable por el dolor de un hijo ante un fracaso, pero no por eso avalar su conducta destructiva y evitarle las consecuencias correspondientes a su actuar. Claro que es más agradable sentir emociones positivas que negativas, ya que las primeras producen satisfacción y las segundas generan malestar. Y justo ese es el propósito de nuestro mundo emocional: legitimar lo que estamos viviendo, valorar si se ajusta a la realidad o son creencias distorsionadas de lo que «debería ser», comprender lo que sentimos y manejarnos adecuadamente para vivir con integridad. Los sentimientos no reconocidos, aceptados y expresados de manera asertiva hacen que su efecto doloroso se prolongue, produciendo **agresión, represión y depresión.** Las emociones enterradas drenan nuestra energía y nos impiden responder a la vida y conectarnos con los demás.

El objetivo de dejarnos sentir, entender y manejar nuestro mundo emocional es que nos sintamos abiertas y ligeras para construir una vida más **creativa, productiva y elevada.** Sentir nos permite vincularnos, crear lazos afectivos solidarios y duraderos; sin sentimientos no generaríamos relaciones valiosas y eficaces. Sentir nos ayuda a expresarnos, reconociendo lo que nos ocurre y comunicándolo, ya sea verbalmente o a través de silencios, miradas y sonrisas. Además, la manera en que sentimos construye también nuestra personalidad: gran parte del matiz de nuestras vivencias no solo proviene de las cosas, las personas o las situaciones en sí, sino de cómo las experimentamos, es decir, de nuestra forma peculiar de sentir. No todas las personas sentimos de la misma manera, no asignamos valor a las mismas cosas ni tenemos el mismo abanico de sentimientos y, precisamente, de esta diferencia emana nuestra particular forma de ser. Finalmente, como seres interdependientes que somos, sentir termina siendo un requisito para vivir en sociedad.

Por eso **no existe el estado de «no sentimiento»,** todos sentimos en mayor o menor medida, por tenue que parezca la experiencia emocional. Me recuerdo hace seis años llorando por la muerte de mi papá, pudiendo soltar con mi llanto todo el agradecimiento por lo que me dio, todo el perdón por sus acciones lastimosas y todo el miedo a un futuro sin él. Pasado este tiempo, sigo experimentando una oleada de sentimientos que a veces me regocijan y en ocasiones me hacen llorar, pero la ansiedad inquietante y muda de mis años de juventud no ha vuelto a apoderarse de mí, ni aun en mi delicada situación de enfermedad.

Si nos permitimos **vivir las etapas naturales de todo duelo,** sin intentar evitar la realidad, podremos resolverlas de mejor manera. Nos recuperaremos más pronto y volverá la energía, la creatividad, la satisfacción y la productividad. Nadie salvo nosotras podemos saber lo que sentimos y hacernos responsables de nuestro propio viaje. Por eso voy atravesando mis sentires, mis temores y mis alegrías de forma tempestuosa, pero amistosa también. La gente me pregunta si soy feliz. La pregunta en sí misma me conflictúa. Pero me detengo y les respondo: «Sí, lo suficientemente feliz». Y en lo recóndito de mi ser pienso: **soy más feliz desde que aprendí a llorar.**

CAPÍTULO 5

CASTILLOS EN EL AIRE

5.1. Relatos del amor posible e imposible...

No he sido ajena al tema del amor. La vida de pareja siempre me ha atraído, el amor me ha hipnotizado y la pasión me ha hecho desear y temblar. Desde mi loco y platónico amor por Joan Manuel Serrat a los 11 años; seguido por mi único novio de adolescencia, quien, a los 6 años de relación, se convirtió en mi esposo y padre de mis cuatro hijos; para llegar a mi segundo novio y primer amor adulto, Manuel, y a mis varios amores de entretiempo, más o menos cortos, aunque no menos significativos, tras terminar con él; para finalmente encontrarme con PML (Peter My Love), a quien amo de una manera realista y soñadora a la vez, en medio de inmensa paz, respeto, placer, mínimos «jaloneos» y total complicidad. En este recorrido amoroso he depurado la idea romántica que del amor tenía; he dejado derrumbarse los castillos que edifiqué en el aire y, ladrillo sobre ladrillo, he ido construyendo una guarida más sólida para amar.

El amor existe, pero no es como lo pintan, y entender esto toma algún tiempo y varios raspones. Pues a amar se aprende, y pintar el amor con colores que le den vida, pero que también permitan que no se deslave al primer chubasco, es un arte y una elección. Mientras más alto volamos en medio de sueños y espejismos respecto al amor, más sufrimos y hacemos sufrir a los demás durante los trayectos de vida que atravesamos tanto solos como acompañados de una pareja, o incluso de amistades y familiares que nos quieren, pero se cansaron de escuchar nuestras esperanzas fútiles de encontrar un buen amor.

Es frecuente que el primer frentazo respecto a lo que uno espera del amor venga tras una decepción amorosa, cuando se hacen añicos las ideas más románticas respecto a la vida de a dos, y no me refiero a esas experiencias lastimosas que implican manipulación, abuso, incluso abandono, sino a la realidad cotidiana de vivir decepcionado, en el día a día, de la pareja y del amor.

Mucha gente le teme al amor al tiempo que lo desea con gran ahínco. Tener miedo de amar suena como a nombre de telenovela, pero ocurre. En el día a día observo que el temor al amor se muestra en distintas personas, con diversas facetas y a variadas edades. Cuando navego en internet, con frecuencia se despliega ante mí un sinfín de portales que me invitan a encontrar «la pareja de mis sueños». Ni qué decir de las conversaciones que escucho entre mis pacientes que externan su deseo de tener pareja, así como todos los miedos que afrontan tanto al encontrarla como al no poderla alcanzar. ¿Será que le tememos a esa particular fragilidad que caracteriza los libres vínculos humanos que se construyen en nuestro siglo? Si bien la mayoría de las personas anhelamos relacionarnos amorosamente, al mismo tiempo cobijamos un temor y una desconfianza de hacerlo y, más aún, si la decisión ha de ser «para siempre».

El encuentro con el amor es el proyecto de vida de miles de personas que sueñan con conquistar la felicidad en pareja, pero es justo la dificultad de encontrar relaciones satisfactorias la que genera el miedo a amar. La forma en que entendemos el amor es, entre otras causas, parte central de este problema. Son muchas las premisas que venimos cargando desde que Romeo y Julieta fueron el epítome del amor, pero olvidamos que esa forma de amar perteneció a un tiempo pasado, que se dio entre dos adolescentes y que su final implicó varias muertes. ¿Y seguimos añorando un tipo de amor con esos sentimientos arrolladores que prometen darlo todo y que terminan en desilusión? El amor se convierte en un problema cuando lo imaginamos como la vida en el paraíso terrenal y como el remedio único y verdadero para todos los males. Con estas creencias, creamos expectativas inalcanzables, forzamos contratos incumplibles, manipulamos a personas enamoradizas y nos desengañamos una y otra vez.

No te confundas, yo creo en el amor y en la fuerza transformadora que tiene, así como en el disfrute y bienestar que genera, pero llegar a experimentar, a probaditas, ese delicioso pedacito de cielo en la Tierra me ha implicado ubicarme en mi realidad como persona limitada y carente, en la realidad del otro como un ser imperfecto también, y en la importancia de trabajar para madurar –tanto juntos como por separado–, asumiendo que no es posible obtener de la pareja todo lo que necesitamos, ni que yo seré lo único que aporte a su vida riqueza y bienestar.

En la pareja hemos de encontrarnos dos individuos que se acompañan, se disfrutan y se impulsan a crecer y a sortear retos en el trayecto compartido, pero sin olvidar la tarea de ser personas autónomas, llamado al que todo ser humano debe atender. Pero es común que, empalagados con las mieles que genera el enamoramiento, con frecuencia naveguemos a contracorriente de este principio de autonomía, ya que muchas películas, varias series, un bonche de influencers en las redes sociales, así como un montón de canciones románticas populares expresan repetidamente ideas que nos venden conceptos edulcorados sobre el amor, en la lógica de «jamás te dejaré, el que ama todo lo da, y si tú no estás aquí me falta el aire».

Son muchas las personas que, creyendo distinguir a lo que sabe el amor, **lo confunden con estas premisas y con los placenteros sentimientos que produce el enamoramiento,** así como con la completitud que se experimenta en los encuentros sexuales –casuales o no– que son satisfactorios. Pero el amor, si bien tiene una dosis de sentimientos gozosos y de placeres sabrosos, es más que eso.

Probablemente tú, tras un rompimiento amoroso, o después de vivir la separación amorosa de tus padres o de alguna pareja que amabas y admirabas, incluso después de vivir en carne propia alguna decepción del corazón, has empezado a sentir inadecuados aquellos conceptos que sostenías respecto a lo que es el amor. Los medios de comunicación, las parejas de Hollywood, los vecinos presuntuosos y las novelas de amor influyen en nuestras expectativas amorosas y nos pesan al momento de elegir una pareja y de vivir el amor. Y es que las creencias que tenemos sobre el amor pueden ayudarnos a abrir nuestras alas y volar, o a limitarnos y hacernos luchar por un ideal imposible que termina siendo justo la causa que aniquila la posibilidad de un buen amor. Por eso cuestionar y aterrizar nuestras creencias respecto a lo que significa amar y ser amado, y distinguir lo que es posible y suficiente en la vida de pareja, evitará, por un lado, que nuestros amores se estrellen bruscamente con la realidad causándonos sufrimiento, o por el otro, que las relaciones que iniciemos con buenos deseos, pero con malos cimientos, nunca se consoliden.

Lo que cada una de nosotras entiende del amor depende de muchos factores, desde la forma en la que fuimos amadas por nuestros padres u otros cuidadores primarios, seguido por el ejemplo de relación de pareja que las figuras importantes de nuestras vidas nos dejaron ver, hasta los deseos profundos que tenemos para satisfacer y calmar nuestras carencias y nuestro corazón. De igual modo, a esto hay que agregar que **la forma de amar también obedece a los cambios que operan en la sociedad a través del tiempo:** no es lo mismo lo que requerían los matrimonios a inicios de la Edad Media, a lo que deseaban las personas durante la época de la industrialización del trabajo, pasando por los amores durante las posguerras mundiales, hasta llegar a las expectativas de las parejas actuales que privilegian la libertad, la intensidad emocional y la satisfacción personal.

Lo confesemos o no, lo sepamos o lo ignoremos, sea admitido o negado, a la mayoría de hombres y mujeres nos inquieta el rumbo de nuestra vida afectiva. Quienes están en pareja en ocasiones lo viven como un mal necesario, con la sospecha de que la felicidad está en otra parte. Los que se encuentran solos con frecuencia creen que el remedio a todas sus inquietudes llegará el día que consigan una pareja, razón por la cual desplazan o postergan todo lo que no se encamine en esa dirección. Otros tantos desean amar, pero dudan de la posibilidad de concretar una buena relación, y van de desencuentro en desencuentro, culpando siempre al destino, a la mala suerte o a los demás por su fracaso y frustración.

Si el malestar amoroso es una gran epidemia con la que convivimos los ciudadanos del nuevo milenio, llegó el momento de ir desmantelando prejuicios, cuestionando creencias y abriendo nuevas posibilidades para habitar con mayor bienestar el territorio del amor. ¿Cómo hacer de la búsqueda de pareja, más que un peregrinar de fracasos, una posibilidad de encuentros? ¿Cómo construir relaciones factibles más que irrealizables e idílicas historias de amor? **¿Cómo desbaratar los castillos en el aire y construir amores con los pies bien plantados en la tierra?** Si bien a lo largo de la vida he atravesado tanto amores como desamores, y he entendido que a amar se aprende entre experiencias, disfrute y decepciones, me desgañito en terapia, conferencias y redes sociales para hacer que quienes me consultan se ahorren algunos pasos innecesarios y lastimosos en este recorrido de encontrar el amor.

Vivimos muchos más años, elegimos en libertad a la pareja con quien queremos compartir un buen tramo de la vida y albergamos muchas más esperanzas de disfrutar una relación. Esto nos obliga a pensar que las relaciones eróticas y amorosas hoy, aun siendo comprometidas, no tienen por qué sujetarse ni a cánones convencionales, ni a creencias idealizadas que no responden a las circunstancias del mundo actual. ¿Estamos listas para sumergirnos en este cambio de perspectiva a la hora de entrar en una relación? ¿O seguimos buscando esa media naranja que nos complete y mágicamente nos llene de felicidad?

Me recuerdo hace más de cuarenta años, de pie frente al altar, mirando con fervor al cielo y jurando amor eterno e incondicional con la certeza de que lo que sentía en ese momento —junto al intenso deseo de que no terminara nunca— sería suficiente para consolidar mi primera y única historia de amor sin final. Y pues resulta que el amor es eterno mientras dura, y a raspones y trompicones he aprendido que todo amor ha de terminar, por separación, divorcio o por la muerte de alguno de los miembros de la pareja. Y eso no significa que lo que se vive o que lo que se ha vivido no haya sido amor. A mis aquellos 21 años me sentía orgullosa de mis loables convicciones y sigo creyendo que nadie empieza un amor deseando que termine, pero aceptar que habrá un final, que puede ser doloroso, mas no desastroso, y que con suerte la pareja saldrá transformada y enriquecida de ese trayecto en común, me hace ser más realista respecto a lo que sí se puede y más consciente de aquello por lo que vale la pena luchar. Muchas personas ya no piensan de esa forma, ahora viven los encuentros amorosos con resquemor y con un miedo anticipado al fracaso, y observo que muchos de sus desengaños radican en el concepto erróneo que tienen del amor.

Qué *shock* fue para mí seguir queriendo amar como lo solía hacer en el pasado, cuando en el hoy ya no me alcanzaba para tanto. Recordar el amor que en su momento sentía por esa persona y no poder experimentarlo más me asustaba y me llevaba a recriminarme el haber decidido mal y el haber fallado en mis intentos de solución. Me sentía atrapada en un malestar sin salida y temerosa de terminar pensando que el amor verdadero siempre encuentra salidas para durar. No es así, **hay amores buenos que terminan** y que se convierten en bellas historias porque pueden soltarse, porque terminan bien. Dejar de amar a una persona, pero **amar siempre el amor que ha existido en esa relación,** aunque hoy ya no alcance para lo que alcanzaba ayer, es agradecer, crecer y honrar lo vivido.

Un amor **no tiene que ser eterno** para que sea verdadero. ¿Por qué recriminarnos del fin de una relación, o, peor aún, temer que termine cuando apenas está empezando, si todo amor, ya sea por muerte o por separación, tiene fecha de caducidad? Aferrarnos a que no se acabe una relación, llevando los intercambios de pareja a la cima del aburrimiento o al calabozo del sufrimiento, no compensa. El sacrificio y la abnegación, cuando una relación es pobre o tóxica, no son producto del amor ni facilitan su conservación. Entiendo que no se puede terminar una relación por cualquier cosa, pero ¿tiene sentido sostenerla a pesar de todo? Más aún, hay amores que por suerte terminan, porque tienen que terminar, porque no son buenos, y si bien dejan algunas lastimaduras, también se puede a través de ellas, sanar, ganar seguridad y aprender a amar mejor y a amarnos a nosotras mismas mejor también.

Ni qué decir del daño que hace **el mito de la media naranja.** Aún escucho a personas que creen que llegará alguien que les tiene predeterminado el destino y que, si no lo encuentran, estarán siempre penando como almas sin descanso hasta que llegue ese ser especial. Piensan que tienen que encontrar a esa persona que será el complemento de lo que les falta, como si fueran seres incompletos en busca de alguien que los llenará. Dudan siempre del amor presente, del que está a su lado, porque piensan que les aguarda, en algún lado, algo mejor. Bajo esta premisa, decir «Te amo» equivaldría entonces a pedir «por favor, quiéreme y haz que tu amor me llene y me complete». ¡Cuánto desgasta pedir a una sola persona –la especial, la elegida, la por siempre única– que nos haga felices y que satisfaga todos los deseos de nuestro ser! Eso no se puede, no existe, y si tenemos mayor grado de conciencia, ni se desea ni se pide porque la vida es un proyecto mucho más amplio que la experiencia del amor erótico. ¿Por qué entonces pedir hoy a nuestra pareja que nos aporte lo que antes nos daba toda una tribu?

Cuando trabajo en terapia con parejas que cuentan con un grado suficiente de autoconocimiento (saben más o menos lo que necesitan, lo que pueden y lo que no, y reconocen sus deseos, intereses y valores), que se valoran positivamente porque en lo individual han cultivado un amor propio sano que les permite sentirse agentes de su propio destino y competentes para afrontar las crisis que la vida les pone, es más fácil acompañarlos a aceptar las limitaciones mismas de su vida de pareja, a encontrar **negociaciones realistas a sus diferencias,** a crear acuerdos en los que ambos ceden y a la vez ganan, y a potenciar todo lo que sí se dan y disfrutan en un marco de intercambio creativo y de realidad. Madurar las creencias erróneas respecto al amor permite entender que **el amor adulto siempre nos dejará algo insatisfechos** porque es un amor entre dos subjetividades que pueden sostenerse a sí mismas y no demandan lo imposible a su pareja. Experimentar esto no disminuye los sentimientos de gratitud y bienestar que la vida amorosa da; por el contrario, expande el disfrute y valora la tranquilidad que puede ofrecer la relación.

Así entendido el amor adulto, no puede esperarse que sea incondicional. ¡Cuánto discuten las parejas que esperan que el otro les apoye siempre, les aplauda todo y les perdone sin cuestionar! El amor es un intercambio entre dos personas. Nos engañamos cuando pensamos que hemos de ser **incondicionales,** que debemos de acceder a todo y que debemos aceptar todo. Pero hablar de intercambio no significa vivir en una cuenta permanente de lo que otorgas y lo que te dan, ese sería un amor cuentachiles que no puede moverse fuera de un rígido acuerdo del 50-50, un amor competitivo y vengativo, y que no da un paso si no tiene asegurada una retribución. Vivir el amor así no es posible ni sirve para conservarlo.

En las relaciones amorosas no se puede prescindir de la aceptación y del respeto, pero sí de la idea de un amor incondicional. Cuando uno de los miembros de la pareja da siempre de más, acepta de más y se entrega sin pedir nunca nada a cambio, termina, o marchitándose y perdiendo la propia energía y alegría de vivir, o resintiéndose y queriendo cobrarle al otro a través del desprecio o la manipulación.

Es hermoso, y necesario, **sentir satisfacción y gozo** al estar en una relación, pero **creer que el amor alberga siempre sentimientos positivos y nunca voluntad es un error** que deriva en otra calamidad. Estamos hechos de carne y hueso, de historia, de necesidades y cansancios; de circunstancias y vivencias que afectan nuestra energía y trastocan nuestros deseos, nuestras posibilidades, nuestros valores. No se puede vivir en la negatividad y en el desgaste permanente, pero la vida misma, con o sin pareja, tiene momentos áridos, críticos, llenos de dilemas. Sortear momentos de aridez emocional en miras de resolver una crisis o atravesar un problema es tarea de un buen amor también.

Recuerdo cuando incursioné en las aplicaciones de cita para conocer gente y, por qué no, encontrar pareja (Peter, mi pareja actual, es fruto de un encuentro en Tinder). Mucha gente que buscaba encuentros erótico-afectivos de diversos tipos escribía en su perfil «Sin dramas, por favor». Estoy de acuerdo sobre la flojera que dan las personas que piensan que a través de sus tragedias lograrán llamar la atención y ligar. El amor no resulta atractivo si se trata de vivir en el desasosiego permanente y menos aún en una postura de víctima eterna que requiere ser salvada por el otro. Además, me parecen **aburridísimas las personas que se crecen en la desgracia y se dan importancia con el sufrimiento personal,** aquellas que denotan poca agencia personal sobre la responsabilidad que implica el ser eficaz respecto a la gestión de la propia vida y a la capacidad de torear los momentos de pena y frustración, pero entiendo también que **la vida no es siempre risas y conquistas,** y el amor entiende esta realidad, y cuando la situación lo amerita, sabe apoyar y puede esperar. ¿Acaso al primer desencanto o problema vamos a aventar por la borda todo lo logrado? ¿Sirve necear con la cantaleta de «Ve todo lo bueno que sí tienes en la vida, pon buena cara y sigue adelante»? El amor incluye sentimientos agradables y experiencias apacibles, pero se consolida muchas veces en temporadas de sequía y oscuridad. Ni hablar, así las complejidades del corazón. Quien quiere puro pan, risas y circo entiende poco respecto a los subibajas del amor.

Es imposible que al iniciar una relación conozcamos todas estas aristas de la vida amorosa y podamos evaluar, en un periodo cortito de tiempo, cómo es realmente esa persona que nos llama la atención. Pero creo que tomando conciencia de lo mucho que le hemos exigido al amor, sí podemos ir despejando nuestra cabeza de tantas creencias anquilosadas que nos hacen pedir lo imposible, dar en exceso, no tolerar lo necesario y sufrir –sin sentido– por amor. Yo soy la primera que disfruto de cierto romanticismo, que deseo que mi amor por Peter dure toda la vida y que su presencia me haga sentir contenta y completa, pero también entiendo que estas vivencias son tramos de la vida amorosa, que no agotan todas las realidades del amor porque inevitablemente se intercalan con otros momentos menos amables que no tienen por qué implicar el fin de la relación.

No malinterpretemos como fallos las temporadas de mucha rutina, de algunos silencios, de ratos de *apechugue* en pos de sostener un compromiso de amor. Y ojo, **hablar de compromiso no es sinónimo de hablar de matrimonio,** porque no falta quien quiere empaquetar toda relación en un contrato matrimonial, como si el amor no pudiera florecer en otros esquemas no institucionalizados o que sin contrato de por medio fuera de menos valor. Un montón de personas se jalonean porque alguno de los miembros de la pareja, que sí ama, que está comprometido, que sí proyecta una vida conjunta, no tiene interés en apresurarse o en llegar nunca al altar.

Una buena pareja puede desgastarse por creer que el amor verdadero siempre ha de constituirse en la base del matrimonio. Según este prejuicio, las relaciones deben estabilizarse en un modo institucional y en forma de convivencia familiar. Querer casarse es válido, sí, pero no es la única posibilidad de vivir el amor. Además, no es raro que, al paso del tiempo y bajo este esquema, vengan las sorpresas respecto a la pérdida del deseo, pues quienes anhelan vivir bajo un contrato matrimonial, compartiendo casa, visitando suegros y criando hijos, omiten el hecho de que **el deseo por el otro se alimenta de cierta ausencia,** de cierta distancia, de un algo de intermitencia y de una dosis de imprevisibilidad.

No digo que casarse sea un mal augurio (los proyectos institucionalizados aportan cierta dosis de certeza), pero en el otro lado de la balanza no nos sorprendamos si se resta algo de pasión. De ahí la importancia de saber qué queremos y cómo lo construimos, teniendo expectativas aterrizadas dependiendo del esquema amoroso que lleguemos a elegir: uno más estable, tranquilo y menos apasionado, o bien, alguno menos conservador, más libre, menos rutinario, pero con un erotismo mayor. Lo central para no construir castillos en el aire, pero sí tener un buen refugio amoroso que habitar, es considerar que la vida doméstica bajo todas las leyes no es el único camino para vivir en amor. De uno u otro modo, toda vida amorosa, aun no siendo matrimonial, requiere acuerdos y estabilidad (no se puede vivir en la duda permanente) que, por lo general, incluyen un ramillete de rituales y rutinas que no impiden que circule la atracción al tiempo que otorgan una base de calma y seguridad.

Cada ser humano es diferente y precisa ingredientes distintos para amar. Quizá por eso sería mejor hablar de tipos de amor o de amores que de una única y universal definición del amor. **No existe un solo tipo de amor** que aplique a todas las relaciones de pareja: la mezcla de erotismo, intimidad y compromiso van haciendo diversas combinaciones dependiendo de las etapas de la vida de los amantes, de las circunstancias que atraviesa su relación y de las personalidades mismas de quienes integran ese particular binomio amoroso. Habrá momentos en los que se requiera una voluntad férrea y una capacidad de posponer ciertas gratificaciones para atravesar periodos de crisis y de decepción; vendrán etapas donde la camaradería, el diálogo profundo y la complicidad sin forzamiento serán la constante en la relación, y como la sexualidad y su intensidad también cabalga con la vida, existirán etapas de juego, de disfrute y de erotismo recargado de pasión. Claro que querer hacer pareja con alguien cuyos ingredientes amorosos son muy distintos a los propios generará dificultades en las expectativas, en la comunicación y en el entendimiento mutuo, pues las creencias básicas sobre lo que significa amar se harán irreconciliables.

Hace poco platicaba con la hija de una querida amiga mía, Fernanda (37 años, soltera desde hace seis años, arquitecta exitosa y mujer determinada), y me decía: «Mira, Tere, siento que ya se me antoja volver a hacer vida de pareja, pero tengo una lista tan grande de cosas que quiero hacer antes de renunciar a mis espacios que no sé cuánto tiempo más lo voy a postergar». Como que algo no me cuajó, así que le dije: «Pero ¿cómo, Fernanda? Si lo que vas a tener es una pareja, no un capataz». Entonces me contestó con voz reservada: «Ya ves que a mí me cuesta lo de pedir y negociar, y asocio la vida de pareja con muchas más renuncias de las que hoy estoy dispuesta a dar».

Me cuestiono para cuántas personas el vivir en pareja es sinónimo de tener que **clausurar una parte importante de sí mismas:** deseos, necesidades, intereses, valores y no sé qué tanto más. Y eso que no soy de las soñadoras que piensa que la vida en común se da sin desacuerdos, postergaciones y una que otra renuncia por ahí, pero ¿anularte? No, pues no. ¿Cómo integrar el binomio pareja-autonomía sin que una cosa socave a la otra? Me parece que parte de la respuesta está en dos líneas: una es dejar de idealizar el amor como algo tan sagrado, tan frágil, tan todopoderoso que requiere ser cuidado hasta el sacrificio y la abnegación, y otra, la cual considero que es una de las más importantes tareas de la vida, es la conquista de la autonomía, que no significa ni independencia total ni dejar de necesitar a los demás.

Todos, de una u otra manera, somos emocionalmente dependientes: primero con nuestros padres, luego con la pareja y, de distintas formas, con otras personas de nuestra comunidad: amigos, colegas, familiares; sin embargo, esta dependencia, llevada al extremo, deriva en problemas emocionales y con los demás. Recuerdo a Fernanda en su anterior relación: muy al pendiente de su ex, ansiosa de no converger en todo, desgastada cuando tenían diferencias y tratando de adaptarse para complacer. Tanto malestar tolerado por el temor de *testerear* su relación.

A diferencia de Fernanda, hay quienes se van al otro extremo, y para no sentir esa cosilla interna de estar bajo presión por y para el otro, se alejan emocionalmente evitando la intimidad, capoteando los desencuentros y la fricción, y anulando la posibilidad de una conexión emocional que, lejos de calmar su alma, se convierte en una presión. Solo bajo una premisa de autonomía emocional y económica fluye mejor la capacidad de disfrute, convivencia y negociación con la pareja. Saber que quiero estar contigo, pero que me puedo ir si es necesario, es liberador y promueve un intercambio respetuoso, implica una tensión sana que activa el deseo de que me sigas eligiendo y de ser deseable para ti, y facilita un amor maduro y una aceptación de lo que se puede y de lo que no. Y sí, la autonomía también implica la renuncia a algunas cosas por el hecho de haber elegido otras, y por eso renunciar es sostener aquellos acuerdos que los amantes han señalado como importantes y no negociables. Con el tiempo, los acuerdos se pueden actualizar, pero esto implicará conversaciones profundas y negociaciones maduras.

Como ya he dicho, la **madurez** que facilita la vida en general, y el amor en particular, requiere de la **conquista de la autonomía.** Además de la independencia económica, esta incluye un área emocional a través de la cual legitimo mis deseos, necesidades, intereses y valores. Sé lo que quiero, reconozco mis competencias y defiendo lo que es importante para mí.

Por su parte, la **independencia material** es la que me da la posibilidad de vivir –decidir, agenciar, pagar– aquello que necesito con respecto a lo que aprecio y valoro. La autonomía económica es la que me permitirá llevar a cabo mis elecciones personales.

Y en la parte emocional, se trata de ser independiente de quienes elijo tener cerca en la vida, de mi pareja sin duda, y balancear en la relación ambas tendencias: la cercanía física y emocional que alimenta la vida amorosa, y la distancia necesaria que ventila el nosotros y respeta nuestra individualidad.

El amor puede convertirse en algo tóxico cuando, basado en el miedo y la inseguridad, busca poseer al otro, controlarlo, sobreprotegerlo, comprarlo. Una relación bajo estas premisas tiene efectos desastrosos en los amantes. A estos efectos yo les llamo los ingredientes tóxicos del amor: la **posesión,** que genera un mundo en el que una persona es un objeto de uso y abuso de la otra, lo que apenas le permite la autonomía que debe tener. La **dependencia,** donde la vida de uno solo puede transcurrir dentro de los límites marcados por el otro. Y la **fusión,** que sitúa a los amantes en un mundo en que la vida de ambos ha de coincidir por completo con respecto a sus intereses, deseos y valores. Esto generalmente desencadena, no solo frustración y violencia, sino aniquilamiento de la propia personalidad y, obviamente, del amor.

André Comte-Sponville, filósofo francés, acuñó una frase maravillosa: **«Te quiero como eres. Tal vez no respondes a lo que yo esperaba, pero prefiero tu realidad a mis sueños».** Esto es una invitación a aceptar que mi pareja, que fue la proyección de mis necesidades en un inicio del enamoramiento, es un genuino otro y, en cierto modo, alguien por descubrir.

Saber quién soy, qué quiero y cómo puedo conseguirlo, así como desarrollar los recursos que necesito para poder actuar con base en mis propias necesidades, valores y deseos genera libertad para amar mejor. Desarrollar un sentido sólido de identidad y tener la capacidad de contenerse a una misma cuando la vida se pone difícil facilita pedir ayuda a la pareja y apoyarse mutuamente sin sobrecargar la relación. Esto no se consigue de un día para otro: hemos de asumir que el amor realista se cuece a fuego lento. Hoy queremos asegurarnos en un mes de que esa persona que nos gusta y a quien le gustamos será un buen partido y no nos defraudará. Pero transformar el enamoramiento o la pasión en amor requiere de aprender a esperar: la pasión se enciende en el acto si hay combustible, pero se apaga una vez que este se agota; los fuegos que perduran no son llamas, sino brasas.

Disponernos de manera calmada hace posible sembrar, germinar y cosechar actitudes y sentimientos, recuerdos y proyectos, que son los que van armando el tejido amoroso. Además, si bien el tiempo y la convivencia nos revelan mucho de quién es nuestra pareja, debemos estar conscientes de que es imposible conocerla del todo, por lo que hemos de entender con paz que siempre será un enigma inagotable. Todos somos sujetos únicos, irrepetibles, intransferibles, y vivir el amor desde esa aceptación abre las puertas para crecer a través de la presencia y el acompañamiento del otro, porque las diferencias nos desafían y nos enriquecen, siempre sobre la base del respeto a nuestra individualidad. La pareja, así entendida, es un misterio que habrá que ir descubriendo. ¿No es estimulante saber que siempre podemos sorprendernos mutuamente? Por eso afirmo que a amar se aprende, y a conocernos para entender la danza amorosa y elegir mejor, también.

Entonces más que temerle al amor, habría que aprender a tolerar la incertidumbre que implica amar, a capotear esa ambivalencia que genera para no ahuyentarlo antes de tiempo, y luego, a integrar esa experiencia de incompletitud en la que vive, para no saturarlo y saturarnos en él. Toda relación amorosa es un riesgo, porque el amor es al mismo tiempo atractivo y desafiante. Así como nos arropa y cura, nos puede doler y desestabilizar. **El amor es poco previsible, confuso y difícil de domesticar,** y por más que pretendamos asirlo del todo, hemos de tolerar la incertidumbre que forma parte de él como de cualquier otra experiencia. Esto contradice la creencia milenaria de que el amor «todo lo puede y todo lo soporta». **Amar codependientemente** es afirmar a cualquier costo: «Nunca nos dejaremos de querer».

Ahora bien, asumir la **no monogamia** en una relación implica una capacidad de negociación y manejo de diferencias y conflictos, una gestión personal de la incertidumbre y los celos; en pocas palabras, una manera responsable y congruente de lidiar con el deseo que puede ser la única salida a la conservación de un buen amor. Traicionarse a uno mismo después de un trabajo de autoconciencia es también traicionar la relación y ¿por qué no integrar la posibilidad de recontratar nuestra relación a lo largo de los años, antes que cambiar de pareja? Esta actualización implica revisar acuerdos y expectativas previas, negociarlas, adaptarlas a la etapa de vida que sigue cambiando, reconsiderarlas, probarlas y conversar. Si bien esto implica un desafío que rompe con creencias milenarias respecto a la sexualidad, al amor, a la fidelidad, es más difícil si se minimiza lo que está ocurriendo y esta tarea se pospone, se evita o simplemente se desafía con una **infidelidad** sin ninguna previsión. Hay quienes logran ajustar y recontratar la relación que tienen, y con eso abren más años de convivencia amorosa y de acompañamiento satisfactorio. Por eso antes de terminar una relación hay que cuestionar otras opciones oportunas y constructivas en vez de repentinamente desertar.

Pero, aun con nuevos acuerdos y pactos, ya lo decía Sándor Márai en su novela *La mujer justa* a través de Marika, quien le narra a una amiga el dolor vivido tras un amor fallido y un divorcio sin marcha atrás: «Un día desperté, me incorporé en la cama y sonreí. Ya no sentía dolor. Y de pronto comprendí que la persona justa no existe. Ni en el cielo, ni en la tierra, ni en ningún otro lugar. Simplemente hay personas, y en cada una hay una pizca de la persona justa, pero ninguna tiene todo lo que esperamos y lo que deseamos».

Cuesta aprender e incorporar que **el amor adulto nos deja siempre algo insatisfechos,** algo inconsolables. En un encuentro amoroso, pasado el enamoramiento, queda siempre una huella de fragilidad y de indefensión, de incompletitud, de insatisfacción y melancolía. Y es normal, pero a veces nos recriminamos por esta sensación de que algo falta, por no lograrlo, por haber elegido mal, por haberlo «echado a perder», o bien, procedemos a culpar al otro por no darnos eso que queremos y necesitamos, por no entendernos, por amarnos a medias tintas.

Pero sea como sea me atrevo a afirmar que **ya no existen –ni existirán más– esquemas amorosos claramente trazados** y, por tanto, toca entender, con más curiosidad y menos desazón, las nuevas geografías del corazón.

Y a todo esto, ¿cómo hemos de posicionarnos hombres y mujeres partiendo de nuestras diferentes situaciones y condiciones? Pues hemos de disponernos –con riesgos medidos– a cuestionar prejuicios limitantes, a desbancar creencias añejas, a experimentar en distintos escenarios, a caernos sin rompernos y a aprender del sopetón y repuntar. ¿Cómo? Curiosos, abiertos, responsables, reflexivos, cautos, fortalecidos y proactivos, pero con los pies en la tierra. Te invito a desalojar los castillos en el aire y a habitar, más que amores perfectos que no existen, **amores de buena calidad, de cierta duración y con un tipo de compromiso,** cualquiera que este sea, pero que sea concreto, respetuoso y claro para los dos.

Vayamos construyendo estos amores en la tierra, para poder **disfrutar de la vida de pareja *imperfecta* –ni pobre ni tóxica–** que elijamos vivir, sabiendo que detrás de cada experiencia amorosa solo hay eso: personas limitadas y a la vez suficientes, con un puñito de cenizas que empolvan la vida, pero con muy diversos destellos que comparten con nosotras a lo largo del caminar juntos, en forma de amorosos rayitos de luz.

CAPÍTULO 6

VIVIENDO SOLA, PERO NO SOLITARIA...

6.1. Gracias, desgracias, y ¡muchas gracias a la soltería!

Las «malas lenguas», algunas investigaciones y las calles de la Ciudad de México dejan ver que la vida en soltería está *in crescendo.* Se pronostica que para mediados de siglo una tercera parte de los hogares de nuestro país serán unipersonales: los habitará una sola persona, eso sin mencionar las cifras en otros países que van a la avanzada con este fenómeno urbano del *single*.

Es evidente que en los últimos años los humanos hemos migrado de un estilo de vida comunitario a una rampante individualización. Hasta hace pocas décadas, la posibilidad de esta alternativa de vida era simplemente impensable: de no ser por el estrecho intercambio entre nuestros ancestros, la conservación y construcción de la raza humana se hubiera frustrado; fue la organización de los primeros humanos en pequeñas tribus lo que favoreció la sobrevivencia y el desarrollo. Antaño no había forma de sobrevivir en individual; es más, las personas solo se concebían a sí mismas como *parte de*.

Somos seres sociales, no podríamos subsistir en aislamiento, pero justo el efecto del intercambio social que nos caracteriza ha dado origen a infinidad de avances tecnológicos y científicos que hoy dan cabida a la posibilidad de una vida individual. Con la modernidad, han triunfado valores que antes eran poco venerados: progreso, comunicación, felicidad, libertad y, por supuesto, individualidad. Todos estos factores empujan a superar el antiguo estigma del soltero o el solitario, y resaltan los privilegios de la vida individual. Yo vivo como soltera, en un espacio individual, desde que me divorcié hace varios años, y sí pienso que como etapa de vida bien asimilada los privilegios pueden ser muchos. Además de la conquista del espacio y el tiempo personal, los solteros poblamos los rincones de las ciudades y llenamos de vida los espacios públicos; nos congregamos en grupos con personas con quienes compartimos intereses, o bien, nos vinculan pasiones profesionales estrechas. Hemos roto con patrones de vidas únicas, gastamos más en nosotros (invirtiendo en gimnasios, clases de arte, conciertos, obras de teatro, viajes, entre otras cosas). Ser uno solo, hoy en día, tiene incluso un sesgo de éxito y distinción, además de la sensación de tener el control de la propia vida.

Recientemente, la estructura de la vida familiar ha atravesado una **gran transformación:** la familia nuclear –madre, padre e hijos– va decreciendo. De hecho, no ha sido la norma a lo largo del tiempo: la primera organización de nuestros antepasados fueron pequeñas tribus y sociedades, que tras años de prolongado desarrollo dieron origen a las primeras organizaciones familiares. Entre los diversos modelos familiares –familias uniparentales, familias reconstituidas, familias sin hijos, familias extensas, parejas homosexuales–, hoy van creciendo los hogares unipersonales y, con ellos, diversos acuerdos amorosos que poco tienen que ver con el estereotipado contrato matrimonial.

Si bien la elección de la vida individual incluye la tensión entre cierto sufrimiento por la soledad que implica, también integra el goce de una buena dosis de paz y libertad. Pero solo, o soltero, no significa de ninguna manera aislado. La interdependencia de las sociedades actuales facilita esta posibilidad de vida evitando el aislamiento. Quizás el tema de la soledad, que mueve tantos temores y dolores personales, es lo que más ronda alrededor del tema de la soltería. Nos da miedo la soledad, y cuando no le tememos, nuestro entorno se encarga de que –tarde o temprano– lo hagamos.

La soledad tiene muy mala fama y, por extensión, la soltería, que es la «encarnación» de la misma. La soledad es sinónimo de anomalía, fracaso, riesgo y sufrimiento. Pero ¿por qué no integrar con más normalidad que los habitantes del siglo XXI –como efecto de muchos factores sociales, económicos, políticos, tecnológicos e ideológicos, entre ellos la extensión de los años de vida– inevitablemente vamos a transitar algunos periodos de soledad y otros periodos de vida en pareja? Esto nos obliga no solo a habilitarnos para este «ir y venir» solos/acompañados, sino a integrarlo como parte de nuestras posibilidades de vida: con sus retos, sus dificultades y con sus gracias particulares también.

Reitero que lo que nos dificulta integrar esta opción de vida es **confundir la soledad con el aislamiento y la desolación.** Vivir en soledad no es sinónimo de estar aislados: el aislamiento nos remite a un estado de privación y exclusión respecto a nuestro entorno, así como de vacío interior. **El aislamiento,** dada nuestra naturaleza social, es traumático y, *de facto,* imposible: somos seres interdependientes, nos necesitamos unos a otros para satisfacer nuestras necesidades físicas, emocionales, intelectuales y sociales, así como para construir y enriquecer nuestro yo y construir nuestra existencia más allá de nosotros, diría yo, de forma trascendente. El aislamiento implica no poder contar con nadie, no importarle a nadie. No así la soledad.

La soledad tampoco es sinónimo de **desolación,** estado en el cual lo que prima es la angustia, el dolor, la depresión. La desolación da cuenta de una pérdida irreparable, de una especie de orfandad: pero ¿qué es lo que se siente perdido cuando se vive en soledad?, ¿un estatus social?, ¿un sueño?, ¿una creencia?, ¿una futura vida sin pareja? Migrar de una vida de familia aglutinada, o bien, de una vida de pareja que cohabita a una vida en solitario implica **algunos ajustes:** transformar los vínculos importantes de manera que sean sólidos y constantes, hacer acomodos de la rutina, reconocer algunas renuncias y dar la bienvenida a ciertas ganancias también. Esto requiere capacidad de recuperación y de adaptación, pero, sobre todo –si es que pensábamos que viviríamos eternamente con pareja–, de entender que la soltería no tiene por qué arrastrar una melancolía permanente ni un estado de estrés irreparable. La soledad y la desolación no tienen por qué ir de la mano.

Ahora entremos a un punto más profundo: **la soledad existencial,** esa que nos empata a todas las personas, ya sea solteras, casadas, divorciadas, con o sin hijos, con o sin padres cercanos y vivos. Sobra decir que ontológicamente estamos solos. Me explico: nacemos solos, morimos solos, somos seres unitarios. Integrar esta verdad como parte de lo que se experimenta en la vida es una faena que nos toma mucha energía; sin embargo, es inevitable confrontar esta finita realidad humana que toca distintos aspectos y momentos de nuestra existencia. Si bien la experiencia de soledad existencial es común a toda persona, cuando se experimenta es difícil de comunicar; se puede manejar con mayor o menor gracia y entereza, pero es ineludible en tanto que surge del simple hecho de existir.

Dicho esto, vayamos más allá de los cuestionamientos en torno a la soledad existencial y preguntémonos ¿qué hay de esa otra soledad que también nos lleva al encuentro con nosotras mismas? ¿Cómo darle la espalda a una soledad indispensable en la cual nos confrontamos y nos construimos? Para hablar de soledad hemos de referirnos a ese estado, tiempo, espacio, en el cual la ausencia de otros permite la interacción con nosotras mismas. A falta de intermediarios, desarrollamos una relación con nosotras que permite un diálogo que, de estar en compañía, sería inaccesible. Esta soledad es también **un camino indispensable para conquistar la autonomía,** pues las experiencias que se dan sin participación de otros son necesarias para ejercer los derechos autónomos y conquistar la libertad.

Cuando estamos solas nos pasan cosas interesantes que son imposibles de incubarse en compañía:

- Nuestra actividad intelectual es diferente: hacemos conexiones distintas y unimos ideas fragmentadas.
- En vez de defender nuestras posturas ante otros, podemos dudar de ellas. La duda desafía nuestro pensamiento dogmático.
- Cuestionamos nuestros paradigmas.
- Reconocemos competencias e intereses ignorados.
- Replanteamos nuestros valores desafiando prejuicios y abrazando principios.
- Escuchamos nuestros sueños y nuestros deseos, que quizá parecían inaccesibles o imposibles estando acompañadas.
- Legitimamos, sin la anuencia de los demás, nuestra experiencia: nos afirmamos.
- Superamos la necesidad permanente de ser confirmadas por los demás.
- Logramos diferenciarnos, sosteniendo la cercanía-distancia oportuna con los demás.
- Y en tema de pareja, cuestionamos y valoramos lo que queremos y lo que estamos dispuestas a arriesgar, a dar y a recibir.

No hay manera de ejercer la libertad sin la capacidad de estar solos. En cualquier circunstancia, requerimos de espacios de soledad creados propositivamente para acceder a este encuentro personal y desarrollar la conciencia de una misma. Qué fácil es confundir la fusión con los buenos vínculos, siendo que en la soledad se pueden también construir, cultivar y cuidar intercambios significativos con los otros, pero validando lo propio de manera autónoma.

¿Nos da miedo la soledad? Tal vez, pero antes de temerle, habríamos de darnos la oportunidad de disfrutarla, valorarla y, sobre todo, respetarla, la hayamos elegido o no. El temor surge inevitablemente ante lo desconocido, ante lo que creemos que nos puede dañar y, claro, ante lo que la sociedad señala como fracaso. Siendo esto así, tememos a la soledad porque la pensamos nociva, sin embargo, podríamos no pasar la vida huyendo de ella sin antes permitirnos conocer su brillante cara secreta. En conclusión, al confundir soledad con desolación y aislamiento, nuestra sociedad se empecina en querer combatir cualquier soledad y no logra distinguir las diferencias, los matices y sus aportes. La soledad es diferente del aislamiento y de la desolación porque no depende del exterior sino del ánimo interior.

Quizá mi vida, siempre llena de gente –hermanas, familia extensa, amigas, compañeros de trabajo, eventos sociales, luego de esposo, hijos y de todas las relaciones que con ellos vienen– me hizo transitar por ese periodo de soledad con dolor tras mi divorcio, pero al mismo tiempo con paz y relajación. La incertidumbre de encontrar en el futuro una buena pareja y de ser aceptada con o sin ella en tantos contextos que se indignaron tras mi separación matrimonial estaba siempre en el tintero, pero la capacidad de entrar dentro de mí, asimilar lo vivido, hacer un recuento de mi vida y establecer mis prioridades futuras fueron un parteaguas para continuar mi vida en soltería, y para alcanzar una madurez y autonomía, aunada a un crecimiento profesional, que potenció mi bienestar personal y la elección de mis nuevos contextos sociales, más acordes a quien me fui convirtiendo al paso del tiempo.

Pero con todo y estas reflexiones respecto a los cambios en mi vida en particular, y en la vida en general de tantas personas que la transitan en soltería; con todo y que asumamos la necesidad de cierta soledad para crecer y conquistar la autonomía; y con todo y la lenta pero sostenida apertura a las transformaciones sociales que facilitan otros estilos de vida, tengo que decir que es imposible negar que **la sociedad juzga a la gente soltera.**

A los solteros se les juzga siempre: si la pasan mal, si se divierten, si salen con alguien, si están solos, si están con varios, si trabajan, si descansan y, claro, si no llegan el domingo al café o a la comida familiar. Cargar este juicio hace que, si estamos atravesando un periodo de soltería, nosotras mismas nos **autoenjuiciemos** también. En este mundo desigual, donde incluso el estado civil otorga privilegios, generalmente quienes más juzgan a las personas solteras son las personas con pareja, y con más ahínco las que están casadas. No tengo nada contra ellas, estuve casada durante 26 años, pero tras miles de esfuerzos por querer encontrar (sin éxito) la piedra angular para que mi matrimonio mejorara y se sostuviera, tuve que dar el salto a la soltería, con todo el miedo y todas las consecuencias que ello pudiera implicar.

En aquellos años de separación, divorcio y soltería, ¡cómo padecí a mi entorno que se condolía de mí, me exhortaba, me envidiaba, me instruía y me criticaba! A su parecer, yo había tomado una decisión equivocada, había destruido una familia, le estaba dando vuelo a la hilacha tras años de matrimonio, y no era consciente de lo que me correspondía siendo ya una mujer de casi 50 años con cuatro hijos adolescentes aún por educar. Es que el estatus de estar emparejado se privilegia, y mucho más si es en matrimonio con todas las de la ley. Por eso las «ovejas descarriadas» estamos en la mira de todos los que transitan gozosos por el sendero del amor.

Pero ¿quién les dijo a los casados (y al público en general) que la soltería es tan amarga? Yo, de la manita de Bella DePaulo –profesora de Psicología en la Universidad de California e investigadora social de Harvard, además de soltera de hueso colorado–, hago notar cada vez que puedo los mitos que desafortunadamente circulan en torno a los solteros: esas creencias extendidas sobre esta condición, que poco tienen que ver con nuestros sueños, nuestras vivencias y nuestra forma de sentir y pensar. Y es que, aunque **la soltería se vuelve cada vez más frecuente,** la suspicacia en torno a ella perdura, y hace que algunas personas solteras se inventen una relación amorosa oculta para que no los etiqueten como fracasados, corazones secos o incompetentes afectivos. En efecto, la imagen general de la soltería en pocas ocasiones es positiva: la norma sigue siendo vivir en pareja y en familia.

Para abrir boca, señalo la creencia errónea de que **los casados saben más que los solteros mismos** lo que estos necesitan, y bajo esa premisa suponen que todos los que viven en soltería se sienten fracasados y solos y, por tanto, que su vida se rige por un único y principal interés: conseguir pareja. ¡Auxilio! La vida de pareja puede ser muy agradable, pero ni todos los solteros tenemos la urgencia de emparejarnos, ni vivimos el día a día tan mal como creen. Otro mito es pensar que **la vida en soltería es trágica y miserable.** ¿No es esta una terrible suposición? Ni qué decir del estereotipo del soltero como una **persona infantil e inmadura** que solo piensa en sí misma y es egoísta de corazón, por lo que su tiempo, sus intereses, sus actividades y sus relaciones se consideran de poco valor: como si la vida en soltería fuera pura falta de compromiso y total diversión. Eso sin mencionar los **mitos de los hijos de padres y madres solteras:** criaturas condenadas a vivir en un hogar disfuncional y tener más problemas que los niños que viven en una familia «normal». La gente soltera tiende a recibir el mensaje de que ese estado no debe durar: hay que estar atentos y a la espera de encontrar el alma gemela.

Esta visión de la vida hace que muchas personas teman a la soledad y se sientan culpables por estar solas; como si su estado fuera su culpa y estuvieran solas porque no son como debieran ser, o porque la gente no gusta de ellas. Y desafortunadamente, cuando estas personas van a terapia, muchos psicoterapeutas, en lugar de ayudarlas a amar esta etapa de soledad y a enriquecerla, les proponen técnicas para emparejarse, para evadirse en múltiples encuentros, en lugar de acompañarlas a aceptarse y amarse a sí mismas.

Hace tiempo, el sexo, la familia, la madurez y la autonomía se conjuntaban dentro de la institución matrimonial, pero, desligados estos componentes, se abren múltiples estilos de vida. La libertad de diseñar vidas singulares es privilegio particular de los solteros, y muchas la tenemos al alcance de nuestra mano. Y es que en la actualidad la vida en soltería ha dejado de ser un mito, un sueño, un imposible o, peor aún, una catástrofe. Ser soltero hoy es una posibilidad de vida válida, una conquista, una tendencia.

Te cuento un poco cómo ha evolucionado este fenómeno en el tiempo. En la década de los años sesenta, la soltería no era bien vista: las y los solteros eran etiquetados como «solterones», «raros», «dejados», «neuróticos». Para la década de los años ochenta, principalmente en Europa, las personas empezaron a postergar, incluso a rechazar, el matrimonio para tener una vida en soltería. Son muchos los factores que han posibilitado esta nueva elección de vida, entre ellos el mundo posmoderno con su apertura a la diversidad y el cuestionamiento de la vida tradicional que favorece la vida en hogares unipersonales.

La soltería también se percibe diferente según la edad que se tenga. En su libro *Las nuevas soledades,* Marie-France Hirigoyen nos dice que **de los 20 a los 35 años,** si bien aún se espera el encuentro del supuesto gran amor, tanto la prolongación de los estudios y las especialidades como la falta de certeza sobre la estabilidad del empleo hace que los compromisos se pospongan.

Entre los 35 y 45 años, particularmente las mujeres nos cuestionamos el tema de la maternidad, y algunas profesionistas con puestos de alto rango esperan el límite biológico para considerar embarazarse. Tanto hombres como mujeres experimentan esta etapa como un estado pasajero. **Después de los 45 años,** llega a menudo la individualidad de los divorciados, que tras años de relaciones que dejaron de tener sentido, retoman su vida autónoma, vuelven a ponerse en circulación y priorizan sus deseos, intereses y valores. Algunos *seniors* **entre 60 y 75 años** siguen siendo muy activos. Varios aún gustarían de tener una relación, pero muy pocos anhelan formalizar, otros prefieren su absoluta individualidad: si tienen hijos sortean tiempo con ellos y con las amistades. La mayoría se permite gustos estereotipados.

Esta diversidad de posibilidades nos confirma que, a diferencia de hace algunas décadas, la soltería no nos hace pensar en personas solitarias, tristes y aburridas; la nueva concepción de los solteros integra la imagen de individuos autónomos, libres, divertidos, creativos y exitosos. Hoy son los mismos solteros los que construyen el significado de sus vidas y no se dejan apabullar por criterios externos que a lo largo de la historia los han señalado, degradado y discriminado. Esto no excluye que aún en la actualidad haya personas que no han desafiado los estigmas ancestrales de la soltería: su negativa radica en considerar la vida singular como una expulsión del paraíso terrenal más que como una circunstancia o una elección digna y apetecible.

Pero insisto en que la dificultad de esta transición tiene que ver, más que con los desafíos de la soltería misma, con la supremacía social que tiene el matrimonio como modelo de vida hegemónico y como estatus social privilegiado. Esto hace pensar a la mayoría de la gente que las personas solteras son raras, inmaduras, egoístas, superfluas, poco comprometidas y, además, infelices. ¿Acaso el matrimonio tiene la magia de hacer a quien lo contrae una persona normal, generosa, feliz, responsable, profunda y madura? Por supuesto que no. Pero sin duda, la fuerza de estas creencias dominantes deja sentir su peso y su juicio. Así, los solteros son permanentemente blanco de preguntas como: «Y tú, ¿para cuándo?», o bien, «¿Quieres que te presentemos a alguien?». Eso cuando no son expulsados al sofá de la sala durante las vacaciones o cuando se asume que por «no tener responsabilidades» les toca hacerse cargo de mamá y papá. No es extraño, repito, que las personas casadas supongan que todos los solteros están disponibles, realizan actividades triviales, quieren pareja, que todos la pasan mal en su soltería y que ellos, los casados, saben lo que los solteros desean y necesitan. Esto se presta a intrusiones y desfiguros que son una genuina **falta de respeto** también.

Ahora, hay que considerar también que, presos de esta idiosincrasia, no todos los solteros viven igual su soltería: algunos la ven como un derecho y una conquista, otros como un reto que nunca pensaron o quisieron enfrentar, y sí, algunos la viven como una verdadera desgracia. Por eso insisto en que vale la pena integrar que, ya sea que se nos arroje a la vida en soltería por elección o por circunstancias (un divorcio, una separación o la viudez misma), la mayoría de los ciudadanos del siglo XXI transitaremos por periodos de vida en pareja y por temporadas en soltería. Cada individuo es único, las circunstancias en que se ha visto inmerso son diferentes y la manera en que enfrenta el mundo también. Particularmente, los solteros responden a los desafíos de la vida y a sus retos de modos distintos, de ahí la importancia de distinguir entre los diversos grupos de solteros y la forma en que conciben su situación.

Para describirlos de manera somera, pero no banal, he creado lo que llamamos el **semáforo de la soltería.** Cada uno de los colores de este semáforo puede dar buena cuenta de qué retos y qué privilegios pueden encontrar las personas que se encuentren en cada categoría. La metáfora que implica el rojo, el amarillo y el verde nos ayudará a comprender las diferencias que comúnmente podemos distinguir entre ellos: resignación negativa, proceso de transición y aceptación positiva. La forma de vivir la soltería depende, en gran medida, de la personalidad de cada soltero, de la historia de vida que pueda contar, del trabajo personal que haya realizado, del modo particular en que haya llegado a esa etapa, de sus objetivos vitales, así como de la forma en que entienda el momento histórico individualista que hoy día nos toca vivir.

El **rojo** representa al grupo de solteros presa del paradigma tradicional que piensa que la vida es mejor en pareja, sobre todo, si es de forma matrimonial. Estos solteros se sienten inadecuados, defectuosos o rechazados porque no han encontrado a su media naranja. En ocasiones posponen proyectos estimulantes o valiosos por darse a la tarea de encontrar a *su amor ideal*. Si llegaron a este estatus por un divorcio o una separación no deseada, además de la frustración y el resentimiento que les produce su estado, albergan sentimientos de enojo, depresión y angustia. Los solteros que ya han tenido un matrimonio o una pareja formal se consideran «menos raros» que los que nunca se han casado, pero al igual que los primeros, viven con miedo a estar solos y rechazan su soltería. Este grupo de solteros tiende a repetir los roles del soltero tradicional: triste, incompleto y al servicio del trabajo o la familia porque «no tiene una vida propia». Se sienten ciudadanos de segunda, en tanto que todos los casados tienen algo de lo que ellos carecen y que quizá nunca tendrán.

Detenidos en el pasado y paralizados ante el futuro, rara vez prueban las mieles de la vida en singular. De cierto modo, viven en una especie de negación, en la que suelen tener ideas tales como «Esto es pasajero, pronto encontraré a alguien», «¿Será que algo está mal en mí?» o «Es tiempo de buscar una pareja ya», considerando que lo natural y correcto es estar emparejados la mayor parte de la vida. Por ello, viven la soledad como amenazante y desoladora. Depositan parte importante de su valía personal en la fusión con su alma gemela, desconocen las bondades de la soltería y perciben la autonomía como una carencia y no como la condición *sine qua non* de la madurez.

Por ejemplo, Rosario, una mujer de 42 años, con dos hijos uno de 13 y otro de 10 años, me compartía que acaba de separarse de su esposo tras 16 años de matrimonio:

> Javier, mi exesposo, ha sido un buen hombre y padre en general. Más que tener grandes problemas en mi matrimonio, tras una depresión sin sentido, descubrí que nuestro modo de ser, nuestros intereses, nuestros deseos, iban por caminos muy distintos. La vida con él me parecía poco estimulante, muy pobre; éramos como buenos hermanos más que como una pareja viva. Podría haber seguido así, pero sentía que me iba muriendo internamente. Hoy me siento culpable, lo veo solo y siento que no es justo lo que le hice. Además, me siento insegura desde nuestra separación. Pasar tantos años con una persona y separarse de ella te deja con un sentimiento de estar a la deriva, como en una burbuja o en medio de un círculo con nada alrededor. Al menos así me siento yo, bastante frustrada, sin saber hacia dónde caminar. No me gusta esto, no me gusta mi nueva vida, aunque yo la haya elegido así.

Enfrentarse a una separación o, en términos generales, a la falta de pareja abre un nuevo mundo para el que muchas personas no están preparadas. Rosario, en este caso, si bien eligió terminar su matrimonio debido a las circunstancias, se sintió arrojada a una nueva vida que no le agrada. La culpa y el sentimiento de inadaptación le hacen renegar de su estado actual; incluso, por momentos se sugería la opción de reparar todo, insinuando con esto que podría regresar a su vida anterior, con la cual, aunque insatisfactoria, podría recuperar esa sensación, quizá falsa, de seguridad y calma.

Pasemos ahora al color **amarillo** en el semáforo de la soltería. En este grupo encontramos a esas personas solteras que empiezan a soltar las cargas de un rompimiento amoroso y del estatus mismo de la soltería, y, por tanto, comienzan a apreciar las bondades de la vida en individual. Ya sea porque nunca han tenido una relación comprometida, ya sea que transitan del matrimonio a la soltería, su estilo de vida empieza a tener sal y pimienta y están abiertas a las posibilidades que este estatus les pueda brindar. Los solteros de este estadio transitan un proceso de aceptación de su soltería, sea elegida o no. Se resisten menos a lo que están viviendo e integran mejor su nueva realidad. Si bien la incertidumbre sigue siendo parte de su vida, pues se preguntan qué será de ellos en el futuro, experimentan una esperanza que los abre a vivir experiencias diversas, a cuestionar la vida convencional y a desafiar antiguos prejuicios y mitos en relación con la soltería.

Estas personas no solo se vuelven más autónomas, sino que empiezan a experimentar comodidad en su soledad. Descubren que el encuentro con ellas mismas tiene sus encantos: escuchan sus intereses personales, honran sus valores, desarrollan sus habilidades y dan espacio a legítimos deseos que nunca antes se habían permitido siquiera soñar. En términos generales, se flexibilizan. Hay quienes en esta etapa descubren que disfrutan haciendo cosas que antes no realizaban: escribir, pintar, bailar, estudiar, practicar yoga o hacer ejercicio. Conquistar este espacio personal puede ser la primera oportunidad que tienen para pensar en ellas mismas y para aprender a cuidarse de manera cálida y respetuosa. Hay ocasiones en que la ruptura amorosa deja al descubierto que vivían en una relación con poco significado y que la soledad en compañía era ya más dolorosa que la soledad incorporada y aprovechada como elección propia con aceptación.

La mayoría de los solteros en el color amarillo del semáforo son personas independientes económicamente y eso les permite gestionar sus gastos e ir labrando un estilo de vida propio. Abren la puerta a nuevos modelos de relaciones erótico-amorosas. Valoran la construcción de círculos sociales más selectos y acordes a su presente.

Este es el caso de Malú. Ella tiene 42 años, se divorció hace seis y vive con su hijo Jaime de 13. Malú nos comparte lo siguiente:

> Hoy veo la soltería con más ventajas que antes. Al principio me sentía llena de frustraciones, pues pensaba que se había ido por la borda mi proyecto de vida. Hoy me experimento diferente. A pesar del difícil camino que he recorrido, me doy cuenta de que empiezo a vivir como yo quiero: estoy tranquila y tengo gente querida cerca de mí. Sin embargo, me sigue costando rechazar los esquemas sociales que me han tatuado desde la infancia y que me hacen pensar «¿Una mujer sola?». Voy paso a paso. Confío en que las cosas siguen cambiando y yo también.

Cuando se ha trascendido el rechazo a la nueva forma de vida, puede vislumbrarse otro horizonte. Si bien al principio Malú se encontraba en una marcada soltería de color rojo, a través del trabajo personal y de la experimentación de sus nuevas posibilidades, comenzó a pensar que era posible que la soltería no fuera tan mala. Y a pesar de que ella aún sigue sintiendo cierta inseguridad y por momentos reaparece el cliché del arca de Noé, nota que tiene mucha mayor libertad y que en su vida cotidiana empiezan a surgir opciones que antes no existían, o bien, que ella jamás había percibido como posibilidades.

Finalmente, ¿quiénes son los solteros que componen el grupo del semáforo en **verde?** Son personas que siempre tuvieron claro que no tenían la vocación de una vida tradicional. Pueden querer (o no) tener pareja, pero no hacen de ella la totalidad de su vida. En general no tienen planeado casarse, incluso varios clausuran la posibilidad de cohabitar con una pareja. Si bien algunos estuvieron casados, su actual soltería –ya sea por elección o por circunstancia– no les causa problemas: han atravesado cabalmente el periodo de duelo y se han instalado cómodamente en un estilo de vida individual. Estos solteros en verde viven la soltería de forma natural, la valoran e incluso la defienden. Entienden que no todas las personas tienen la vocación de la vida matrimonial, por eso no se critican por vivir de una manera diferente. Estos solteros en verde tienden a integrar la soltería como estilo de vida y alcanzan tal grado de satisfacción en esta etapa de su vida que muchos deciden quedarse así. No se sienten ni egoístas ni ermitaños, la decisión es positiva en tanto que la eligen como resultado del propio deseo y la introspección, y no como estrategia defensiva ante el miedo a la intimidad o el temor a vincularse con alguien y sufrir.

Este grupo de solteros prioriza su crecimiento profesional, pues ven en su trabajo una fuente de crecimiento y servicio. Como tienden a ser exitosos laboralmente, obtienen reconocimiento social y poseen un concepto sólido de sí mismos. Disfrutan y planean su tiempo libre, dando prioridad a sus gustos, aficiones, intereses, necesidades y valores. En el área afectiva, se abren a experimentar diversos modelos de relaciones erótico-amorosas: algunos no quieren una pareja de tiempo completo, o simplemente alternan periodos de soltería con periodos de tener una relación más formal. Esto no significa que denigren el amor o menosprecien las relaciones de pareja, simplemente eligen vínculos de valor que desafían los estilos convencionales de vivir en pareja.

Los solteros posicionados se conocen bien a sí mismos, tienen amistades sólidas, disfrutan de sus familias, dan significado a su vida y son respetuosos de las diferencias y de la diversidad. Se sienten cómodos, gozan su singularidad y generalmente están sostenidos por proyectos de vida ricos que los mantienen activos, motivados y muchas veces abiertos al servicio de los demás.

Este es el caso de Alfredo, de 36 años, quien vive solo por decisión desde que terminó la universidad:

> Para mí la soltería es una elección que tomé tiempo atrás. Siempre me he sentido atraído por desarrollarme plenamente en lo profesional y quiero sentirme con la libertad de jugármela en todas sus posibilidades. No quiero ser egoísta con alguien que quiera dar prioridad a la vida en pareja y a la vida de familia tradicional: no es que no quiera tener pareja, pero, si llegara el momento, me gustaría que fuera con una mujer que también priorizara su desarrollo personal y no sostuviera expectativas de una relación de cuento de hadas. Por lo pronto, yo disfruto el día a día y me sigo preparando en lo que me apasiona de verdad. Por otro lado, para mí ser soltero no es ser célibe, por el contrario, pienso que mi experiencia erótica no ha sido ni superficial ni banal, y mis amores de entretiempo han sido de conocimiento personal, disfrute y ayuda mutua. Con las personas que me he relacionado afectivamente siempre he sido claro de mi postura, respetuoso de sus necesidades y deseos, y generoso en mi entrega emocional. Simplemente no fuerzo las relaciones por caminos convencionales a los que sé que no me voy a adaptar.

Se puede pensar que alcanzar el color verde es solo producto de un intenso trabajo psicológico para aceptar las circunstancias de la vida o, por el contrario, una especie de vocación hacia la vida individual. Pienso que, hasta cierto punto, es una mezcla de ambas cosas, pero también es producto de un momento histórico con nuevos paradigmas, posibilidades y demandas. Aceptar esto no es sinónimo de una resignación lastimera, es comprender y permitirse hallar el valor en lo que nos rodea, sin que por ello se considere que nada debe o puede cambiar. Quienes se encuentran en el color verde del semáforo de la soltería no solo gustan o eligen este estado, sino que también aceptan y abrazan satisfechos su condición, y al mismo tiempo saben que la vida da giros inesperados. Estos solteros ya no buscan, se permiten encontrar, pero, sobre todo, encontrarse a sí mismos.

Nos coloquemos en cualquiera de los colores del estatus de la soltería, **la condición de ser soltero produce en general gran curiosidad entre muchos segmentos de nuestra población.** La gente mira con interés el estilo de vida de los singulares: sus logros, el manejo de su tiempo libre, sus diversiones, sus amores y desamores. En general, esta nueva alternativa de vida empieza a ser llamativa e incluso envidiable. Pero olvidémonos de los otros y, si estamos atravesando un periodo en soltería, preguntémonos: ¿a qué grupo de solteros pertenezco yo? ¿En cuál me gustaría estar en un futuro cercano?

Es fundamental insistir en que la manera en que se enfrenta el fenómeno de la soltería se basa en gran medida en la personalidad, la historia de vida, la educación, la ideología que cada persona posee y, por supuesto, en el contexto social en que se desarrolla. En mi caso particular, la familia intacta era una institución tan sagrada que «deshacerla» era un mal paso, y estar sola tampoco se consideraba el mejor estado de vida, menos aún para una mujer. Y como esta, hay un sinfín de distinciones que se pueden hacer al respecto: no es lo mismo nacer en Irapuato y ser soltera que ser soltero en la Roma o la Condesa en la Ciudad de México. Los contextos generan usos y costumbres, y con ellos, expectativas de sus integrantes. Si bien la tendencia a la singularidad está aumentando, una persona que ha sido educada con la idea de que debe tener pareja puede verse en mayores dificultades para enfrentar tal paradigma y considerar la soltería como una forma legítima de vida personal.

Ahora, a este coctel de información agreguemos **el tema del sexo y el erotismo,** ingrediente fundamental de la vida, y tema aún más intrigante en la vida de los solteros. Y es que cuando alguien está emparejado asumimos que su vida sexual transcurre sin contratiempos y dentro de una cierta normalidad (asunto que, como terapeuta, puedo decirte que dista mucho del imaginario popular). Pero entonces, ¿ser soltero implica vivir en el celibato?

El tema del erotismo y la sexualidad, de una u otra manera, conmociona a la gran mayoría de los seres humanos: no solo por la intensidad de sus efectos en el cuerpo, sino porque su práctica placentera y cotidiana, además de los beneficios fisiológicos que trae consigo, tiene la capacidad de vincularnos con quienes lo practicamos. A esto agreguemos que vivimos una época que no solo promueve y acepta el ejercicio de la sexualidad, sino que también ensalza a quienes la practican con regularidad e intensidad. Entonces, ¿qué hay con este tema en la soltería? A veces el comportamiento sexual de los solteros, de los separados y de los divorciados genera juicios y denota prejuicios. Pregúntate tú misma, si es que estuviste casada: ¿cuál era tu actitud ante las prácticas eróticas de los solteros? ¿Pensabas que eran atletas sexuales de quienes acostumbrabas hacer rumores? ¿Fantaseabas pensando que sería divertido tener la posibilidad de salir, al igual que ellos, con personas interesantes y atractivas, y vivir tu sexualidad con más variedad y libertad? El contraste entre tu **fantasía de la vida loca del soltero** y lo que realmente se vive al estar en esta situación tal vez genera desconcierto, sobre todo cuando la soltería llega debido a un rompimiento amoroso.

No siempre es fácil iniciar encuentros sexuales con otras personas, más aún si llevamos mucho tiempo fuera de circulación sentimental. Son muchas las preguntas y las dudas que surgen en cuanto a la vida sexual en la soltería. Principalmente, estas tienen que ver con el desconocimiento que produce irrumpir en un nuevo estilo de vida y con los recientes cambios de roles de género producto de los acelerados cambios sociales. Los efectos de la revolución sexual, del movimiento feminista y del lento pero sostenido debilitamiento del patriarcado hacen que la adaptación a los nuevos comportamientos sexuales y amorosos sean difíciles tanto para hombres como para mujeres. Es interesante observar que, si son mujeres, les interesa hablar cada vez más de sexo y, si son hombres, de amor. Esto rompe el estereotipo de hombre sexuado y mujer amorosa. La apertura es saludable y es un medio para entender y desarrollar nuestros sentimientos sexuales al igual que lo hacemos con otras emociones humanas.

Otro gran reto es el tema de las reglas. Es común que en nuestra incursión en la soltería nos sintamos como inexpertos que no saben bien cómo manejarse. Ser soltero ofrece una mayor permisividad, por lo que es importante encontrar el camino en el que nos sintamos bien con nosotros mismos al tiempo que seamos cuidadosos de las necesidades de los demás. El sexo, aunque sea casual, siempre es comprometido: quien tiene más experiencia, más poder, más confianza, más edad, tiene más responsabilidad en los intercambios sexuales. Un tema que genera un particular desafío es que hoy las mujeres toman la iniciativa mucho más que antes, incluso iniciativas sexuales. Esto puede ocasionar desconcierto tanto en hombres como en mujeres. Pero ¿qué les ocurre a los hombres si es la mujer la que *se lanza*? A veces se sienten liberados, pues no tienen que lidiar con el temor a ser rechazados, pero otros se sienten amenazados ante la **asertividad femenina.**

Aunque los nuevos paradigmas anuncien relaciones más íntegras y plenas, en términos generales, los varones se encuentran en una situación imprevista y en ocasiones indeseable, dado que han tenido que renunciar a un modelo que les ha beneficiado por siglos. Por el contrario, las mujeres han ganado seguridad; de hecho, muchas mujeres están solas porque su relación con los hombres ha cambiado y se han vuelto más exigentes en la calidad de sus encuentros; además, se niegan a perderse en ellos y a sacrificar su independencia. Ya no quieren ser la «mujer de», sino un individuo, por eso para ellas una relación con un hombre debe ser un plus. Desean encontrar a alguien que las sosiegue, pero que al mismo tiempo las sorprenda y las exalte, alguien que integre ternura y sexualidad. Y su soltería es, si no elegida –al menos la mayoría de las veces–, aceptada, aunque eso no les impide buscar un compañero en internet. Esto explica el desencuentro sexual y emocional entre ambos sexos. En dos generaciones hemos pasado del modelo subordinado al modelo simétrico: del hombre activo y la mujer pasiva, a la libre interacción entre dos personas que se eligen recíprocamente para satisfacer sus necesidades afectivas y sexuales. Y los cambios, cuando son tan radicales, dejan algunas bajas en el camino.

En este caso, el gran sacrificado o el gran perdedor ha sido el mito del **hombre-macho.** Este se refiere al hombre que mide su capacidad sexual por el número de erecciones y coitos que puede mantener, independientemente de que estos puedan ser placenteros para su compañera. Porque una cosa es disfrutar *del* otro que disfrutar *con* el otro: no es tan fácil gozar haciendo gozar. En este caminar vemos a muchas mujeres que protestan y reclaman un trato igualitario, pues siguen pagando las consecuencias de un sexismo que, aunque menos rígido, sigue generalizado. El hombre, por su parte, avanza, pero muy lentamente, y es que cuesta trabajo desafiar la premisa que afirma que «el hombre, cuanto más promiscuo, es más hombre; y la mujer, mientras más promiscua, es más fácil». En pocas palabras, aún se condona en el hombre lo que en la mujer se condena.

Las mujeres solteras también están confundidas, algunas dicen que les gustaría invitar a los hombres a salir, pero que las invade la vieja moralidad. La mayoría de las mujeres viven un doble proceso de adaptación: adaptarse a ser solteras y adaptarse a encontrar su identidad de mujeres, pues, al parecer, los roles de madre, hija y esposa les evitaban esta confrontación. Y con esto se derivan muchos temas: cuando salen con hombres, a algunas mujeres heterosexuales les gusta pagar sus cuentas, pues con eso se sienten liberadas de tener que retribuirlos, incluso sexualmente. Otras hacen piropos subidos de tono a los hombres, llegando al punto de desarrollar una conducta considerada como masculina que va de llevárselos a la cama, a luego pararse, vestirse y retirarse. Al final, lo que parece ocurrir es una mayor equidad entre los sexos que les permite ser ellos mismos. Sin duda, esto produce cierta incertidumbre y confusión.

Sea por las razones que sea, los comportamientos sexuales y las decisiones tomadas en esta área de la vida son profundamente individuales. Cada soltero debe tomar su propio camino dependiendo de los valores y principios personales. El reto no es solo avanzar y liberarse, sino primero descubrir qué es lo deseado, lo oportuno y lo constructivo para cada uno. **Algunas personas solteras pagan precios emocionales muy altos porque experimentaron con conductas que no eran compatibles con su forma de ser, sus valores o incluso su momento de vida particular.** Algo importante a distinguir, en esta etapa de soltería, es que la gran necesidad de ser físicamente tocado puede confundirse con ser sexualmente abordado: ambas cosas son diferentes. Tal vez la fama que tienen los solteros de ser «muy sexuales» es resultado de esto: el impulso sexual es muy fuerte y por eso muchas personas que se sienten solas tienen relaciones sexuales para sentir el contacto de otra piel.

Uno de los grandes regalos de la soltería es descubrir cómo se quiere manejar la vida sexual, ya que pocas dimensiones de la vida han sido tan reprimidas como esta. Llegar a un punto de libertad para elegir lo que se quiere y no lo que se debe es un desafío para todos, pero más para los solteros, en tanto que se enfrentan a la falta de una pareja estable. La sexualidad puesta en perspectiva es una de las dimensiones que facilitan un medio de autoexpresión y de mostrar amor y cuidado a otras personas. Pero ¿podemos llamar sexualidad humana al consumo de un sexo físico, genital, confundiéndolo con el erotismo o el amor? Una relación sexual vivida como algo no relacional, en la que el otro es un objeto de consumo, no es el inicio de un acto de encuentro y conocimiento, es solo placer rápido –legítimo y válido–, pero limitado y poco relacionado con el erotismo.

El erotismo es humano y siempre es un intercambio entre sujetos. Sea cual sea el nivel de compromiso de la relación, el erotismo deja un buen sabor de boca a diferencia del consumo sexual despersonalizado y compulsivo. El erotismo es exigente: pide que desarrollemos una **capacidad de vivir la vulnerabilidad y la intimidad.** Ser vulnerable, íntimo, develarse, arriesgarse hasta cierto punto con y por el otro es algo que se puede vivir en la soltería, y por eso es algo que también puede confrontar y atemorizar. Una moral sexual que incluye la sexualidad como expresión de la individualidad y unicidad, y al mismo tiempo se preocupa por las necesidades y el bienestar del compañero sexual, es una sexualidad responsable, actualizada y humana, sin que esto implique necesariamente una relación amorosa de larga duración, al menos en algunos momentos de la vida.

Y es que el amor se considera algo tan sagrado, tan sublime, tan excelso, que cualquier relación o encuentro temporal podría valorarse como todo –evasión, aventura, amistad, calentura– menos como amor. No nos cansamos de pensar que el amor, el verdadero amor, debe ser para siempre. ¿Y cómo podemos connotar los encuentros de corta duración que se dan entre la gente soltera, que no son banales, que transforman nuestras vidas, que expanden la experiencia de nosotros mismos? ¿Qué nombre le ponemos a esos amores que nos acompañan por un rato, que cuestionan la existencia, que trastocan nuestra vida? Aun teniendo más o menos claro qué queremos respecto a nuestra dimensión erótica y cómo vamos a manejarla en la soltería, en un mundo mercantil, que usa y abusa de las cosas, de los animales y de paso de las personas, nos cuesta reconocer que se puede vivir un **intercambio erótico-afectivo temporal,** pero cuidadoso y revitalizante, y catalogarlo como una experiencia que forma parte del territorio del amor. Hay solteros que, aun habiendo experimentado el encanto y la grandeza de un encuentro así, lo banalizan o minimizan, excluyéndolo del campo amoroso por ser pasajero.

No siempre, ni todos, estamos dispuestos y disponibles para un amor de larga duración, particularmente después de los rompimientos amorosos que implican atravesar un duelo. Pero ¿por eso hemos de negarnos a los intercambios sexuales, eróticos, incluso amorosos en periodos de transición y soltería? Las personas nos construimos en y por los encuentros humanos, y los que tienen que ver con la atracción, los afectos, el sexo y el erotismo son los que más conmocionan la percepción de nosotros mismos: nos permiten reconocernos, estirar nuestros límites, recuperar la confianza, expandir nuestra dimensión afectiva y erótica, y habilitarnos para «reinsertarnos», si así lo deseamos, en el mundo del amor.

A estos encuentros que sabemos que no serán para toda la vida, yo los llamo **amores de entretiempo.** Con este nombre me refiero a todas esas experiencias erótico-afectivas que se dan en un marco de intercambio y respeto, sin proyectar un futuro común de larga duración (pues, aunque ese sea el deseo, he constatado que en ocasiones se requieren varias experiencias para sanar, conocer y encontrar ese tipo de vínculo). Los amores de entretiempo incluyen desde un encuentro sexual hasta una relación amorosa que se intuye temporal. Quizá se distinguen de una aventura fugaz y banal que simplemente da salida a un impulso sexual por su capacidad de favorecer el crecimiento personal integral, incluyendo el cuidado propio y el de los demás.

Un amor de entretiempo, propio de las etapas de soltería, permite reconocer el propio cuerpo, experimentar el potencial sexual, distinguir errores del pasado, intercambiar placeres, compartir actividades, rebotar ideas, recuperar la confianza, conocer más del sexo que nos atrae, descartar prejuicios e ideas erróneas del sexo y del amor, afianzar los propios valores, aprender a cuidarnos y a cuidar al otro y ubicar el modelo amoroso en el que probablemente podríamos vivir en un futuro. Los amores de entretiempo permiten descubrir qué es adecuado, constructivo y deseado para nuestro momento presente; en síntesis, conocerse y conocer, recuperarse y acompañar, crecer. El erotismo humano que se da en estos amores, si bien incluye la sexualidad, es más que la pura corporalidad, por eso **los amores de entretiempo conmueven nuestro cuerpo y nuestro corazón.** Además, descubrir nuestra naturaleza sexual y manejarla constructivamente baja la tentación desesperada de realizar conductas sexuales compulsivas que solo dejan un vacío, para adentrarnos en encuentros sexuales humanos y, con el tiempo, por qué no, transformar a quienes comparten con nosotros en compañeros de vida, o bien, en parejas de cierta duración.

Pero con todas estas posibilidades conquistadas, vivir la sexualidad en la soltería no es un deber. No hemos de desperdiciar nuestra oportunidad de aprender a decir que no cuando no deseemos un intercambio erótico, por respeto a uno mismo y al otro. No sobra recordar que **no es obligación de nadie satisfacer sexualmente a una mujer o a un hombre.** Tampoco está nadie obligado a adivinar deseos que no se expresan, ni a condescender en algo que no parte del deseo propio y del agrado personal. Una decisión así no excluye brindarnos la posibilidad de explorar aspectos desconocidos de nuestra sexualidad a través de las fantasías, la pasividad, la ternura, en un espacio que nos permita descubrir el propio cuerpo y reconocer cómo se comporta nuestro deseo. Conocernos físicamente, reconocer nuestro funcionamiento sexual y explorar nuevos caminos de gozo es una tarea de todo ser humano. Esto lo podemos hacer a solas y, si lo deseamos, también acompañados.

En fin, tras ir y venir en el tema de la soltería, sus causas, sus estigmas, sus posibilidades y sus matices, en mi caso, la capacidad de permanecer sola durante un largo periodo de tiempo antes de conocer a Peter fue un recurso para conectar con mis sentimientos más profundos, para dialogar y relacionarme compasivamente conmigo misma, para adquirir conciencia. Aunque parezca contradictorio, la soledad me brindó cualidades sanadoras: a solas favorecí la introspección, la reflexión y el desarrollo de mi yo interior. En soledad, una incipiente sensación de miedo y vacío tras mi previo rompimiento amoroso se transformó, paso a paso, en plenitud y fuerza interna. Sin esta capacidad, viviría desamparada y con dificultad para relacionarme; quizá seguiría confundiendo el amor con la fusión y la dependencia. Aceptar mi soledad me permitió dejar de depender de la mirada del otro y asumir la responsabilidad de lo que soy y lo que quiero ser, reconocer mi propia valía y contar conmigo misma sin dejar por eso de contar con los demás.

Sin embargo, entiendo que **la dosis de soledad necesaria para cada uno es diferente;** es más, ya sea que uno viva solo, en pareja o en familia, es importante concederse –y conceder al otro– momentos y lugares de soledad. Esta premisa es algo que hablé y pacté con Peter desde el inicio de nuestra relación. Aun en pareja, los espacios individuales nos permiten desarrollar la propia singularidad y manera de pensar, pero también nos enseñan a tener una vida social más rica. Quizá la clave del dilema consista en vivir la soledad como una elección –así nos haya sorprendido o la hayamos conquistado– sin dejar por eso de estar disponibles para el otro. ¿Será que la verdadera intimidad implica, ante todo, disponibilidad de nuestra parte? Favorecer desde nuestro interés el verdadero encuentro, advertir si el otro se encuentra bien o no, si quiere estar o prefiere retirarse, hablar o callar, sea amigo, familiar o compañero sexual, es una riqueza que puede otorgarnos la vida en soltería. Y es que muchas veces nos quejamos de la soledad, pero invisibilizamos que no estamos, ni sabemos cómo, ni queremos estar, disponibles para los demás.

A mí, tras tantos años de matrimonio, crianza y vida doméstica, de pronto me entró, a la Marcel Proust, la cosa de implicarme con esmero en la búsqueda del tiempo perdido: con esa sensación de que se me había ido la vida siendo satélite de las necesidades de los otros, sentía que no había experimentado lo suficiente, que tampoco había conocido a los hombres necesarios, y que no había visitado los *top ten* lugares del mundo que atraían mi atención. Creo que mi etapa de soltería me permitió, genuinamente, ponerme, hasta donde se puede de manera oportuna, al día. Y, sobre todo, a través de esa experimentación, solté una infinidad de mandatos infantiles que mi madre solía entonar con la voz de Serrat: «Hija: "Que eso no se dice, que eso no se hace y que eso no se toca"». Lo mismo ocurrió con las exhortaciones-imposiciones paternas de «Las niñas decentes...», «Las mujeres educadas...», «las buenas hijas...». **Sí, mi etapa de soltería fue un periodo de reivindicación, creación, experimentación y libertad.** Tener o no tener pareja dejó de ser la clave de la ecuación, menos aún en un mundo donde es preferible invertir a la vez en varios y variados tipos de vínculos que respondan a las diferentes facetas de nuestra personalidad: amigos, colegas, compañeros de trabajo, vecinos, familiares. En este nuevo modo de vida, sin duda deseaba también una pareja, pero sin ella logré encontrarme y conocer a varias personas que siguen siendo importantes para mí. Esperar que sea algún otro el que nos llene de «algo» nos dejará siempre esperando; porque, entre la gracia y la desgracia de la vida cotidiana, hay que aprender a lidiar con ese granito de insatisfacción manejable que conlleva la vida real, a solas o acompañados.

Pareciera que, con todo y los logros de la tan preciada conquista de la individualidad, la experiencia de esta tiene de pronto un toque surrealista. ¿Será real lo que vivimos en esta nueva vida singular? ¿Será un cúmulo de sueños de los que vamos a despertar? Con todo y sus momentos de encanto y sus ratos de desencanto también, yo digo que cerremos la puerta a las interrupciones de aquellos que aún estigmatizan la vida en singular.

Para concluir este capítulo, me detengo, me vivo en el presente y digo «Mi vida es buena». No en vano he tejido y destejido mi experiencia, llorado mis traumillas, liberado algunas represiones, actualizado mis queridas relaciones y afrontado los retos que se me siguen presentando. **Deshacerse del pasado es imposible;** resignificarlo es un regalo que refresca la vida. No sería la que soy sin lo que he vivido. Como sabiamente dijo Harold Macmillan: **«Deberíamos utilizar el pasado como trampolín y no como sillón».** Y yo, además, pensando a la Amado Nervo, digo:

«¡Vida, nada me debes! ¡Vida, estamos en paz!».

CAPÍTULO 7

MADRE ¡NO SOLO HAY UNA!

7.1. Mi madre, tu madre, los hijos y el desmadre

Algunas mujeres valientes queremos tener hijos y los tenemos. Y con la experiencia vivida no dejan de asombrar las portadas de revista con panzas al aire de artistas embarazadas, o los reportajes anunciando que en la vida de algún famoso *viene un nuevo bebé,* o los festejos entre la gente común –con juegos, regalos, canapés y fanfarrias– por la misma razón. Y qué decir de la propaganda de cientos de artefactos –cunitas, cochecitos, brincolines, mecedoras, colechos y demás artilugios– para preparar la llegada del futuro crío. Parece ser que en pleno siglo XXI el hecho de ser madre sigue estando sobrevalorado, pues es una especie de mandato, un *sine qua non* para una vida plena y un imperativo social para que las mujeres seamos miradas con respeto. En nuestra sociedad, se respira la certeza de que, por esa vía, la nueva madre conquistará una vida completa. Argumentos para avalar el llamado de la naturaleza hay muchos, incluida a la abuela que afirma haber sido la más feliz cuando dio a luz y seguir siéndolo hoy día al cuidar a los nietos. Pero ¿esta experiencia la vivimos todas igual?

La maternidad está romantizada. Se piensa que una mujer, para realizarse completamente, debe tener hijos, y se presupone que sin ellos su vida estará incompleta, en una especie de desgracia terrenal y una soledad eterna. Antaño, el valor de las mujeres estaba dado por su capacidad para dar a luz. De hecho, la familia, como pequeña unidad de producción y reproducción, dependía de su prole para poder sacar adelante el día a día de toda la familia. Hablar de tener hijos era un hecho de sobrevivencia, y para las mujeres, de pertenencia; una mujer infértil era inservible, una carga y algo sustituible.

En lo personal, el tema de la maternidad me conmueve y me remueve. No solo porque mi madre murió de cáncer cuando yo –la mayor de cuatro hermanas– tenía 22 años, y como canta Armando Manzanero, «nos hizo falta tiempo…», sino también porque soy madre de cuatro hombres y me eché su crianza –entre trabajo, estudios, capoteos matrimoniales y asuntos varios– a dobles y triples jornadas. A mis tiernos 23 años fui mamá, y nunca me cruzó por la mente la posibilidad de no serlo, hasta que nueve años después, con los cuatro brincándome en la cabeza, me sentía desfallecer y, claro, culpable también por desear con desespero que se durmieran a las siete en punto.

Hoy, en pleno siglo XXI, seguimos arrastrando muchas creencias, presiones y estigmas sobre ser o no ser mamá, cómo serlo y de qué forma ser la madre ideal. Con todo y que la posibilidad de evitar los embarazos está a la vuelta de la esquina, y la valía de las mujeres hoy sobrepasa lo doméstico en tanto que participamos en los espacios públicos, seguimos batallando con el tema. Sorteamos cansancios y reclamos tanto si tenemos hijos como si decidimos no tenerlos, tanto si los llevamos a una guardería como si dejamos de trabajar por cuidarlos, y al final del trayecto, somos las responsables tanto si terminan resultando personas de provecho como si se convierten en una calamidad. Si no los tenemos, somos egoístas e inmaduras, y ya teniéndolos, hay una sarta de consejos y señalamientos que con frecuencia no nos dejan ni vivir ni dormir. Es que el mandato de «madre solo hay una» sigue vivito y coleando en nuestra sociedad: y así, las mamás nos llevamos las fanfarrias si todo sale bien, pero, si tenemos hijos difíciles de manejar, nos llueven miradas acusadoras a diestra y siniestra.

Conozco a algunas mujeres que tempranamente, y por razones concretas, han tenido la claridad de no querer ser mamás y, por otro lado, he trabajado con muchas mujeres que, habiendo anhelado tener hijos y teniéndolos, descubren que desconocían por completo el impacto que el ser madre tendría en su vida. Recuerdo bien a mi madre, siendo yo una niña, taconeando y sermoneándonos ansiosamente, con prisa siempre de que mis hermanas y yo llegáramos temprano a la escuela y pendiente de que el uniforme escolar estuviera a la perfección. Me sorprendía percibirla en permanente estrés, y si bien hoy entiendo muchas cosas respecto a su carácter y sus circunstancias, siempre supe que yo no quería taconear igual. No era inusual percibirla ansiosa, perfeccionista, culpógena, sobrecargada y desconectada. Con todo lo entregada y buena que fue, dejó en mi mente pocas imágenes de relajación y disfrute. Su permanente y agitado ir y venir, tratando de hacer todavía mejor lo que ya había hecho bien, la hacía llegar al final del día diciéndonos «estoy contenta, pero muy cansada». Mis hermanas y yo comentamos que no se puede estar contenta si vives permanentemente agotada.

Aun así, y en mi infinita inconsciencia, me aventé el paquetito de traer al mundo a cuatro criaturas –pensadas, planeadas y, sin duda, amadas– que removieron con su presencia no solo mi tiempo y mis planes, sino la ineludible tarea de reacomodar mi infancia y de madurar. Con el claro deseo de no ser esa mamá complicada y desgastada, y repetir –ahora yo siendo madre– lo vivido como hija, empecé a intentar otras formas de educar. Traté de criar menos barrocamente, pero al paso del tiempo me vi repitiendo un patrón perfeccionista y desconectado, similar al de mi mamá.

Carecemos de una conciencia, y menos aún de una práctica, que facilite las labores de crianza. Entre lo que activa en nuestra psique la llegada de un hijo, los mensajes sociales sobre la realización personal a través de la maternidad y la falta de apoyos comunitarios para criar, las mujeres terminamos cargando bastante solas con la tarea de *maternar* sin apoyo de los demás. ¿Y quiénes son los demás? Desde la pareja, si es que la hay, hasta miembros de una familia extensa que acompañen colateralmente la crianza, incluyendo redes de apoyo que pudieran echarnos una mano, y terminando con una serie de prestaciones y servicios públicos y privados que asuman, junto con las madres, esta responsabilidad. Y es que hoy se le pide a una mamá lo que antes realizaba toda una tribu. Bajo los actuales cánones de exigencia materna no hay ni cómo dar el ancho. Primero, porque el 50% de la población, es decir, la masculina, aún queda bastante relegada del equipo de crianza: las sociedades patriarcales siguen planteando el cuidado de los hijos como algo prácticamente exclusivo de la madre (y de las mujeres). Segundo, porque el ideal femenino no es un asunto privado. A diario, la sociedad nos dice de una u otra forma, por un lado, que al tener el instinto maternal también tenemos el deseo de criar y cuidar de nuestros hijos y que nuestra naturaleza nos da la pauta para hacerlo y hacerlo bien, pero, por el otro, nos impone los lineamientos sobre cómo hacerlo para ser consideradas mujeres de verdad.

Yo tuve que caer en una profunda depresión a mis 35 años para tocar fondo y salir a flote. Inicié un proceso de terapia, me devoré un sinfín de libros, decepcioné a varias personas, observé con curiosidad y atención a mujeres que me resultaban diferentes e interesantes –tanto en sus roles de profesionistas, como en su rol de mamás–, viajé, me acompañé de un puñito de buenas amigas, estudié, puse distancia con quienes me juzgaban, me equivoqué varias veces, me apropié de varias madres «putativas», crecí profesionalmente, ofrecí disculpas a quienes lastimé, y sigo dando tiempo al tiempo para que haga lo suyo en mi alma y en mi corazón. Y aunque con todo y todo no me considero una mala madre, sí quiero poner sobre la mesa cosas que nunca me detuve a pensar.

Ser mujer no implica tener que ser mamá, ni que solo siendo madre una se convierta en una «mujer de verdad». A quien lo entienda con la cabeza, pero no pueda procesarlo con las entrañas e instalarlo con paz en el corazón, la invito a serenarse y a cuestionarse qué es lo que las presiona: ¿la edad?, ¿su familia?, ¿su pareja?, ¿cree que solo cumpliendo ese «destino» podrá conseguir su realización personal?, ¿o teme ser juzgada y desagradar a los demás? El imperativo de ser madre va perdiendo vigencia entre las mujeres más jóvenes, quienes por primera vez se cuestionan y preguntan si realmente quieren ser madres, si pueden hacerse cargo de la responsabilidad que conlleva traer a una persona a este mundo, y si quieren dedicarse a ello, en distintas formas, por el resto de su vida. Es verdad que hoy millones de mujeres se hacen estas y otras preguntas, pero también es cierto que este cuestionamiento perturba a otros, y más de uno se molesta si la respuesta consiste en un probable –o definitivo– no. Porque sí, en el último siglo hemos avanzado y derribado muchas barreras en cuestión de género, pero, aún hoy, en la mayoría de los contextos existe una presión social que impide cuestionarnos el deseo y la posibilidad de ser madres. Esa presión incluye el juicio de estar cometiendo un error, de que esa decisión no es la adecuada y de que el arrepentimiento por negarnos a la maternidad será implacable con el pasar de los años. Incluso existe una especie de coro pronatalista (y en muchos casos un severo interrogatorio) al que la mayoría de las mujeres que expresan su deseo de no ser madres o postergar su maternidad se tienen que someter. El efecto ante la elección de transitar un camino de vida diferente –el de la no maternidad– las expone a sentencias y descalificaciones que las lleva a dar una lluvia de respuestas defensivas para justificar su decisión.

Pero ¿es verdad que hemos nacido todas las mujeres para ser madres?, ¿es cierto que la maternidad nos completa y da sentido a nuestra existencia? Estas preguntas, que nunca se plantearían a los varones con respecto a la paternidad, nos hacen darnos cuenta de que hoy la maternidad ha migrado de ser un imperativo social a ser una opción más entre las alternativas de vida de las mujeres, y es necesario reflexionar sobre por qué sí o por qué no querríamos ser mamás. «¿Por qué te empeñas en luchar contra la naturaleza?», pregunta mucha gente. Existe un culto en torno a la idea de dejar que la naturaleza decida. En esta línea se podría afirmar también: «Si tienes problemas de fertilidad, es que la naturaleza no quiere que seas madre, entonces ¿por qué someterte a esos tratamientos médicos?». Somos criaturas de la naturaleza, pero también somos criaturas que desafían la naturaleza. Si bien todos tenemos derecho a hacer un uso oportuno de la ciencia y la tecnología, como seres sociales –y no solo biológicos– también tenemos derecho a decidir qué es lo mejor para cada uno.

El instinto, en un sentido ordinario, es el apetito innato o prioritario de individuos de una especie. El instinto maternal, como impulso innato a engendrar, es común en todos los mamíferos. Pero el salto evolutivo que hemos dado como especie también resalta la importancia de lo social, de lo racional, y es desde las circunstancias particulares del momento histórico que estamos viviendo que hemos de tomar decisiones concretas respecto a nuestra vida personal. Por todo ello, la decisión de ser madre hoy alude más a una convicción que a un instinto.

Existe una diferencia entre la capacidad biológica de ser madre y la función de la crianza. Si bien en los animales vemos que la procreación es un instinto primario que surge de forma natural, y en ellos el sexo y la procreación se unen en un todo indisoluble, en el ser humano esto es más complejo. Pensar que las hembras humanas poseen un instinto maternal es una postura biologicista que sostiene que ese sentimiento es parte de la genética femenina y que, por tanto, predispone a las mujeres para ser madres y además «buenas» madres. Si seguimos por este camino, diremos también que las niñas desde chicas manifiestan su deseo de ser madres en su inclinación «natural» a jugar a la mamá, sin considerar estos juegos, y los juguetes en sí, como condicionamientos producidos por su género. El tema del «natural amor materno» se ve reforzado también por los discursos religiosos, culturales e institucionales, que juzgan a las madres que no se apegan a esta «norma» y las tachan de casos extraños. La valoración de las mujeres centrada en su capacidad reproductiva hace que se interiorice la idea de que la maternidad es un destino, y que implica en sí misma la más alta satisfacción.

Yo soy de esas mujeres a las que todavía las arrastró la corriente que afirmaba que **lo más bello en la vida es ser mamá,** y si bien de niña nunca jugué con muñecas (jugaba a la escuelita, a la casita, a la oficina, al hospital, al avión, y a mil juegos más), jamás cruzó por mi mente la posibilidad de negarme a la maternidad. Pasado el tiempo, mis estudios académicos y mi práctica profesional me abrieron los ojos al foco que se pone al rol materno en la socialización femenina. Esto me ha permitido, a lo largo del tiempo, acompañar a muchas mujeres –madres, hijas, hermanas, abuelas, madrastras, suegras– a trabajar por construirse en mujeres adultas y autónomas capaces de soltar el mandato maternizado de ser «pura renuncia, incondicional servicio y entrega total», y no solo para los propios hijos, sino para otras personas que les demandan atenciones y cuidados de más.

Pese a que existen autores, activistas e investigadores que echan por tierra la existencia rígida de un instinto maternal, la sociedad tiene aún una gran variedad de formas tanto explícitas como implícitas para condicionar a las mujeres con el estereotipo de la madre ideal y, junto con este, implementar una extensa serie de castigos externos e internos si no se alcanza dicho ideal. Las mujeres en nuestra sociedad han aprendido que evitar la maternidad significa evitar la responsabilidad y negar su feminidad. En tales circunstancias, rechazar deliberadamente esta responsabilidad imprime el estigma de haber elegido algo que la sociedad condena. Conozco mujeres que, ante esta decisión, además cargan con la duda, la culpa y la vergüenza de ser personas «anormales, egoístas e insuficientes». Y a eso sumémosle las advertencias de tanta gente que proclama: «¿Quién te va a cuidar de vieja? Te vas a quedar sola. Si tuvieras hijos, sabrías lo que es amar realmente», para culminar con la sentencia de que **«tarde o temprano te arrepentirás».**

Asignar a la mujer globalmente el mundo de la naturaleza, mientras que se relaciona al hombre con el mundo de la cultura, es una forma de evitar discutir por qué a la sociedad le funciona bien el lugar en el que se nos ha colocado. Visibilizar el dispositivo social patriarcal que nos coacciona a través de la maternidad, es decir, ser conscientes de que se nos han asignado las labores domésticas, de cuidado, de crianza, y con ellas todo el peso de la carga mental que implica la planeación y preocupación ante las situaciones y demandas, no solo físicas, sino también emocionales y sociales de las personas que están a nuestro cargo, es una tarea que hemos de sostener. No aceptemos perdernos a nosotras mismas ante el mandato de ser satélites de las necesidades de los demás y la promesa de que en esa función encontraremos la alegría y la realización personal.

Un punto de partida para cambiar esta idea implica reconocer cómo ha sido construido históricamente el modelo de maternidad en la cultura propia y, por tanto, asumir que no en todas las culturas ni en todos los tiempos se ha establecido una asociación como la que ha hecho la sociedad occidental moderna, donde la figura de la mujer y la figura de la madre se superponen. Marta Lamas, investigadora de la UNAM especializada en temas de género y feminismo, hace una importante distinción al respecto. Ella utiliza el término «maternidad», del vocablo inglés *motherhood,* para referirse estrictamente a la gestación y al parto, y el concepto de «maternazgo», de *mothering,* para la responsabilidad física y emocional, la crianza y el cuidado de los hijos. Expuesto así, la maternidad (la reproducción biológica) es un fenómeno únicamente femenino, pero el maternazgo no tiene que serlo necesariamente. Entonces, **las mujeres podemos tomar la decisión de no ser madres por diversos factores.**

A diferencia de otros campos de conocimiento en los cuales fácilmente reconocemos que no tenemos ni competencia ni experiencia alguna en el tema, al tratarse de fenómenos «naturales» como la maternidad, todos creemos conocer el tema por habernos desarrollado en un entorno familiar. Y de ahí se arrancan con las exhortaciones de la suegra, la sugerencia de la vecina, los señalamientos de la madre y las demandas de todo el plantel escolar. Sin embargo, hoy en día, los roles de género tradicionales se han transformado: hombres y mujeres nos posicionamos de forma diferente en la vida y buscamos resolver el presente con opciones más complejas en cuanto a las relaciones de pareja, la vida laboral y la realización personal. Asimismo, contamos con diversas opciones de vida en cuanto a profesión, migración y modelos amorosos, que privilegian el bienestar y la individualidad, sin que esto implique olvidar la solidaridad.

Afortunadamente, con el paso del tiempo, he podido dimensionar el pensar y el sentir de mi entorno y comprender que el ser mamá es una actividad altruista que implica opciones y decisiones constantes que no tienen nada en común con los instintos. De hecho, en la naturaleza no se encuentra entre las hembras animales ni el impulso hacia la maternidad ni la continuación de la entrega de cuidados cuando las crías han madurado lo suficiente para desenvolverse solas. No se trata, por supuesto, de negar que la maternidad pueda ser un proyecto atractivo, solo es necesario subrayar que justo se trata de una opción, de un proyecto personal elegido.

¿Cómo llevar, entonces, una maternidad sin tantos sacrificios, abnegaciones y entregas que no nos serán retribuidas? Recuerdo el alivio que sentí al encontrar un libro de Carlos G. Vallés. El puro título *Te quiero, te odio* me sacó de esa zozobra al entender que el amor, aun el amor de madre, integra ambivalencia y contradicción. Comprendí que se puede ser una buena madre sin ser la madre perfecta, abracé que se puede dar amor suficiente sin que sea la maternidad tu mayor vocación. Seguro hay mujeres con una vocación más alineada al ideal femenino, pero en un mundo como en el que vivimos, donde las mujeres podemos, queremos y tenemos (¡afortunadamente!) que trabajar, la exigencia externa y la autoexigencia en torno a ser madres pueden ser una experiencia ambivalente, desconcertante, sobredemandante y compleja de modular. Además, sobreexigirnos como madres nos hace perder de vista aquello que los niños requieren para crecer bien. A continuación, te comparto algunas acciones para dar a nuestros hijos e hijas aquello que es imprescindible para ellos.

Por supuesto, estamos a cargo de **satisfacer sus necesidades básicas.** Entre estas no solo se incluyen las necesidades materiales y biológicas, sino también el respeto, la pertenencia y el amor. Pero debemos entender el amor en su sentido amplio, que implica atención, aceptación por ser quienes son, aprecio por sus características particulares y afecto demostrado en actos físicos como caricias, apapachos, sonrisas o aquellas muestras de afecto que podamos, pues hacerlos sentir queridos sí es una necesidad esencial. Y ojo, **no siempre necesitamos gustar de nuestros hijos para darles este tipo de**

amor. Así como no congeniamos con todas las personas por razones diversas, hay niños y niñas más fáciles o difíciles de querer. Sin duda, se hace menos complicado cuidar y amar a un niño obediente, tranquilo, adaptable y cariñoso, pero, en el caso de aquellos hijos que son hiperactivos, rebeldes y muy emocionales, el tema no es quererlos más o menos y disfrutar inmensamente de la crianza, sino entenderlos, cuidarlos y aprender a manejarlos mejor. El amor se refleja de manera importante también cuando distinguimos lo que **esa persona requiere dependiendo de su particular personalidad, y nos preparamos también para adecuar el estilo de crianza a lo que implica cada etapa de su crecimiento.** No necesitará lo mismo una niña tranquila y adaptable a los 4 años, que a los 11, y no digamos lo que requerirá una niña de 11 años también, pero con un temperamento fuerte y una hipersensibilidad a los estímulos de su entorno.

Otro aspecto central en la buena crianza es **la conexión emocional.** Esta es la manera de confirmar a nuestros hijos como personas únicas y especiales, lo cual implica, reitero, no necesariamente congeniar con sus temperamentos, pero sí validar sus emociones, visibilizar su existencia con nuestra mirada, no condicionar nuestro amor a las respuestas que deseamos de ellos, sino hacerles sentir que, si bien en ocasiones corregiremos su actuar, con nosotros siempre estarán seguros.

No sobra hacerles saber que en ocasiones podremos estar cansadas, más exigidas o muy atareadas, pero que nuestro amor por ellos nunca estará en juego. Y ojo, **la contención amorosa se da también a través de la disciplina.** Los límites adecuados dan seguridad, y con ellos me refiero a aquellos que son efecto de las consecuencias de sus actos y no a las ambivalentes decisiones de nosotras dependiendo de nuestro ánimo particular. La realidad física y social se impone ante nuestras acciones, y de esa manera marca límites; de ahí la importancia de educar a nuestros hijos e hijas con base en las consecuencias naturales y lógicas de su actuar. Un ejemplo concreto sería dejar que un hijo pase cierta hambre durante el recreo como consecuencia de haber olvidado su *lunch,* o bien, no llevar a un paseo familiar a aquel hijo que permanentemente molesta a sus hermanos. Dejarlos **tomar riesgos medidos** y que vivan las consecuencias de sus actos les enseñará a adaptarse oportunamente a la vida y a la sociedad.

Finalmente, no hemos de olvidar que el objetivo de todas estas acciones consiste en **facilitar su autonomía:** nacemos como seres dependientes en todos los sentidos y nos convertimos en seres interdependientes a lo largo de la vida. Una buena madre acompaña a sus hijos a gestionar y satisfacer los propios deseos y necesidades, a tomar las decisiones que corresponden para su edad, y a pensar reflexivamente para poder elegir mejor y así, con el tiempo, facilitar su autonomía personal.

Me reconozco como madre, y teniendo mucho que decir respecto al cuidar, regañar, pastorear, sufrir y disfrutar a los hijos, me niego a sumarme a la marea que exalta el tema de la maternidad y sus bondades cuando se avecina el mes de mayo. **Y es que el estereotipo maternal deja generalmente de lado una realidad oculta.** Si de elegir se trata –en este mundo que todo lo quiere o negro o blanco– entre la madrecita santa y la madre imperfecta, apuesto por la segunda. Pero el ser una madre imperfecta no implica irresponsabilidad ni violencia; por el contrario, nos permite ver nuestros puntos débiles y nos invita a trabajar en nosotras, porque a mayor trabajo personal y conciencia de nuestras necesidades y limitaciones, tendremos más posibilidades de vincularnos bien con nuestros hijos y de distinguir lo que realmente requieren de nosotras para nutrirse y madurar.

Es un arte ser una madre imperfecta y, al mismo tiempo, ser una buena madre. Lograrlo implica tener claro lo que ellos necesitan y no olvidar lo que nosotras requerimos también. Por eso, **pregúntate qué es para ti ser una madre perfecta. ¡Para no serlo!** No hay duda de que la maternidad alberga sentimientos hermosos, pero también muchas contradicciones. Por eso es importante reflexionar si lo que nos decimos sobre ser una madre ejemplar es más un mito que una realidad.

- **Deja ya de buscar (y rebuscar) tu instinto maternal.** La maternidad es una vocación, no un llamado de la naturaleza. Si ya tienes hijos y descubres en el camino que no se te da la maternidad de forma tan natural, no pasa nada. Ya sabes que hay mucho que hacer para ser una madre lo suficientemente buena. Al final, madurar como madre es asumir la responsabilidad de las decisiones que tomaste en algún momento sin mucho conocimiento y algo impulsada por «la presión social». Asume que eres madre, que quizás no es tu «máxima realización», pero que eso no significa que harás un mal papel. Las personas maduras asumen su responsabilidad respecto a las decisiones que tomaron en un momento de la vida, pero que no tomarían en la actualidad.
- **No te quedes con su padre, o con su otra madre, si no es una buena pareja para ti.** Se puede ser un buen equipo de padres sin ser pareja. No sirve sostener una mala relación de pareja «por el bien de los hijos»: no funciona ni para los hijos, ni para la pareja. Una madre «sacrificada» en una relación que se ha agotado o que es lastimosa será un ejemplo de frustración y sometimiento. Es mejor una buena separación que una mala relación.
- Otro aspecto para no ser una madre perfecta es **dejar que se equivoquen.** El que tus hijos cometan errores no es prueba de que tú hayas fallado como madre. Tolerar el malestar que te producen sus errores es indispensable para que ellos asuman la responsabilidad de sus decisiones. Ayúdales a aprender del error y **libérate del juicio del entorno** por los errores que ellos cometan. A veces parece que las mamás compiten por ser la mejor madre del grupo. ¡Qué suplicio!

- Y si de divertirse se trata, **no juegues con ellos a algo que a ti te fastidia.** Súmalos a tus placeres, enséñales también a divertirse con lo que te gusta a ti. ¿Algún juego de mesa?, ¿un tipo de música en particular?, ¿cantar o bailar con ellos?, ¿cocinar? O que ellos toquen la batería (de cocina) mientras te acompañan a guisar. Es mejor que te vean realmente divertida y conectada haciendo algo que movilice tu interés, que aburrida y dizque interesada en lo que a ellos les gusta pero que resulta ser una tortura para ti.
- **Ya, por favor, además de los libros sobre cómo ser una buena madre,** ¡lee buenas novelas! Haz cuentos de ellas y nárraselos también. Nunca sobra leer sobre el desarrollo infantil, pero no te satures ni te confundas. Busca también historias y novelas con temas de mujeres, familias o dilemas en la convivencia familiar. Muchas narran la ambivalencia propia de los lazos afectivos y las contradicciones de la feminidad y la maternidad. Muchas buenas novelas son más reales que ciertos libros de autoayuda que se mueven en un lugar común.
- **Dales a conocer tus limitaciones.** No les hagas creer que nada te duele, que todo lo puedes y que siempre la pasas bien. Que miren tus imperfecciones, distingan tus sentimientos y reconozcan tus necesidades: verte como una mujer de carne y hueso les ayudará a ser vulnerables y más humanos también.
- **No extiendas tu rol materno al resto de tu entorno.** Existen mujeres que, a falta de una identidad más allá de la maternidad, son madre-esposas, como lo explica la escritora chilena Marcela Serrano en su libro *Diez mujeres*. Las madre-esposas se adjudican no solamente el cuidado de sus hijos, sino el de sus parejas, el de sus padres, vecinos, jefes y demás. Por supuesto que somos seres sociales que intercambiamos afectos, servicios y

cosas materiales, pero justo consideremos no solo dar, sino pedir y recibir también.

- **No des la vida por tus hijos.** Vive tu vida, y compártela con ellos. La sumisión, el altruismo excesivo, el sacrificio, la abnegación, son actitudes que con frecuencia llevan a la mujer a postergar o frustrar sus propias necesidades para sostener las demandas de sus hijos y de los demás. La única manera de sostener una actitud de «amor incondicional» es reprimiendo tu frustración, tu enojo y controlando tu agresividad (la cual acabará mostrándose, tarde o temprano, consciente o inconscientemente). Las mujeres que dan la vida por los hijos no solo se lo cobran con el tiempo, sino que tienden a descuidarse, reprimirse y terminan si no enfermando, siendo una carga para ellos también.
- Y lo último, pero no menos importante: **tu hijo no puede ser tu único proyecto de vida.** Debes tener un proyecto de vida personal que incluya tus deseos, tus intereses, tus sueños y tus valores. No se trata de negar que la maternidad pueda ser un proyecto atractivo, pero no debe ser el único. La vida es un gran pastel y la maternidad ocupa una rebanada de buen tamaño, pero es necesario subrayar que ser madre es parte de un proyecto de vida mayor y, como tal, optativo.

Para ser una buena madre tendrás que soltar el qué dirán y echar de lado los mitos sobre la maternidad. Una buena madre prioriza el vínculo con el hijo, la verdadera conexión y la genuina contención. Más que por las formas, se preocupa por el fondo: trabaja en lo esencial de su crecimiento personal, y en la relación amorosa y de cuidado con sus hijos. Y ojo, no ser una madre perfecta no implica abrir la puerta a la negligencia y la violencia. Seamos, pues, madres lo suficientemente buenas, que lo que menos tiene la vida es perfección.

Hagamos lo que hagamos, nuestros hijos desde pequeños –unos más que otros por circunstancias diversas– tendrán que afrontar desafíos y habrán de aprender a equiparse para los retos que la vida les presente. No podemos evitar a toda costa su sufrimiento. La vida conlleva un sufrimiento inevitable, lo sabes; por tanto, es importante aceptar con paz que tus hijos también van a sufrir. No se trata de infringirles dolor innecesario, ni de descuidarlos actuando con negligencia y exponiéndolos a riesgos innecesarios, pero el dolor no solo es inevitable en determinadas circunstancias de la vida, sino que es una experiencia vital, que bien afrontada y asimilada, curte y da fortaleza interior. Por eso es importante reconocer la diferencia entre el sufrimiento necesario para crecer y el sufrimiento ocasionado –por la razón que sea y por quien tenga a mal ejecutarlo, padres incluidos– para lastimar, abusar, imponer, ignorar y someter al niño. Asumir los sinsabores de la realidad tal como son no significa desproteger ni exponer a nuestros hijos a dolores inútiles y menos aún causárselos nosotros mismos.

¿Cómo entrenar a nuestros hijos en esta faena de resolver problemas, tolerar frustraciones y asimilar las experiencias dolorosas?

1. Deja que la realidad haga su trabajo. La vida tiene en sí misma consecuencias físicas y consecuencias sociales. Por ejemplo, si olvida llevarse su *lunch* a la escuela, pues pasará hambre, y como madre no irás corriendo a llevarle un *snack* para evitársela.
2. Reconoce su etapa evolutiva para saber qué puede y qué no puede entender y hacer. Del mismo modo, distingue sus características personales para que no enfrente retos demasiado sencillos que no le impliquen cierto desafío, pero tampoco tan grandes que lo hagan sentirse insuficiente.

3. Dale algunos premios cuando acometa algo importante, pero no lo llenes de estímulos externos que alteren el ritmo natural de la vida.
4. Limita tu actuar cuando demande una gratificación inmediata pudiendo posponerla sin consecuencias nocivas para él.
5. No lo descalifiques cuando se equivoque; por el contrario, invítalo a cuestionar en qué falló y a evaluar qué podría hacer diferente la próxima vez para que aprenda del error.
6. Escúchalo cuando se sienta atrapado en algún problema, ayúdalo a calmarse, pero no le des la solución inmediata: acompáñalo a encontrarla.
7. No lo engañes cuando atraviesen situaciones dolorosas (una enfermedad, una muerte o un revés económico). Compártele la información adecuada a su edad y acompáñalo a procesar el dolor.

Muchas veces nosotras mismas somos quienes no tenemos la fuerza física, moral o psicológica para hacer frente a la vida y, por ello, tampoco a los dolores de nuestros hijos. ¿Desconoces lo que sientes y, por ende, no puedes procesar tu dolor y menos aún el de tu hijo? Todas las madres atravesamos estos y más retos en la vida, y ni qué decir de las madres solteras, quienes crían en mayor soledad. Los hogares con jefas de familia crecen a pasos agigantados, quizá casi dos de cada tres familias mexicanas se ubican en este lugar. Ya sea por separación o divorcio, por abandono del padre o por elección personal, las madres solteras vamos al alza, y en el camino hacemos circo, maroma y teatro para mantener el barco a flote y llevar a buen puerto a nuestros hijos entre tanto malabar.

Insisto en que un alto porcentaje de las familias con una madre a la cabeza son más por circunstancia que por elección, generalmente producto de una separación o un abandono, pero no quiero dejar de reiterar que cada vez observo a mujeres que, al no encontrar una pareja deseable, o bien, porque no quieren vivir en pareja dado que no sienten una vocación conyugal, eligen la maternidad en soltería. Si bien sabemos que para muchas mujeres eso de criar hijos sin tener al padre o madre hombro con hombro no es un asunto reciente, me atrevo a afirmar que el estigma de la madre soltera (de pasadita también dejada, «fácil» y la crema y nata del fracaso personal) empieza a dejar de ser asunto vergonzoso para comenzar a ser más bien una elección. ¿Será que el temor a la maternidad a solas está dejando de ser un tema macabro en nuestra sociedad? ¿Será que los recursos desplegados por estas fuertes mujeres dan para eso y más? ¿Acaso el deseo de la autonomía implica –entre otras opciones– una maternidad individual? No hay duda de que los señalamientos y los prejuicios siguen, que el cansancio apremia y que México carece de entornos laborales y escolares que respondan a las necesidades de la madre moderna; pero, aun así, estas nuevas familias marchan, y quienes estamos a cargo construimos para nuestros hijos espacios de buena calidad.

No minimizaré los desafíos que las madres solteras enfrentamos, por lo que mencionaré algunos: superar la culpa de no dar un padre a nuestros hijos, cuestionar creencias que dudan de la salud mental de los niños que crecen sin figura paterna, atravesar el duelo, si lo hubo, de la ruptura amorosa previa, trabajar con el estigma de la madre soltera y reconocer que no se puede ser mamá y papá de los hijos –¡por más roles que ejerzamos, somos la mamá!–. También hemos de renunciar a pedir que nuestro hijo o hija sea entre adulto, aliado y amigo. Y, por último, si el padre existe, no limitarle su presencia, a menos que implique una situación de riesgo muy particular.

Lo que sí sirve para criar en soltería es buscar adultos –amigas, vecinos, familiares, asistentes– con quienes compartir la crianza: sí, ¡crear comunidades de apoyo! Y, sobre todo, como madres solteras, hemos de construir un proyecto de vida que incluya amigos, trabajo, *hobbies*, descanso, familia. Tu hijo, insisto, no puede ser tu único proyecto de vida. Y es que conquistar la propia vida es una forma de mostrar a nuestros hijos lo mucho que los apreciamos, al tiempo que no renunciamos a nuestros proyectos personales ni a nuestra libertad.

Hasta aquí he hablado sobre la maternidad como vocación y no como mandato, sobre la posible elección de no ser madre, sobre algunas pautas para desempeñar nuestra maternidad de manera eficaz, pero sin pretender ser madres perfectas, así como de los retos al desempeñar el rol materno. Pero **¿qué hay de nuestro rol de hijas y de la relación con nuestra propia mamá?**

Entendernos como madres o entender a nuestras madres no excluye observar lo que hemos vivido como hijas y validar desde nuestras vivencias aquello que nos faltó y lo que probablemente nos lastimó. Pocos vínculos humanos son tan ambivalentes y complejos como la relación madre-hija: por un lado, a nuestra madre le agradecemos lo que sí hizo por nosotras –desde darnos la vida hasta quizás acompañarnos en el día a día a sortear eventos diversos en nuestra trayectoria vital– y, por el otro, le reprochamos errores y carencias que pueden incluir desde omisiones e inconsistencias en nuestra infancia hasta intromisiones y abusos lastimosos en la vida adulta. Y así oscilamos, queriendo olvidar y perdonar al tiempo que rumiamos los efectos de sus actos en nuestras vidas. Muchas mujeres adultas siguen deseando actualizar la relación con su madre para relacionarse con ella sin culpa y sin rencor, siempre albergando la esperanza de acercamientos con más consideración, disfrute y amor.

Ojo, criticar y reclamar a nuestra madre sin contexto y sin trabajo previo es una conducta adolescente, del mismo modo que callar, soportar y estar resignadas a tolerar abusos sin razón es una reacción que no podemos justificar. Por exceso o por defecto, porque murió joven o porque tiene 90 años y aún no nos deja vivir con autonomía, porque continúe demandando cuidados o porque nos siga señalando defectos, produce gran liberación aceptar lo que hay, reparar lo posible y actualizar la relación con nuestra mamá.

En términos psicológicos, esta actualización implica diferenciarnos de ella; es decir, reconocer la persona que ella es hoy, construir la posibilidad de aceptarla cómo es sin necesidad de cortar de tajo la relación, pero sin «el deber» de tener que convivir en excesiva cercanía, obediencia y dependencia, si eso nos limita o lastima. Diferenciarse de nuestros padres es la tarea que cualquier persona adulta ha de acometer y con la cual conquistamos la individualidad. Desde mi experiencia como madre, pero también a través de mi vivencia como hija, mi proceso de diferenciación me ayudó a resignificar lo vivido con mi madre, a poner un límite a lo que no me servía, a retirarme si algo me perturbaba, a renunciar a la mamá ideal que ella no era (y que tampoco existe) y a cultivar lo que a ambas nos conectaba bien. En mi caso concreto, algunas cosas las hice con ella en vida, pero su prematura muerte me hizo continuar el trabajo de sanación en mi interior. No sobra decir que lo que he vivido con mis hijos me ha permitido redimensionar la relación con mi mamá, entenderla en sus dilemas humanos y comprenderla en las dificultades que a todas nos presenta la maternidad.

¿Cómo puede uno actualizar –cuando existen las condiciones– la relación con nuestra madre? Te comparto algunos pasos que me fueron útiles. Para soltar resentimientos pasados con mi madre primero **asumí las expectativas idealizadas de incondicionalidad, abnegación y entrega** que esperaba de ella, las cuales corresponden más a un ideal inalcanzable de lo que es ser una «buena madre» que a lo que significa ser una madre *good enough*. Luego me sirvió **dar nombre a lo que genuinamente me faltó** y, por tanto, permitir que me doliera: como adulto a cargo (y no como niña herida), reconocí aquellas actitudes y palabras que hubiera querido tener y no tuve; les puse nombre para no dejarlas en un malestar indefinido y en una rabia difusa que no me permitía sanar.

Un paso más fue **dejar de comparar a mi mamá con otras madres de amigas cercanas, e incluso conmigo misma y con mi estilo de ser mamá.** Este punto me facilitó no juzgarla ni como madre ni como mujer, y no hacer referencias a mí y a mis aciertos con mis hijos para criticarla, porque además de los muchos errores que yo también he cometido, sin duda he tenido más oportunidades de acceder a recursos, terapias e información actualizada de las que ella tuvo. Esto no significa que no importe o que no duela lo que me faltó, pero sí me ha facilitado reconocer que mi mamá (y se dio un proceso parecido con mi padre) contaba con menos opciones de entendimiento, de apoyo y de acción. **Me enojé, claro, pero con un enojo consciente que no me impulsó a agredirla,** y luego tras su muerte me permití reclamarle sabiendo que mi enojo era reparador para mí e inocuo para ella. Tenemos todo el derecho de reconocer los daños o las carencias que vivimos, de dejar que nos duelan y, más aún, de ponerlas sobre la mesa cuando es posible, útil y necesario, pero entendiendo que las heridas y las carencias tempranas no se resuelven con agresión de nuestra parte. Como terapeuta familiar, confío en que algunas conversaciones sirven y que **hemos de ser sinceras pero sensatas al conversar con nuestras madres,** pues decir todo siempre, y sin filtro, solo acrecentará el daño, el resentimiento y la distancia con nuestra madre.

A partir de este proceso, se facilita ver a nuestras madres, y a nosotras mismas, como seres de carne y hueso, y con disposición y entendimiento a **actualizar, hasta donde sea posible,** la relación con ellas. Que tu vida de hija no haya transcurrido tal y como hubieras deseado, y que hoy no se resuelva la situación compensando del todo lo que ocurrió, no significa que no haya nada por hacer. Lo que necesitabas en tus primeros años de vida son cosas de un pasado infantil que, si bien dejan ciertas carencias, no impiden que la relación maternofilial se pueda actualizar, que algunas lastimaduras se puedan acomodar y que ciertas conversaciones no puedan reparar.

Y para ello existen algunas **acciones concretas que dependen de nosotras como hijas y que agilizan este proceso de reparación personal.** ¿Cuáles son? Ponerles límites de manera amorosa pero contundente *(«No puedo invitarte en esta ocasión, pero planearemos algo juntas más adelante»);* nombrar de manera constructiva lo que no te funciona, o bien, lo que te lastima *(«Prefiero visitarte sin mis hijos porque continúas contradiciéndome frente a ellos»);* generar momentos de convivencia que te permitan pasar tiempo con ella en espacios que faciliten compartir con compasión y curiosidad *(«Ma, ¿se te antoja ir a desayunar el próximo sábado?»).* A veces, la renovación de los vínculos desde acciones diferentes deposita positividad al intercambio –a través de la ayuda mutua, de la diversión compartida, de las nuevas facetas que ambas descubren de sí mismas y la una de la otra, de las charlas que contienen menos reacciones defensivas y más intimidad–, actualizando así el vínculo y generando perdón y bienestar.

Como adultas que somos hoy, depende de nosotras **reacomodar la historia con nuestras madres.** El pasado no cambia, las personas nos transformamos poco, pero nuestra perspectiva y reconstrucción de los hechos sí puede modificarse y generar un efecto reparador en nuestra vida. Asimilar la experiencia dolorosa y hacernos responsables de nuestro presente aumenta nuestra agencia personal, facilita que nos demos a nosotras mismas lo que necesitamos y nos confirma la capacidad de gestionar nuestro propio destino. No romanticemos ni el perdón ni la sanación materna; recuperarnos de las heridas del pasado no implica necesariamente que tu madre y tú se caigan *superbién* o se disfruten todo el tiempo. Aceptar algo o a alguien no significa que ese algo o ese alguien te guste y te sientas afín a él. Que la afinidad con tu madre no sea la óptima no significa que no haya aprecio, respeto y amor, o que no hayas sanado lo suficiente tu dolor. Perdonar tampoco significa olvidar de una vez por todas, y menos aún negar o minimizar lo que viviste, pero sí poder acomodar la relación en la justa cercanía y distancia, para darle a ella y recibir de su parte lo que sí hay, asumiendo las limitaciones del vínculo y una cierta insatisfacción que permanecerá. Nadie nunca, ni nuestra madre, nos completa del todo.

Si bien a todas nos faltó algo de nuestra mamá, revisaremos dentro de otra categoría a las madres **francamente perversas y tóxicas,** aquellas que dejan una huella traumática en nuestra persona, y que sanarla requiere de un trabajo especial.

Peg Streep, colaboradora de la revista *Psychology Today* y autora del libro *Daughter Detox,* nos explica que tras nuestro nacimiento el primer *objeto internalizado* es la madre (solo si ella fue nuestro cuidador primario, porque si al nacer estuvimos en manos de nuestra abuela, de una hermana mayor, o incluso al total cuidado de nuestro padre, esa persona será nuestro primer objeto de internalización). La bondad, el amor y la seguridad recibida a través del afecto, la satisfacción de nuestras necesidades básicas y la conexión amorosa en los primeros años de nuestra vida nos permiten crecer experimentando el mundo como un lugar seguro y nos facilita confiar en nosotras mismas y en los demás. Cuando esto se frustra debido a un franco descuido, incompetencia o maltrato, se genera un déficit en la percepción de nosotras mismas y experimentamos aislamiento, inseguridad personal, sensación de estar dañadas o defectuosas, culpa y humillación, y miedo a ser insuficientes, incompetentes y no merecedoras de amor.

Las madres tóxicas, a través de patrones despectivos, inaccesibilidad emocional, control extremo, beligerancia, mensajes contradictorios y confusos, incluso cambiando los roles de tal manera que hacen a los hijos o hijas responsables de ellas, generan en ellos y ellas un bajo autoconcepto, una falta de autoaceptación, así como una incapacidad para regular sus emociones y autolimitarse. Esta carencia de confirmación y amor puede llevarnos a patrones de conducta desordenados como trastornos de alimentación, comportamientos autodestructivos, relaciones conflictivas, abuso de sustancias y promiscuidad sexual, entre otros. Incluso ante conquistas y logros en la vida podríamos experimentar una falta de reconocimiento de nuestros éxitos y una sensación de poca valía personal. Las madres tóxicas, ya sea voluntaria o involuntariamente, transforman la crianza en un calvario dejando marcas lastimosas en sus hijos e hijas.

Este tipo de madres establecen vínculos negativos a través de acciones que, a su parecer, se fundamentan en el amor, pero realmente son como correas que limitan la libertad y el bienestar de sus hijos e hijas. Es muy importante identificar esas conductas maternas que –ya sean por sus propias vivencias de violencia, por sus trastornos de personalidad, por su resentimiento con la vida o por poseer personalidades sociopáticas y narcisistas– son generadoras de dolor y trauma en nosotras. Estas mujeres tóxicas generalmente no piden ayuda psicológica ni asumen la responsabilidad de sus actos. Detectar sus conductas perversas y validar la violencia que generaron en nosotras es central para poner freno a esa situación: ya sea mediante límites concretos o, de ser necesario, poniendo tierra de por medio. En estos casos no sirve desgastarnos pretendiendo actualizar o mejorar la relación; lo que toca es trabajar el propio trauma y la no repetición de la violencia recibida.

A continuación, te comparto algunas señales que dan cuenta de una madre tóxica. Son mujeres que quieren adoctrinarte con conductas de género femeninas de sumisión y abnegación, obligándote a ser satélite de las necesidades de todos los miembros de la familia, sobre todo de las suyas, y castigándote si no asumes ese rol de mujer sometida. Madres que te presionan respecto a tus elecciones de pareja, ofendiéndose si no eliges al hombre que ellas aprueban y, peor aún, despreciándote si eliges la soltería o una forma de relación que no se adapta a sus deseos y quizás a la heteronormatividad. Mujeres controladoras que te cierran toda capacidad de elección, limitando tu autonomía y la construcción de tu proyecto de vida personal. Madres que presionan a que tú cumplas el ideal de vida que ellas no pudieron conquistar. Mujeres que rechazan a tus amistades y colegas, los critican y los maltratan por considerar que tu relación con ellos es una traición a la familia: con frecuencia, los criterios que quieren imponer a tus relaciones son racistas, clasistas y sexistas, entre otros.

Pueden ser madres abiertamente violentas, que usan golpes, insultos y agresiones para conseguir de ti lo que quieren, o bien, pueden adoptar actitudes pasivo-agresivas a través de chantajes, silencios, chismes y manipulaciones para someterte a sus deseos y necesidades. Ojo, tanto el extremo control como la negligencia e indiferencia total son actitudes tóxicas; el descuido y la negación absoluta de tus necesidades son maneras insensibles y riesgosas de educar. Cuidado también con aquellas madres que, a través de la *sobreprotección*, infringiendo miedo y generando dependencias de todo tipo, buscan la forma de tenerte bajo su control. Eso sin mencionar a las madres celosas y competitivas que rivalizan con sus hijas por un trabajo, por un amigo, por una imagen perfecta, incluso por un amor. Así, la intromisión permanente, la falta de respeto a tus decisiones, la violación de tu intimidad y la descalificación a tu forma de vivir son estrategias tóxicas que desgastan y te impiden desplegar tus competencias y madurar.

Ante situaciones francamente perversas e incluso traumáticas, e inspirándome en Peg Streep, te propongo un puntual proceso de recuperación que te permita salir del trauma, reconocer tus fortalezas, retomar la agencia personal y el poder sobre tu vida. Las siguientes preguntas te ayudarán a atravesar los pasos necesarios para sanar y restablecerte de una madre tóxica:

- **Descubrimiento.** ¿Cómo ha sido la herida causada por tu madre? ¿Qué conductas te dañaron? Toma conciencia de cómo afectaron estas conductas tu forma de ver el mundo, de conectarte con los demás y de manejar el estrés y los retos de la vida.

- **Discernimiento.** ¿Qué patrones de relación se dieron en tu casa? ¿Cómo influyeron estos en tu desarrollo? Piensa si tuviste que callar, minimizar o normalizar estas conductas en detrimento de tu bienestar.
- **Distinción.** ¿Cómo esos patrones pasados predisponen tus relaciones amorosas? ¿Qué «augurios» anticipas con tus amigos y familiares a partir de lo vivido? Distingue las creencias y patrones del pasado que iluminan tus decisiones presentes y te llevan por un camino de acción erróneo.
- **Desmantelaje.** ¿Cuáles señales te ponen a la defensiva en tu relación con los demás? ¿Ante qué eventos empiezas a rumiar mentalmente lo que pasó? Reconoce los patrones inconscientes que se te activan ante ciertos estímulos e interacciones, y al detectarlos, ¡detente antes de reaccionar!
- **Reivindicación.** ¿Qué capacidades descubres en ti que te permiten manejar tu vida como quieres? ¿Cómo empiezas a experimentar tu agencia personal y tu empoderamiento en el día a día? Las pequeñas acciones sostenidas desde la elección y no desde la reacción te van llevando al estado interno y a los logros externos que deseas.
- **Redirección.** ¿A través de qué pensamientos y conductas vas sustituyendo la autocrítica por autocompasión? ¿De qué manera te das, día a día, la oportunidad de redescubrir la persona que eres y lo que quieres? Escribe lo que deseas lograr y establece objetivos concretos para dirigir tu vida.
- **Recuperación.** ¿Qué ha significado para ti sanar? ¿Qué herramientas te han ayudado a superar los obstáculos? ¿Qué te ha hecho sentir más auténtica, más satisfecha? Diseña y conquista día a día la versión de ti misma que te hace sentir realizada y bien.
- **Rompe el contacto.** ¿La cercanía con tu madre sigue desencadenando conflictos? ¿Corren riesgo tus seres

> queridos cuando se acercan a tu mamá? Si tu madre sigue siendo destructiva (por adicción, enfermedad mental, negligencia, resentimiento, envidia o maldad), hoy tú eres la responsable de poner la distancia necesaria para preservar tu integridad física y mental, y la de la gente que amas.

La madurez significa hacernos cargo de nuestro actual bienestar más allá de las lastimaduras que nuestra madre haya generado en nuestra crianza. Una mujer autónoma emocionalmente sabe regular la cercanía-distancia necesaria entre ella y su madre tóxica en particular, y entre sus seres queridos en general.

Hoy no somos aquellas niñas sin entendimiento ni recursos para actuar; nuestros temores quizá son muchos, pero los caminos de resolución que tenemos son más. Además, madre NO solo hay una: seguro encontrarás en tu entorno a alguien –una tía, una amiga, una vecina o hasta un hermano (porque no tiene que ser una mujer)– que pueda darte probaditas nutridoras de cuidado maternal.

CAPÍTULO 8

CON DINERO O SIN DINERO

8.1. Psicología «económica» para no financieros

Consciente o no, dicho o callado, aceptado o negado, tanto la abundancia como la escasez económica generan dinámicas complejas en la vida personal y, sobre todo, en los intercambios con otras personas. Desde que nacemos, el dinero está presente en nuestras vidas. Vivimos en una sociedad capitalista donde el dinero no solo nos sirve para comprar y vender objetos, sino que tiene un significado a nivel psicológico de seguridad, poder y amor. En este capítulo hablaremos del dinero desde diversas perspectivas para que percibas el papel fundamental que juega tanto en tu vida como en las relaciones de pareja, de familia y de amistad. **No voy a profundizar en las condiciones estructurales de desigualdad** que hacen, en muchas ocasiones, imposible el ascenso económico y social de las personas en situaciones de pobreza. **Tampoco** incluiré en este recorrido a las personas que, sin esfuerzo alguno, nacen en contextos de **extremo privilegio,** arropadas por un candado económico que garantiza, para ellas y sus descendientes, no solo la subsistencia, sino una vida de lujo e incluso de verdadero despilfarro. Por último, tampoco hablaré de la gente que nace con un buen colchón económico, pero que, por falta de preparación, cuidado y moderación, lo pierde todo y termina en condiciones no solo de bastante limitación, sino de franca precariedad y frustración.

Me gustaría comenzar hablando de la **psicología del dinero,** es decir, esas **construcciones mentales o creencias** –muchas veces inconscientes– que, desde la educación temprana y por influencias sociales y culturales, afectan profundamente nuestra relación con el dinero y, por ende, nuestra capacidad para alcanzar una estabilidad económica.

A continuación, te explico algunas de las más comunes.

Creencias sobre la escasez

- **El dinero es difícil de conseguir.** Esta creencia implica una visión del mundo donde el dinero se vive como inalcanzable. Las personas que la sostienen tienden a experimentar ansiedad o desesperanza anticipada, lo que las lleva a evitar situaciones de oportunidad donde podrían generar nuevas posibilidades económicas.
- **No hay suficiente para todos.** Muchas personas crecen con la idea de que hay un «pastel» limitado de recursos, lo que genera en ellas una actitud tanto defensiva como agresiva, en vez de una actitud atenta y propositiva frente a las oportunidades que puedan surgir y que pueden utilizar para mejorar su situación financiera.

Creencias limitantes relacionadas con el esfuerzo

- **Tienes que trabajar muy duro para ganar dinero.** Si bien trabajar implica un esfuerzo, esta creencia refuerza la idea de que la única forma de obtener ingresos es a través de un trabajo extenuante, prácticamente a través del sufrimiento. Esto puede llevar a un estrés innecesario, a un agotamiento constante y a una visión distorsionada sobre el trabajo.
- **El dinero fácil no es legítimo.** Muchas personas asocian el éxito financiero con esfuerzo físico o mental extremo, lo que puede hacer que rechacen oportunidades que no siguen esa lógica, como inversiones inteligentes, premios o la generación de ingresos pasivos. Ejemplo de esto son regalías, inversiones financieras, venta de productos digitales, entre otros.

Miedos emocionales y psicológicos

- **Si tengo mucho dinero, perderé la humildad.** Las personas con esta creencia temen que el dinero les haga cambiar sus valores y perder la conexión con sus raíces, lo que puede provocarles un bloqueo inconsciente en la generación y acumulación de riqueza.
- **El dinero me hará perder amigos/familia.** Creer que la riqueza traerá conflictos con las personas cercanas –por celos, envidia o por diferencias de valores– puede generar resistencias a la abundancia económica.

Temores relacionados con la inseguridad

- **Si tengo dinero, me expondré al peligro.** Este miedo puede estar relacionado con la inseguridad emocional o física, debido a la cual las personas sienten que tener dinero aumenta el riesgo de ser atacadas, estafadas o explotadas. Esto puede llevar a una evasión de la acumulación de riqueza por temor a las consecuencias negativas.

- **El dinero me dará problemas.** A veces, las personas temen que el dinero les traerá más problemas, responsabilidades o dificultades. Esta visión negativa del dinero se centra en el rechazo a aceptar las implicaciones de crecer económicamente, considerándolas como problemas y no como oportunidades.

Creencias sobre el merecimiento

- **No merezco ser rico.** Las personas que crecieron bajo un abuso emocional y/o físico, entre insultos y desprecios, pueden considerarse no merecedoras de cosas buenas y bienestar. Esta creencia está estrechamente vinculada con la autoestima y el autoconcepto del cual hablé en el capítulo 3 «¿Valgo o no valgo? ¿Puedo o no puedo?».
- **Solo algunas personas pueden tener éxito financiero.** Este pensamiento excluye la posibilidad de que cualquier persona, independientemente de su origen, características o circunstancias, pueda generar y mantener un grado suficiente de riqueza. Esto crea un sentido de desesperanza y limita la acción hacia la mejora económica.

Distorsiones éticas

- **Las personas ricas son malas, presumidas o egoístas.** Este estigma se basa en la idea de que el dinero solo se obtiene a través de comportamientos inmorales, arrogantes o abusivos. Esta distorsión crea una resistencia a la riqueza, ya que las personas no quieren ser vistas como egoístas, pesadas o malas, incluso cuando desean mejorar su situación económica.

- **El dinero no es importante, lo importante es la felicidad.** Si bien este es un pensamiento que podría considerarse positivo, puede ser una forma de evadir la importancia del bienestar financiero. Negar la relevancia del dinero puede llevar a una falta de acción y a una mentalidad de conformidad.
- **Si tengo dinero, perderé mi libertad.** Hay quienes asocian el dinero con obligaciones, deudas o compromisos que limitan su libertad personal, lo que lleva a un rechazo inconsciente de la abundancia económica.
- **El dinero cambia a las personas.** Si bien el dinero puede amplificar comportamientos ya existentes, o desubicar a gente emocionalmente inmadura, esta creencia genera el miedo de que tener más dinero llevará a las personas a convertirse en algo que no desean ser (avaras, deshonestas, presumidas, entre otras atribuciones negativas).

Distorsiones de género

- **El dinero es cosa de hombres.** La función de la mujer es cuidar, amar, lucir, no generar riqueza. Si esto les corresponde a los hombres, las mujeres verán el trabajo y la acumulación de riqueza como algo propio del sexo masculino.

¿Cómo se generan estas creencias? Nuestra relación con el dinero está profundamente ligada a nuestras emociones y experiencias pasadas. Explorar nuestra dimensión económica puede revelar bloqueos internos, patrones inconscientes y la influencia de figuras parentales que hayan moldeado nuestras decisiones financieras. Revisemos **cómo nuestro pasado puede influir** en nuestra relación con el dinero.

Desde una perspectiva simbólica, el dinero va mucho más allá de su valor económico y funcional en la sociedad. Insisto en que, en términos psicológicos y culturales, el dinero representa una variedad de significados profundos y complejos que se entrelazan con nuestras emociones, creencias y la manera en que nos relacionamos con nosotros mismos y con los demás. Reflexiona cuáles de estos significados atribuyes a la estabilidad económica:

1. **Seguridad y supervivencia.** Es el símbolo más básico, ya que el dinero nos permite satisfacer nuestras necesidades fundamentales (alimentación, techo y protección). Si vivimos carencias o inseguridades económicas en nuestra infancia, experimentaremos intensas emociones de miedo y ansiedad, llevándonos a acumular el dinero, a no gastarlo para sentirnos seguros en un mundo percibido como incierto o peligroso.
2. **Poder y control.** A lo largo de la historia, quienes han tenido más dinero han tenido más influencia y autoridad. Algunas personas usan el dinero para controlar a otras, ya sea en relaciones familiares, laborales o sociales, pero habríamos de considerar que, a mayor poder, existe más responsabilidad. A nivel personal, tener dinero también puede hacer que nos sintamos más en control de nuestra vida y destino, mientras que la falta de él puede hacernos sentir impotentes o vulnerables.
3. **Autoestima y valor personal.** Hay muchas culturas donde el éxito se mide principalmente por la riqueza acumulada, por tanto, tenerla es un indicador de valía y éxito. Esto puede ser problemático, ya que medimos nuestro valor en función de cuánto ganamos o posee-

mos, en lugar de por quiénes somos o de nuestras cualidades intrínsecas. Cuando la autoestima se basa en nuestro poder adquisitivo, puede fluctuar dependiendo de nuestro estado financiero.

4. **Símbolo de libertad y autonomía.** El dinero nos da la capacidad de tomar decisiones, movernos libremente, explorar oportunidades y vivir la vida en nuestros propios términos. En este sentido, el dinero es una herramienta que permite la independencia y la autodeterminación, especialmente para las mujeres, que históricamente hemos estado sometidas.
5. **Amor y afecto.** En ciertos contextos, particularmente en las relaciones familiares, el dinero o los bienes materiales se llegan a usar para expresar cariño o compromiso. Sin embargo, este simbolismo puede generar confusión, ya que el amor no solo se mide o se intercambia por bienes materiales. La naturaleza de los afectos y las relaciones tiene muchos más caminos de expresión.
6. **Símbolo de miedo y ansiedad.** La preocupación por no tener suficiente dinero, el miedo a perderlo o el estrés asociado con las deudas puede convertir al dinero en una fuente constante de angustia. Este simbolismo negativo generalmente se enraíza en experiencias de escasez o en creencias limitantes transmitidas por generaciones, que perpetúan una relación conflictiva con el dinero.
7. **Estatus social.** Cuánto dinero tienes, cómo lo gastas y las posesiones materiales que acumulas pueden comunicar tu posición en la jerarquía social. Este simbolismo tiende a generar competitividad, comparación constante, presión social y necesidad de demostrar tu estatus a través del consumo visible.
8. **Símbolo de oportunidades y potencial.** Con dinero, tienes acceso a educación, a experiencias que enriquecen la vida, a viajar y a aprender. El dinero así es visto

como una puerta abierta a un mundo de posibilidades, permitiéndote desarrollarte y realizar tus sueños.

Los diferentes significados que damos al dinero provienen de nuestra historia personal, nuestras experiencias de vida, nuestro contexto y las oportunidades que realmente nos ha ido abriendo. Reconocer el significado que damos al dinero nos permite ver más allá de su valor monetario e identificar la influencia de estos simbolismos en nuestras decisiones y comportamientos. Si concientizas estas interpretaciones, te será más fácil transformar tu relación con él en algo más equilibrado y saludable.

¿Cómo afectan estas creencias tu estabilidad económica? En la forma en que generas, inviertes, ahorras y gestionas el dinero en tu vida adulta. Las creencias desencadenan emociones que pueden bloquear todas las áreas que abren oportunidades económicas:

- Sentimientos de culpa (por tener dinero y tu familia no).
- Miedo (a ser querido por conveniencia o a ser expulsado de algún grupo por envidia).
- Inseguridad y duda de poder conservar la estabilidad económica (temor permanente de trabajar poco, invertir mal, gastar de más).
- Duda respecto a tus capacidades para crear riqueza (evitando situaciones de oportunidad).
- Francos *acting outs*. Si ya generaste riqueza, tomar decisiones financieras que la pulverizan para reforzar así la conducta de escasez, donde te sientes más cómodo.

¿Cómo superar estas creencias? Lo primero que es indispensable para no quedar atrapada en creencias erróneas sobre el dinero es hacer conscientes estos prejuicios y trabajarlos psicológicamente para reemplazarlos con creencias más positivas y empoderadoras respecto a la riqueza material. Una terapia breve enfocada a este propósito puede ser muy útil para lograr los siguientes objetivos:

- Identificar los pensamientos limitantes en torno al dinero.
- Descubrir, a través de experiencias concretas, cómo es que estos se generaron y se arraigaron en tu mente.
- Desafiarlos con otros ejemplos que te permitan ver realidades económicas de abundancia que sean saludables y vayan sustituyendo las creencias limitantes.
- Planear acciones concretas, paso a paso, que atraviesen los temores económicos enquistados a lo largo de la vida.
- Acercarte a alguien que te acompañe a vivir cómodamente la nueva realidad de bienestar material alcanzada.
- Promover una mentalidad de abundancia, merecimiento y seguridad financiera a través de conversaciones en grupos, círculos de reflexión, clases o lecturas que afiancen los avances conseguidos.
- Sumar a esta conquista la conciencia de que el tener más recursos económicos permite tu crecimiento integral, pues favorece el acceso a la educación, la cultura, el sano entretenimiento, a cierto confort y al descanso. En síntesis, la abundancia económica genera bienestar, libertad y crecimiento.
- Reconocer que la abundancia económica te da más herramientas para compartir y para favorecer el desarrollo de otras personas.

Otro aspecto importante a revisar también es el **tema del dinero en la relación de pareja** y las dinámicas que el primero genera sobre esta última. Y es que si bien la vida en pareja puede ser rica en satisfacciones y oportunidades, a la vez es compleja, por lo que siempre será mejor prever áreas de conflicto, entre las cuales el tema económico nunca deja de ser un asunto puntilloso: cuando el tema del dinero surge en la pareja, los hombres tienden a ofenderse y las mujeres a llenarse de culpa.

Por lo anterior, no sobra vislumbrar los posibles escenarios a ocurrir dentro del territorio económico en las relaciones amorosas, tanto heterosexuales como homosexuales. Para ello es útil observar algunas cuestiones referentes al dinero: si la pareja comparte el mismo nivel económico, cómo es el ritmo de gastos en la vida de cada uno, si alguno de ellos tiene el compromiso de mantener a sus padres, si están dispuestos a dividir los gastos a la mitad o conforme a la cantidad que ingrese cada uno, si desean tener una cuenta de ahorro en común o prefieren conservar sus ingresos por separado, si aquel que tenga menos dinero puede sugerir gustos o pedir apoyo en sus necesidades.

Respecto a los roles de género convencionales, las mujeres han de externar si esperan que se les mantenga, y los hombres, si esperan que ellas no solo sean autosuficientes, sino que aporten a los gastos comunes. Si alguno es divorciado, deberá aclarar si sus compromisos con el ex y los hijos irán en aumento; más aún, si alguno llega con hijos a la nueva relación, si espera apoyo de la nueva pareja para su manutención. Qué harán con el dinero o bienes que generen mientras estén juntos, y si piensan heredarse mutuamente cuando alguno falte.

Inspirada en el libro de Clara Coria, psicóloga clínica y escritora argentina, *El dinero en la pareja: algunas desnudeces sobre el poder,* afirmo que hablar de dinero en la pareja es también hablar de **poder.** Ese poder se hace más palpable con la administración del dinero, su disponibilidad real y la toma de decisiones: no ofrece la misma satisfacción ni los mismos grados de libertad el **administrar los dineros «pequeños»** que tener el **control de los dineros «grandes».** Quien posee la disponibilidad real del dinero está en mejores condiciones para imponer su voluntad si así lo desea. La disponibilidad del dinero, por sí sola, no supone ejercer el poder irracional y abusivamente, pero sí contar con el recurso que lo posibilita. Por el contrario, la indisponibilidad económica coloca automáticamente a una persona a merced de la voluntad de quien sí la tiene.

En la pareja, el dinero también refleja el **amor.** El amor es un intercambio, y **el dinero representa el aspecto material de dicho intercambio.** Si aceptamos que «querer bien» es promover la propia existencia y la de nuestra pareja, defendiendo el derecho a ser una misma e impulsar el desarrollo del otro, es factible comprobar que dicho amor se ve y se toca en las prácticas concretas de nuestra vida cotidiana, en los comportamientos que cada uno de sus miembros tiene para consigo mismo y para con el otro. Y una de estas prácticas es el manejo del dinero.

Así, el dinero, además de ser un recurso material para satisfacer necesidades y darse gustos, es también un medio para la **demostración de afecto, para el uso del poder y para desarrollar cualidades** –o atrocidades, según sea el caso–. No estoy diciendo que el dinero puede intercambiarse con el amor, sino que nuestras prácticas económicas reflejan y expresan maneras precisas de quererse a una misma y de querer al otro: **con dinero se puede controlar, subordinar y asfixiar, o bien, contribuir a generar condiciones de desarrollo** y crecimiento para una misma y para nuestra pareja.

En la pareja, el tema del dinero tiende a despertar los fantasmas que acechan a hombres y mujeres, tanto en relaciones heterosexuales como homosexuales. En los hombres, estos fantasmas tienen más cara de represalia; no hay charla o conferencia en la que ellos no eleven la voz para plantear que se debe tener cuidado con la liberación de las mujeres. ¿Será que una mujer con poder adquisitivo es alguien difícil de controlar? Por su parte, en las mujeres, debido a su educación temprana, se ha depositado «el privilegio» de expresar el amor a través de la entrega altruista; esto se refleja en comportamientos muy concretos: son amantes devotas y madres abnegadas.

Pero el amor altruista es una entrega que deja muy pocos grados de libertad a quien lo ejerce.

Te sintetizo a continuación algunas de las dimensiones que afectan el manejo del dinero en la vida de pareja:

1. **Diferencias de género.** Los mensajes que recibimos hombres y mujeres desde nuestra infancia son muy diferentes. En general, a las niñas se les enseña a cooperar, a administrar, a darles importancia a los sentimientos y a cuidar la forma en que se gasta el dinero, así como a aprender a cuidar de otras personas. En recompensa, ellas esperan, en cierto modo, la protección física y económica de los hombres. Por su parte, a los hombres se les educa para competir, minimizar lo que sienten y buscar privilegios de todo tipo por el simple hecho de ser hombres. También se les deja entrever que ellos pueden gastar el dinero en gustos personales más que en necesidades familiares. Por todo lo anterior, **a los hombres se les prepara para ser proveedores** y, en la mayoría de los casos, ser un «buen hombre» implica lograr ese objetivo. Así, se minimiza la necesidad de su presencia física y emocional –esencial para formar vínculos afectivos de calidad–, lo cual se manifiesta en el descuido de la vida personal, de la vida de pareja, así como de los hijos y de otros seres queridos, y terminan recayendo en **las mujeres todas las tareas afectivas y de cuidado a los demás.** Los hombres que no son exitosos económicamente se sienten deprimidos y fracasados. Vemos, pues, que el abandono masculino de la familia tiene mucho que ver con el tema del dinero y el trabajo. Seas hombre o mujer, espero que te cuestiones cuáles son los costos y los beneficios del lugar que ocupa el factor económico en tu vida.
2. **El dinero en el matrimonio.** En México, en términos generales, se asume que el principal proveedor en una

familia será el hombre (aunque muchísimas mujeres trabajen tanto en lo doméstico como fuera de casa). El problema aquí es que en la mayoría de los casos se hace efectivo el viejo dicho «quien paga manda», creándose una inmensa desigualdad entre los miembros de la pareja. Esta realidad se da en todas las clases sociales, pero se observa marcadamente en las parejas heterosexuales pertenecientes a las clases alta y baja, en las cuales es más común que las mujeres solo trabajen dentro del hogar encargándose de lo doméstico y de la crianza de los hijos, así como de otros familiares cercanos como padres o suegros. Los hombres tienden a utilizar el dinero como una **forma de controlar a la pareja** creando en ella un resentimiento que crece a lo largo de la relación. En otros casos, el hombre sí permite que la mujer administre el dinero de la casa, pero él se reserva la toma de las decisiones en las inversiones grandes, en los gastos importantes, así como en la asignación de montos para regalos, vacaciones y diversiones. Existen casos extremos, pero no poco comunes, en los que los varones no dicen a sus esposas ni cuánto ganan ni cuánto tienen, por temor a «perder el control» de la administración. Es un tema complejo, y debemos convencernos de que el dinero no debe usarse para controlar o dominar al otro: cuando la mujer no trabaja fuera de casa, es fundamental que cuente con una cantidad de dinero que sea solo de ella, incluso para atender cualquier emergencia, y a menos que ella tenga un patrimonio económico, es muy recomendable que considere generar ingresos que le permitan **no depender de su pareja.** Empiezan a verse casos de mujeres que ganan más que su pareja masculina: ellas, víctimas de una sociedad machista también, a veces repiten las mismas prácticas de poder que utilizan los varones para controlar, incluso llegando a imponer que el dinero que ganan es solo de ellas, mientras que el que generan ellos es de toda la familia. No cabe duda de que estamos en una revolución conyugal donde el tema del dinero tiene que transparentarse y democratizarse para lograr relaciones igualitarias que son hoy la única puerta de un buen entendimiento amoroso.

3. **El dinero en el divorcio.** Si el dinero ya es un tema delicado dentro de una relación, en el divorcio puede volverse una batalla campal. Pocas cosas dañan tanto a los hijos, si los hay, como cuando el dinero se usa como arma entre los padres. Que un hombre lo utilice para presionar a su expareja o que una mujer use a los hijos para castigar al exesposo únicamente genera dolor innecesario; la prioridad debe ser siempre la estabilidad emocional de los hijos. Muchas veces, la mala fama del divorcio no se debe tanto a la separación en sí –sin minimizar el dolor de un rompimiento–, sino al desgaste que generan los malos manejos económicos. Lo ideal es que, antes de la ruptura, ambos tengan claridad sobre cuánto dinero hay y cuánto gana cada uno. Si no es el caso, es urgente transparentar esa información para garantizar un acuerdo justo. Además, es indispensable conocer la ley, así como nuestros derechos y obligaciones. Optar por un mediador en lugar de abogados puede ser una mejor alternativa, ya que estos últimos tienden a enfocarse en «ganarle» al otro, cuando en realidad lo mejor es que ambas partes salgan bien libradas: si uno de los miembros de la pareja pierde, los hijos pierden también. Económicamente, el divorcio cambia las reglas del juego: mantener dos hogares en lugar de uno afecta el nivel de vida de todos; pero si el acuerdo es justo, ambas partes podrán mantenerse dentro de una suficiente estabilidad financiera. Si alguien ha dependido económicamente de su pareja –generalmente las mujeres–, es momento de replantear su independen-

cia: iniciar un negocio o conseguir un empleo no solo da seguridad, sino que también abre las puertas a la libertad y al crecimiento personal.

4. **El dinero al volver a elegir pareja.** Si vienes de una ruptura y estás en busca de una nueva pareja, es importante que, más allá de la atracción y la química, también consideres el tema económico. No se trata de elegir a alguien por su dinero, pero tampoco de ignorar este aspecto. El nivel socioeconómico puede parecer un detalle menor al principio de una relación, pero con el tiempo se convierte en un factor clave. Si un miembro de la pareja está muy por debajo económicamente del otro, es probable que el dinero se vuelva un conflicto recurrente. No es cuestión de ser materialistas, sino de tratar de emparejarse con alguien que tenga un estilo de vida compatible con el propio. Construir una relación amorosa es un reto en sí, pero si además hay que luchar constantemente para alcanzar estabilidad financiera, todo se va a complicar. Las diferencias extremas de poder económico no solo afectan la vida cotidiana, sino también la dinámica amorosa. Tiene algo de verdad el dicho ***el que tiene plata, platica:*** cuando hay equilibrio financiero, es más fácil que haya equilibrio en otras áreas de la relación. Agrego que muchos hombres que han pasado ya por un divorcio no quieren casarse de nuevo si ello implica mantener a una nueva pareja y correr el riesgo de otro proceso costoso en el futuro. Por eso, más allá del amor, es fundamental que ambos tengan claridad y acuerdos sobre cómo manejarán el dinero en esta nueva etapa. Vivir en pareja puede ser una experiencia muy enriquecedora, pero también implica retos, y uno es el manejo del dinero. Por eso, elegir a alguien responsable y solvente económicamente no es un detalle menor. Además del amor y la compatibilidad emocional, las parejas han de ser transparentes

en el tema financiero y han de entender el poder que el dinero puede tener en su relación.

5. **Distribución de gastos en la pareja.** Como dice el refrán: *cuentas claras, amistades largas o, en este caso, noviazgo o matrimonio duradero y sin dramas financieros.* La equidad y la comunicación abierta en este tema son clave para una relación sana. Si quieres construir una relación basada en la estabilidad económica y el respeto mutuo, aquí hay algunos acuerdos que han funcionado en muchas parejas modernas:

- **Un fondo común proporcional a los ingresos.** Ambos aportan según lo que ganan y usan ese dinero para gastos compartidos.
- **Dejar que quien tenga mejores habilidades financieras administre el fondo común.** Eso sí, siempre con rendición de cuentas y sin tomar decisiones unilaterales.
- **Evitar que quien gana más tenga más poder.** El dinero no debe ser una herramienta de control ni de toma de decisiones desbalanceadas.
- **Consultar al otro antes de hacer inversiones o gastos importantes.** Y mantener actualizada la información sobre el estado de las finanzas compartidas.
- **Asignar un porcentaje para gastos individuales.** Esto permite que cada uno tenga cierta independencia y pueda cubrir sus gustos y necesidades personales sin depender del otro.
- **Escuchar y negociar cuando haya diferencias.** Si hay desacuerdos sobre el dinero, la clave es encontrar soluciones en las que ambos ganen.
- **Buscar ayuda externa si es necesario.** Si no logran acuerdos, acudir a un especialista (y no a un pariente) puede ayudar a mediar y resolver el conflicto.

- **Si no quieren un fondo común, cada uno cubre lo que pueda con base en sus ingresos.** La clave es que ambos estén cómodos con la dinámica financiera de la relación.
- **Solidaridad en momentos difíciles.** Si alguno de los dos enfrenta una crisis económica, el otro puede apoyar dentro de sus posibilidades, sin sentirse obligado a resolverlo todo.

El dicho *contigo pan y cebolla* funciona por corto tiempo. El tema del dinero casi siempre genera diferencias, a veces por exceso, a veces por insuficiencia, pero es importante saber que todo buen amor requiere de una cierta riqueza material para subsistir.

6. **El dinero como mecanismo de control.** Las mujeres que han llegado a concebir el dinero como un arma, aprendieron de sus propias parejas que podía ser utilizado como una herramienta para imponer la autoridad por la fuerza, instalándose así la violencia económica. Un ejemplo de esto consiste en aquellos/aquellas que van **dando dinero «a pequeñas dosis»** tanto a los cónyuges como a los hijos, dinero que aquellos necesitan y del que dependen. Tratar de llevar adelante una pareja cuyo modelo ha sido concebido sobre la base de una relación jerárquica, en donde la distribución estereotipada de roles convierte a cada miembro en rey absoluto de un feudo (ellos reyes del mundo y ellas reinas del hogar), nos transforma a mujeres y hombres en víctimas y victimarios porque cada uno queda a merced del otro en aquello que desconoce. Bajo estas premisas, el amor se llega a concebir como lucha; la autonomía, como un atentado a la unión; el respeto, como sumisión; las diferencias, como subversión; los intereses personales, como amenazas contra el vínculo; y la explicitación de los contratos (siempre implícitos), como un «materialismo»

innecesario. El control excesivo que ejerce quien dispone del dinero –colocando a la otra persona en un lugar de dependencia y demanda– genera condiciones de **opresión.** Una de las conductas opresivas más frecuentes es aquella que consiste en dar el dinero por medio de lo que podríamos llamar la **metodología del goteo:** no dar nunca más dinero del estrictamente indispensable y hacerlo solo después de que surge la necesidad. Quien lo requiere siempre está en desventaja porque tiene que pedir, y la respuesta depende de fluctuaciones inesperadas que en gran medida responden al estado de ánimo de quien lo otorga, o del momento particular que atraviesa la relación. Esta técnica se basa en la convicción de que el otro –muy a menudo la mujer– es alguien que no sabe organizarse bien, por lo que se le debe proteger igual que a los niños. Las mujeres y los niños tienden a ser colocados en el mismo grupo: el de los dependientes, compartido a veces con las personas mayores y con los incapacitados. Esta estrategia perpetúa un juego mutuo de poder, dependencia y desigualdad: una mujer que acepta el «gota a gota» y un hombre que tolera la reclamación «día a día».

La independencia económica entendida como la disponibilidad de recursos económicos propios no es garantía de autonomía. La autonomía emocional consiste en la posibilidad de utilizar esos recursos con base en decisiones sustentadas en el propio criterio y el deseo porque existe la capacidad real de optar en libertad por alguna de ellas. Desde esta perspectiva, la autonomía no es «hacer lo que una quiera», prescindiendo del entorno, sino elegir alguna alternativa que tome en cuenta el impacto que tendrá en una misma y en los otros también. La independencia económica es condición necesaria pero no suficiente para tener autonomía emocional, dado que esta última requiere de multiplicidad de opciones reales y la libre elección desde el criterio propio.

El control a través del dinero se da cuando alguna de las dos personas en la relación gana más y utiliza este hecho para **manipular, humillar o degradar** al otro. Algunas de las conductas a través de las cuales se manifiesta son:

- Colocar a la otra persona en un lugar de dependencia y demanda.
- Monopolizar los bienes, las actividades y las prioridades.
- El menos opulento con frecuencia se atiene a los dictámenes del «poderoso» mediante conductas como pedirle, explicarle y a veces suplicarle, a fin de disponer del permiso para obtener cierta holgura y flexibilidad.

Estas actitudes nos colocan en una encrucijada financiera difícil de resolver. Hemos transitado de un modelo «hombre-proveedor/mujer-mantenida y cuidadora», a una sociedad en donde muchas mujeres, insertadas de lleno en la población económicamente activa, no requieren pagar el costo de que un hombre las invite, las mantenga y las «consienta» si eso implica que él tome decisiones por ellas. Pero esta transición no está del todo lograda: a continuación, mostraré algunas de las formas en que se manifiesta esta violencia, inspirada en el libro *El sexo oculto del dinero. Formas de la dependencia femenina* de Clara Coria:

- Muchas personas siguen defendiendo modelos de relación y de familia extremadamente conservadores, con **roles de género rígidos** a cumplir.
- Infinidad de **hombres siguen presionados por «dar el ancho económico»,** pues están convencidos de que solo así podrán merecer respeto y reconocimiento. Se resienten al aceptar el extenuante rol de ser los proveedores económicos y machos exitosos. Si fallan, se

someten a la censura social, y cumplir ya no les reditúa los beneficios de antes.

- Las mujeres que aún viven bajo valores tradicionales, siguen teniendo la exigencia de ser **madres incondicionales, de modo que cuidan no solo a los hijos,** sino a sus hombres cercanos también: hermanos, padres, jefes y, claro, a sus parejas masculinas. Un tipo de **entrega altruista que las deja exhaustas.**
- Muchas **mujeres liberadas son «liberadas a medias»** porque ganan menos que los hombres desempeñando los mismos puestos, a lo que han de sumar su jornada de trabajo doméstico, la cual casi nunca logran compartir equitativamente ni pueden delegar.
- Hay mujeres que, si bien alcanzan suficiente independencia, tanto económica como en otras áreas de la vida, no han renunciado a un **modelo de enamoramiento «admirativo»,** en el cual requieren sentir que «su hombre» es más fuerte, más inteligente, más prestigioso, más exitoso y más rico que ellas.
- Algunas mujeres que sí se han independizado económicamente han adoptado posturas opuestas que las llevan a **someter a otros,** como si su logro se tradujera en una **revancha.**
- Otras mujeres **esconden su fortuna para jugar a las «conquistadas» o a las «consentidas»,** por el temor a que se las busque por interés material. Junto con la autonomía adquirida, sienten la amenaza del desamor, la soledad y el desamparo al no tener a un Superman que las proteja. Estos desajustes generan tanto confusión como resentimientos que muchas veces se dejan ver al final de una cena, cuando llega la hora de pagar la cuenta.

Todas estas dinámicas de poder y las normas de género nos confirman la existencia de **prácticas económicas sexistas** en el territorio amoroso. Dichas prácticas reflejan las desigualdades estructurales que perpetúan la dependencia económica y la falta de autonomía de las mujeres. Hemos de hacer conciencia, una y otra vez, de las **creencias erróneas** respecto al dinero, para cuestionarlas y trabajar en su desmantelamiento a través de **acciones concretas que nos permitan a las mujeres tomar el control financiero de nuestras vidas,** pues dichas creencias impactan profundamente cómo manejamos, usamos y adquirimos el dinero.

Al ser conscientes de las creencias y emociones que tenemos respecto a lo económico, podremos educarnos financieramente y tomar medidas que nos permitan construir una base sólida para generar y utilizar la riqueza de manera saludable. El objetivo no es solo acumular dinero, sino usarlo para que nos brinde libertad, seguridad y bienestar a largo plazo.

Promovamos, pues, **la equidad en la gestión del dinero, la transparencia y la comunicación abierta, y cuestionemos las normas de género que subyacen a estas prácticas.** Así, las parejas heterosexuales –y de diferente forma las homosexuales también– podrán construir relaciones más justas y equilibradas, donde ambas partes tengan un acceso igualitario al poder económico y a la libertad financiera.

Madurar en el ámbito financiero implica no solo ser autosuficientes económicamente, sino también desenmascarar las múltiples hipocresías en las que estamos atrapados tanto los hombres como las mujeres. Tirar viejos significados y derribar tabúes ancestrales respecto al manejo y uso del dinero es una oportunidad para disfrutar de un intercambio más libre, más creativo, más enriquecedor y solidario. Dice el refrán que cuentas claras, amistades largas... y yo agrego que amores más realistas y sólidos también.

CAPÍTULO 9

SUPERWOMAN... ¡Y SUPERCANSADA!

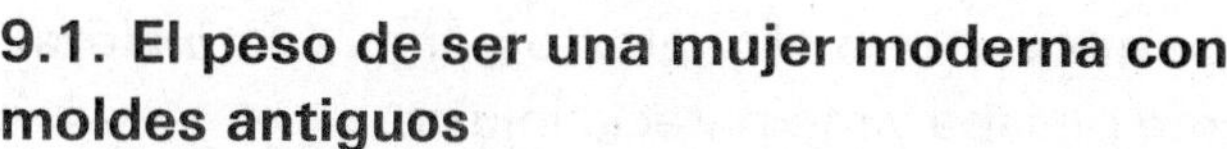

9.1. El peso de ser una mujer moderna con moldes antiguos

«¡En el servicio se encuentra la alegría!», me repitieron las monjas durante los 12 años que pasé con ellas en una escuela de puras niñas, mientras hacía mis estudios preuniversitarios. La aseveración combinaba un matiz de exhortación benevolente con una entonación de mandato culpabilizador. Y de ahí pa'l real (y sin encontrar muchas veces la alegría), me dediqué al servicio de los otros, con ganas y con culpa, con rechazo y con orgullo del «deber cumplido». Fue un aprendizaje intensivo, con todo y condicionamiento operante. «¡Qué tristeza!», externaba mi madre cuando no prestaba algún juguete a mis hermanas, o «¡Qué vergüenza!», refunfuñaba Sor Inés al ver que no convidaba de mi almuerzo a alguna compañera. «Qué egoísta, qué individualista...». Todo esto en miras de priorizar los deseos e intereses ajenos, por encima de mis propias necesidades, gustos y anhelos. No pienso que vivir para *yo, mí, me, conmigo* sea la quintaesencia de la felicidad, pero a dar y a recibir se aprende con la vida, como proceso de maduración que transita de un egocentrismo infantil al genuino altruismo adulto, y no como prescripción celestial y social.

Dado que mi familia es un grupo de cuatro hermanas, la hazaña de convertirnos en mujeres honorables y de bien sumaba a la labor de la escuela, y lo de vivir para los demás parecía lo más natural del mundo: mi tía cuidaba a mi abuela, mientras mis tíos simplemente la visitaban; mi madre atendía a mi padre (y se apresuraba nerviosa a llegar antes que él a la casa si es que estaba haciendo algo fuera del hogar); mi abuela había de reunir a la familia en todos los festejos, así se sintiera cansada o tuviera que negarse a alguna invitación más atractiva para ella. Hasta que un buen día, no sé cómo ni de qué manera, mi cabeza fantaseó con la idea de que **si yo hubiera nacido hombre, podría hacer tantas cosas más...** A los hombres, simplemente no les imponían las limitaciones y demandas que me imponía el contexto por mi «naturaleza» femenina. Eso me pesaba y me parecía injusto.

Te cuento esto porque **ser mujer hoy es habitar una contradicción:** hemos ganado derechos, autonomía y voz, pero seguimos usando moldes viejos que piden que estemos para otras personas antes que para nosotras mismas. Esta tensión se siente en la agenda personal y en el cuerpo: carrera y cuidados, libertad y culpa, deseo propio y expectativas ajenas. De ahí nace la tan venerada supermujer: eficiente, afectiva, disponible, productiva y suficientemente bella a cualquier edad. Aplausos afuera y un desgarrador agotamiento por dentro. No nos falta ni amor ni talento, lo que nos sobran son exigencias imposibles de llevar a cabo por una sola persona. Este cansancio no significa que «así soy y por eso fallo» ni que me organizo mal y no me alcanza el día: es el efecto de una educación femenina histórica que nos entrenó para orbitar en torno a lo que los otros necesitan, desean, valoran. Sin embargo, la educación, como toda socialización, se puede revisar, desaprender y reescribir. Pongo el dedo en la llaga: se nos celebra cuando sostenemos la vida de otros sin pedir nada, pero se nos mira raro cuando nos atrevemos a ser el centro de nuestras propias decisiones. La cultura nos ha vendido la idea de que **ser buenas es servir y agradar** (y hoy, además, debemos ser mujeres *multitask* también); y ser malas es poner límites. ¿Resultado? Derechos nuevos corriendo por viejos senderos, junto con la existencia de muchos privilegios masculinos –económicos, sociales, culturales– que hacen de nuestro camino un nadar contracorriente.

Primero, **hagamos justicia a lo logrado.** El siglo XXI ha abierto puertas concretas a las mujeres: más educación, más movilidad, más posibilidades de rehacer la vida tras una ruptura, más acceso a la salud, incluso, al placer, sin maternidad obligatoria. Vivimos más años; esa tercera parte extra de vida adulta bien puede ser un terreno fértil si le damos un significado propio. El mundo nos abre puertas y a veces nuestras creencias, prejuicios y presiones familiares las cierran dentro de nosotras. Pero si logramos irnos alejando de la imposible vara que nos mide para ser una supermujer, aparecerá otra forma de reconocernos más compasiva y adaptada a nosotras, una medida más personal.

Me parece que la **confusión entre lo que es independencia económica y autonomía emocional** (conceptos en los que profundizamos en el capítulo anterior) no nos permite comprender del todo esta sensación de cansancio y de que algo nos hace falta. Tener ingresos, *per se,* no garantiza tener permiso interno (y a veces externo) para usarlos en pro del proyecto personal. Muchas mujeres con dinero propio siguen pidiendo permiso para gastarlo, para decidir cómo usarlo o para moverse con él. La autonomía emocional, por su parte, no significa la omnipotencia de «puedo todo y puedo sola», sino la certeza de «yo puedo decidir», con consecuencias asumidas y conversaciones adultas con el entorno. Cuando esa diferencia se entiende, y dejamos de sentirnos culpables, podemos abrazar mejor el hecho de que nos corresponde una vida elegida con todas las limitaciones que la realidad misma pueda imponernos, baja nuestro miedo a ejercer la libertad y suaviza también la carrera desenfrenada por cumplir con todo y con todos. Ya no necesitamos pedir permiso a diestra y siniestra, dar explicaciones, justificarnos e ir disculpándonos por no ser suficientes; lo que sí requerimos es conocimiento, criterio y madurez para elegir mejor.

Yo cambié, pero el mundo también cambió

Nací en 1961 y no hay duda de que una infinidad de cosas han cambiado en términos de igualdad y libertad desde que yo era niña, esto gracias a diversos avances científicos, sociales y políticos. Las mujeres hemos ido conquistando cada vez más espacios de equidad en nuestros trabajos e incluso en nuestra vida social y cotidiana. Vienen a mi mente varios logros que han permitido el lento, pero paulatino, empoderamiento femenino de los últimos tiempos, entendido este concepto no como un envalentonamiento agresivo y pasajero, sino como la conquista de las condiciones suficientes para tener opciones reales de elección sobre nuestra vida y ejercerlas.

Algunos de estos avances son la aparición de la píldora anticonceptiva, la revolución sexual, el movimiento feminista, el lento pero sostenido debilitamiento del patriarcado, los reflectores sobre los derechos humanos y las políticas de igualdad, entre otros acontecimientos. Gracias a esto, las mujeres hoy tenemos acceso, por un lado, a espacios públicos, puestos de poder, independencia económica y desarrollo profesional, y, por otro lado, a poder ser dueñas de nuestro cuerpo, nuestro sexo, nuestro pensar y sentir. Los tradicionales y estereotipados roles del matrimonio convencional –el hombre al trabajo y la mujer a la casa– se están resquebrajando; es más: el matrimonio como institución se encuentra en crisis y nuevos modelos amorosos –más flexibles y construidos a la medida de cada quien– han ido emergiendo.

Así, las mujeres, hetero y homosexuales, estamos invitando a los hombres a involucrarse en una vida más flexible y diversa. A muchos de ellos les está costando trabajo esta nueva forma de relacionarse y con dificultad están generando propuestas de valor. A gran parte de ellos aún les vienen grandes las relaciones de equidad. Con frecuencia, vemos que se resisten al cambio mediante el uso primitivo de la fuerza –en algunos casos, incluso de la fuerza física–, imponiéndose emocional, económica e intelectualmente, tanto en los espacios privados como en los públicos. Otros no quieren darse cuenta de lo que ocurre y prestan poca atención a nuestras necesidades y demandas, mostrándose sorprendidos cuando sus colaboradoras los denuncian o sus mujeres los abandonan. Algunos hombres intentan barnizar sus relaciones con las mujeres siendo más cooperativos y conciliatorios, pero sin transformar de raíz el tema del poder. Solo unos cuantos se han dado a la tarea de soltar sus privilegios machistas para crear una nueva manera de ser hombres que responda a las características del mundo actual. Recuerdo bien la frase que un consultante me compartió en terapia: «A los hombres nos falta mucho por cambiar porque las mujeres han cambiado mucho».

Desde hace más de cincuenta años, las mujeres comenzamos a desafiar los roles que limitaban nuestra libertad, pero aun así seguimos, en muchas ocasiones, haciendo de más, dando de más, aceptando –cosas que no queremos– de más. Y esto no solo es efecto de las dificultades masculinas para aceptar el cambio: nosotras mismas vivimos ciertas contradicciones que nos atrapan.

En el capítulo anterior mencionaba que una de ellas se encuentra en esa recóndita y ambivalente necesidad de las mujeres hetero de buscar un hombre que sea «más» que nosotras: más fuerte, más capaz, más alto, más pudiente, más reconocido, más inteligente, más... Y no me refiero a dejar de reconocer y admirar las cualidades masculinas, sino a ese extra que a veces requerimos para sentirnos ¿protegidas, cuidadas, especiales, posicionadas, incluso enamoradas?, como si el intercambio entre pares –con su fundamental valor complementario: el respeto a la diferencia– y el gozo de compartir de pronto no fueran suficientes para relacionarnos y amar. ¿Y cómo no hacer de más, aceptar de más, aguantar de más, si nos sentimos inferior a los otros? Sí, muchas cosas han cambiado y en grandes dimensiones, pero aún hay algo que percibo entre tantas y tantas mujeres con las que convivo –amigas, pacientes, conocidas, familiares y alumnas–: **una necesidad de admirar de un modo particular al hombre,** a su hombre, necesidad que les dificulta verlos como iguales, lo cual las lleva a otorgarles un lugar especial que implica –consciente o inconscientemente– posicionarlos dos rayas arriba de ellas. Este tipo de relación o tipo de enamoramiento que, para que se dé, requiere de admirar al otro, en ocasiones nos lleva a las mujeres a tolerar conductas abusivas debido al deseo ambivalente entre la protección y la seguridad, y el disfrute de la independencia y el deseo de igualdad.

¿Será que nuestro discurso de equidad habita entre las nubes y no acabamos de sentirnos cómodas con hombres terrenales? ¿Será que en el pasado la identidad de las mujeres se construía siendo la esposa de, la hija de, la madre de, y no sobre sus propios deseos, intereses, logros y valores? Recuerdo la conocida frase «detrás de un gran hombre, hay una gran mujer», la cual nos pone a las mujeres en un segundo plano, nos convierte en una sombra y nos impulsa a buscar ese *plus* masculino que consolide nuestra identidad. Esta realidad tiene mucho que ver también con nuestra necesidad, en distintas circunstancias, de **seguir agradando** y sirviendo hasta el agotamiento total, así como con el estrés de hacer malabares para dar espacio a lo que una quiere sin decepcionar a los demás.

Nos falta un buen trecho por andar en este camino de convertirnos en sujetos de nuestras propias vidas y no en objeto de la vida de los demás. Aún nos falta un trayecto considerable para lograr una equidad afectiva y material entre hombres y mujeres, y, sobre todo, para poder coordinarnos. A fin de lograrlo, te invito a que nos adentremos al tema del género, que en ocasiones se siente trillado, pero que si no lo comprendemos a fondo, nos será imposible hacer distinciones, reconocer patrones y visibilizar nuestros condicionamientos históricos.

Ser hombre y ser mujer

¡Ah, cómo le gusta a la gente hablar de **la naturaleza femenina y la naturaleza masculina!** Por ella acabamos, tanto hombres como mujeres, adquiriendo un sinfín de ideas que nos hacen desear y sentir una cantidad de cosas que, la verdad, ni nos salen tan naturalmente y, en muchas ocasiones, no tienen sentido alguno. Y entonces sí, cuando empezamos a cuestionar lo aprendido y lo impuesto, cuando nos despegamos un poquito de lo que se espera de nosotras, vienen a granel los prejuicios, señalamientos y alejamientos de quienes se consideran el estandarte de las buenas costumbres y poseedores de la verdad absoluta. Estas advertencias llueven más en un tono moral que científico y ahí vamos por la vida sintiéndonos entre raras, malas, medio enfermas y defectuosas si en nuestro caso eso de la naturaleza femenina no acaba de cuajar.

No hay duda –afortunadamente– de que hombres y mujeres no somos iguales: tenemos diferencias biológicas notables y los recientes estudios de las neurociencias señalan otras que nos distinguen de manera puntual. Todas ellas se pueden usar no solo como atractivo erótico para quienes son hetero, homo o bisexuales, sino también para sumar y unir las virtudes de ambos sexos en el trabajo, la vida familiar, los intercambios sociales y la política. Desafortunadamente, el sistema patriarcal crea una **estructura jerárquica** con distinciones entre lo femenino y lo masculino que nada tiene que ver con nuestras diferencias biológicas. Pero ¿qué es el patriarcado?

El **patriarcado** es una especie de educación que nos heredaron los antepasados, en el que los hombres tienen el poder en todos los sentidos. Lo ejercen sobre las mujeres en la familia, el trabajo, las amistades y el dinero. O sea: en todo. Existe desde que las sociedades se hicieron sedentarias y con él se crearon leyes, religiones y costumbres que le otorgaban la **superioridad a lo masculino sobre lo femenino.** ¿Por qué? Entre otras cosas, porque los hombres realizaban el trabajo que redituaba económicamente y estaban muy presentes en la vida pública. En la actualidad, el **machismo** –al estilo de la novela *Arráncame la vida,* de Ángeles Mastretta, en la que el personaje Andrés Ascencio le dice a Catalina, su esposa: «Ah, qué lista, ¡hasta pareces hombre!»– está mal visto. En nuestros tiempos, cualquier hombre que se jacte de tener un grado básico de cordura social cuidaría de mostrar signos de abuso e irreverencia. Pero seamos claras, eso no significa que esas prácticas hayan cambiado del todo.

Sexo y género

Las diferencias biológicas son una cosa y las que hemos establecido a nivel cultural son otra. Distinguir entre estos dos conceptos nos permitirá **desarmar esas ideas dominantes** que no solo crean las relaciones desiguales, sino que limitan la vida de mujeres y hombres. La palabra sexo se refiere a las características biológicas: nacemos hombre o mujer, y algunas personas nacen con órganos de ambos sexos. Digamos que el sexo es lo que distingue a los hombres de las mujeres en una dimensión biológica, física, corporal. Por su parte, la palabra **género** tiene que ver con lo que significa ser hombre o mujer dentro de una cultura y un momento histórico. Esta palabra encierra las ideas, creencias, atribuciones, que se asignan a cada sexo según el contexto. El género construye sobre el sexo los conceptos femenino y masculino, los cuales condicionan los comportamientos que se atribuyen y permiten tanto a los hombres como a las mujeres. Por ejemplo, antaño, si eras mujer y jugabas futbol, te convertías automáticamente en una *machorra*. Por fortuna, con el tiempo, esas ideas, y muchas más del mismo corte, han sido cuestionadas, replanteadas y transformadas.

Digamos, entonces, que esas **ideas sobre el género no son naturales** ni se sustentan en la biología; se enseñan y pasan de generación en generación a través de la cultura. Durante años, psicólogos, sociólogos y otros estudiosos se han cuestionado sobre la importancia de las diferencias existentes entre los géneros desde su contexto social. Gracias a ello, hoy sabemos que construirnos como hombres o mujeres nos lleva tiempo: comenzamos en la niñez y nos vamos reforzando a lo largo de nuestra vida. Por ejemplo, un niño pequeño puede sentirse más atraído por juguetes que se atribuyen culturalmente a las niñas, del mismo modo que una niña puede sentirse atraída por juegos que tradicionalmente se consideran masculinos. A los pequeños se les educa en una cultura que establece lo que es correcto para cada uno y eso nos hace crecer con ideas equivocadas o fijas. Nunca olvidaré una fiesta infantil en la que un niño de 3 años, habiendo recibido de regalo un caballo de plástico con rueditas para cabalgarlo, prefería jugar con él peinando su larga cabellera. Al verlo, su padre saltó de la silla y le quitó el cepillo que alguien le había dado, para luego expresar en voz alta: «No empecemos al revés desde el principio».

Los estereotipos de género son las descripciones aceptadas por la mayoría de las personas de determinado colectivo.

Esta imagen se construye a partir de concepciones rígidas y distorsionadas sobre las características de los miembros de dicho colectivo. Son los estereotipos masculinos y femeninos los que nos indican cómo debemos comportarnos los hombres y las mujeres, y, obviamente, no siempre se expresan de manera verbal directa, sino a través de anuncios, actividades, lecturas, ejemplos, religiones y castigos.

De nosotras las mujeres se espera:

- Cumplir ciertos roles sociales dentro del ámbito privado que organizan y conforman nuestro modo de vida en torno a la maternidad y a la pareja.
- Necesitar de otro para «ser alguien»: esposa de, madre de, hija de...
- Demostrar emociones y sentimientos antes que nuestra inteligencia: se prioriza el sentimiento, la abnegación, la debilidad y la ternura, para no incomodar a los demás.
- Satisfacer los deseos y necesidades de otras personas antes que los nuestros, al punto del sacrificio y el desgaste.
- Cumplir funciones de madre-esposas, como dice la política, académica, antropóloga e investigadora mexicana Marcela Lagarde, para satisfacer las necesidades emocionales, domésticas y de autocuidado de nuestra pareja y, en muchos casos, extenderlas a otros ámbitos. No es poco común la asistenta o empleada que, por el hecho de ser mujer, es requerida por un superior para comprar los regalos de su esposa y darle, en tiempo y forma, los medicamentos que debe tomar.
- Mostrarnos débiles, dóciles o ingenuas a través del chantaje, infantilismo, ocultamiento y manipulación; solo así podemos obtener algo y dar espacio a nuestros sueños e intereses, ya que no podemos legitimarlos abiertamente.

- Ocupar puestos de trabajo que no solo se consideran femeninos y sostienen los estereotipos de género, sino que son remunerados con salarios más bajos que los de los hombres: maestras, enfermeras, secretarias, trabajadoras domésticas, afanadoras, asistentes y trabajadoras sociales, disminuyendo así nuestras aspiraciones profesionales de alto nivel, pues nuestra función principal es ser madres, esposas e hijas.
- Y, como cereza del pastel, ser atractivas sexualmente al tiempo que no debemos ser demasiado «livianas» en términos eróticos para no ser tachadas de mujeres fáciles. Solo lo suficiente para que nos elijan... Pero ¿es que acaso nosotras no podemos elegir? Puedo observar con frecuencia a mujeres que viven una insatisfacción permanente con su cuerpo ante la sensación de que este es para gustarles a los hombres, incluso a otras mujeres. A esto se suma el estigma de que su cuerpo no es para su sexualidad, su placer o su incursión en otros ámbitos sociales: es para el disfrute de los hombres, para dar a luz y cuidar de los demás. Esto fomenta un sentimiento de inseguridad y debilidad física.

Gracias a estos estereotipos, muchas veces cortamos nuestras aspiraciones para trabajar en el hogar o, si contamos con algo de tiempo libre, en labores altruistas no remuneradas. Nuestras expectativas de logro y la conquista de nuestros sueños e intereses se ven ajustadas por los cánones de la famosa naturaleza femenina. Las más osadas llegan a tomar trabajos de medio tiempo con beneficios limitados y remuneraciones escasas, por lo que muchas aún carecen de independencia económica, o reciben lo justo para darse sus *gustitos*. Al no contar con suficientes alternativas de subsistencia económica y/o emocional, las mujeres quedamos vulnerables a la violencia doméstica, al acoso y al hostigamiento sexual, y sobra decir que también a una falta de autoestima acompañada de la sensación de poca valía y poca competencia personal. ¿Y nos culpamos cuando sentimos cansancio crónico, problemas de sueño, depresión, frustración, alteración nerviosa y problemas de salud?

Con todas las puertas que se nos han abierto, la abnegación se ha modernizado: hoy hay que ser la ejecutiva impecable que también coordina el chat escolar, recuerda los cumpleaños familiares, lleva la salud emocional de la casa y, si queda tiempo, corre un maratón. El machismo visible cede; el invisible se camufla en microexigencias y privilegios. Visibilizar no es victimizarnos: es renegociar lo cotidiano para repartir los cuidados a otros y el poder. Y aquí enlazo con Mabel Burin, psicóloga argentina, y su libro *El malestar de las mujeres. La tranquilidad recetada,* donde afirma que «ese cansancio difuso, esas somatizaciones, la tristeza sin causa "objetiva", la culpa como segundo apellido, no caen del cielo; son la factura emocional de sostener mandatos contradictorios». Burin advierte que hay sufrimientos femeninos que el discurso médico diagnostica como trastornos individuales cuando son efectos de un orden que nos exige ser todo para todos. Si nos apropiáramos de esta idea, quizás al entrar en un proceso psicoterapéutico llevaríamos a la consulta la pregunta ¿qué cargo?, en vez de cuestionarnos ¿qué tengo?

Pero ¿por qué seguimos priorizando a los demás sobre nosotras mismas? Porque si bien los mandatos externos de ser o no ser de una forma van resquebrajándose, seguimos eligiendo relaciones o parejas modernas que disfrutan los beneficios de nuestros avances, pero que aún delegan todos los trabajos de cuidado en nosotras: la maternidad sigue siendo el examen final de la feminidad, nuestra identidad está pegada a ser útiles para los demás, medimos nuestro valor por cuánta contención damos a otras personas y porque recibimos más aplausos por renunciar que por construir para nosotras. Abramos los ojos antes de llegar a creernos que nuestro mal humor y la crítica constante de nuestro entorno se deben a una deficiencia personal.

¿Cómo no confundir nuestra inteligencia, menospreciar nuestra disciplina y perder motivación si estamos enrieladas en una dinámica social agotadora? Pues recordándonos que son las distinciones rígidas de género las que impiden la flexibilidad de funciones, roles y experiencias que podemos vivir sea cual sea el sexo con el que hayamos nacido. Así, lenta pero sostenidamente, cada vez vemos a más hombres involucrándose en las labores del hogar e interesándose por la crianza de los hijos, y gracias a estas actividades, ellos van desarrollando una mejor capacidad de expresar más y mejor sus emociones. Igualmente, hoy más mujeres nos enfrentamos a tareas que en otros tiempos habrían sido consideradas puramente masculinas; esto nos va otorgando más independencia y la posibilidad de incluso asumir el rol de proveedoras del hogar.

Sabemos que todo cambio toma tiempo y genera cierto descontrol, de ahí el ir y venir entre lo que le corresponde al hombre o a la mujer. Es una necesidad urgente contar con más herramientas adecuadas para acortar las distancias que nos separan y entretejer las cualidades que nos atraen y nos complementan con el fin de crear intercambios estimulantes, motivadores, enriquecedores y satisfactorios entre nosotros. Pero nuestra mente es espectacular; además de las transformaciones sociales que se siguen dando lentamente, la neuroplasticidad nos confirma que, al poner en práctica nuevas conductas y pensamientos, podemos moldear el cerebro para desarrollar nuevos conocimientos, un nuevo entendimiento de la realidad y nuevas actividades. Te invito a cuestionar los estereotipos de género que te han limitado, a cambiar tus creencias de lo que es ser hombre y ser mujer, y a practicar nuevas conductas en tu vida cotidiana. Este ejercicio te hará sentir más cómoda en tu propio cuerpo y más dispuesta a sumarte a esta transformación.

La ciencia y las diferencias del cerebro masculino y femenino

En su libro *Inteligencia de género,* Barbara Annis, conocida por su trabajo en liderazgo, inteligencia cultural e inteligencia de género, hace un aporte muy importante con este nuevo concepto que se refiere a la comprensión y aprecio de las actitudes y comportamientos que distinguen a los hombres de las mujeres, lo cual va más allá de las diferencias sexuales y culturales. Conocer cómo y por qué los hombres y las mujeres pensamos y actuamos como lo hacemos, pero desde una base científica y no desde una ideología que favorece a unos y limita a otras, nos permite comprendernos de manera personal y también en nuestras relaciones. Esta aportación, lejos de generar relaciones desiguales desde el poder, ha de ayudarnos a mejorar y potenciar las formas de colaboración entre ambos sexos.

La **inteligencia de género** asume con curiosidad y apertura que los cerebros de hombres y mujeres presentan ciertas diferencias, lo mismo que ocurre con su química corporal debido a las diferentes hormonas que predominan en cada uno de ellos, pero que unidas favorecen la comprensión de uno mismo, del mundo, de las relaciones y de la vida en general. Barbara Annis señala que tanto hombres como mujeres con altos coeficientes intelectuales no son necesariamente quienes más progresan en sus trabajos y en la resolución de los desafíos básicos de la vida: su forma de pensar y actuar, así como el uso que hacen de la comunicación, los limita para lograr los resultados que buscan tanto en su vida privada como en su vida laboral y social. El gran secreto del éxito se encuentra en **combinar y sumar esas diferencias desde la igualdad** en vez de convertir la vida en un campo de batalla, construyendo así un territorio de comprensión y colaboración.

Estos descubrimientos, logrados en aproximadamente los últimos cuarenta años, se dan en áreas que involucran **el len-**

guaje, la memoria, las emociones, la visión, la escucha y la orientación, básicamente. Estas variaciones influyen en las distintas formas en que hombres y mujeres nos comunicamos, integramos información, escuchamos, resolvemos problemas, tomamos decisiones, lideramos equipos y manejamos el estrés. Si bien he afirmado que la educación y la crianza condicionan los comportamientos de los sexos, no podemos negar que la presencia o ausencia de hormonas tiene la misma importancia que los cromosomas XX o XY al determinar el sexo de un feto. Las hormonas sexuales trabajan en el cerebro y en el sistema nervioso del embrión generando estructuras o conexiones que diferencian a hombres y mujeres con un influjo bioquímico distinto en ambos.

Generalmente, las mayores competencias de los **hombres se centran en el hemisferio izquierdo del cerebro,** donde se desarrollan habilidades como la abstracción, las matemáticas y el cálculo; digamos que esta parte del cerebro los ayuda a captar el panorama completo o las generalidades de los hechos. En cambio, las **mujeres tendemos a usar ambos hemisferios simultáneamente** y nuestros cerebros tienen mayores conexiones neuronales. Sin embargo, tenemos más desarrollado el hemisferio derecho, que es donde se encuentran las habilidades verbales y lingüísticas, así como la asimilación de información práctica, con la cual se almacenan y recuerdan detalles muy puntuales.

Estas diferencias, que tanto han recalcado los medios, los libros, los discursos sociales, tienen una fórmula muy sencilla: **cada uno procesa la información y construye sus pensamientos desde puntos de vista distintos.** Cuando las mujeres pensamos, recolectamos más datos del entorno y los acomodamos en un razonamiento más complejo. Asimismo, relacionamos más los diferentes tipos de información; por lo tanto, sopesamos más variantes antes de tomar una decisión. Las mujeres tenemos un pensamiento más holístico (que suma las partes de todo el panorama) y contextualizado (que se ubica en las características del entorno), por lo cual hacemos redes de datos.

Los hombres, por su parte, se enfocan más en un asunto en particular, omiten información extra y se mueven paso a paso hacia la meta de manera secuencial. Además, ellos tienden a ser **más transaccionales** en sus interacciones (dan algo para recibir algo a cambio), mientras que **las mujeres tendemos a ser más interactivas** (sostenemos relaciones y alianzas extendidas y vitales). Las **mujeres nos inclinamos más por trabajar de manera participativa** –colaborando, compartiendo información, encontrando conexiones en nuestras ideas y acciones–, mientras que los hombres crean grupos más competitivos, desafiando y evaluando las ideas de unos y otros para encontrar de forma eficiente el mejor camino.

En la resolución de problemas, **los hombres son más deductivos** (usan información lineal y probada al tiempo que toman más riesgos), mientras que **las mujeres** somos más inductivas en nuestro razonamiento (podemos ver una solución, pero, con más frecuencia que los hombres, integramos diferentes puntos de vista antes de actuar para elegir las mejores opciones).

Ambas formas de pensar son buenas, ninguna es mejor que otra; las ventajas y desventajas de cada una dependen de las situaciones que se tienen que afrontar: a veces, las soluciones jerárquicas y centralizadas son necesarias, mientras que en otros momentos la deliberación y la consideración de las opiniones dan muy buenos resultados. Ambas maneras de abordar la realidad **se complementan** tanto en la vida privada como en el desempeño de tareas públicas y profesionales; por eso, entendernos desde nuestras fortalezas nos permite aumentar el lente con que observamos el mundo, apreciar más la conducta del otro, aprender de ella y lograr una mejor empatía y relación. Estas diferencias, aunque son sutiles, se distinguen a la hora de unirlas para resolver problemas, educar hijos, iniciar proyectos y echar a andar negocios.

La inteligencia de género, reitero, lejos de crear jerarquías, es una herramienta que nos invita a incluir y valorar el intercambio con el sexo opuesto. **La equidad no se trata de pensar y de actuar igual, pero sí de encontrar, valorar y sumar nuestras diferencias.** Estas diferencias físicas y mentales no tienen nada que ver con las distinciones culturales que ha hecho el patriarcado, menospreciando lo femenino en relación con lo masculino; por el contrario, las diferencias generan intercambios creativos y colaborativos a favor de todos los que se disponen a conocerlas y aprovecharlas. Hombres y mujeres hemos sido forzados a aprender, actuar y promover una gran cantidad de estereotipos que fomentan conductas rígidas para cada sexo: desde ser excelentes proveedores, galantes conquistadores, hasta doncellas necesitadas de un salvador y dispuestas a dar la vida por él. Trabajar por una sociedad equitativa nos quita una carga terrible a todos a través de sumar nuestras diferencias para crear, con base en ellas, fortalezas.

Conociendo todo esto, ¿cómo poder estar para el otro sin perderse a una misma? ¿Podrán las nuevas generaciones compartir las funciones de cuidador/cuidadora y generar personalidades masculinas y femeninas más integradas? ¿Estamos las mujeres listas para asumir los retos de una verdadera equidad? Para lograr este cambio no basta con mejorar nuestra condición como mujeres, necesitamos cambiar todas las reglas del juego, por eso la transición se ha dado tan lentamente. Por supuesto que **el feminismo sirve, pero no es suficiente, falta el acuerdo y la participación de los hombres.**

Algunos hombres reconocen el problema y afirman «no quiero ser como mi padre», pero poco a poco se topan con que las buenas intenciones no bastan. Muchos más varones aún desconocen el problema y piensan que es muy difícil entender a las mujeres. Otros tantos, en su desconcierto, se repliegan ante la dificultad de acercarse a nosotras, quienes muchas veces enviamos mensajes contradictorios en cuanto a nuestros deseos, necesidades y valores, e incluso corremos el riesgo de descargar enojos ancestrales en blancos inadecuados. Conozco a varias mujeres que desearían poder soltar lastres, legitimar sus derechos, sus deseos y su poder, y mostrar su fuerza y sus aptitudes con mayor autenticidad. ¿Qué puedo proponerte para hacer estos cambios? A continuación, te ofrezco algunas ideas.

- **Visibilizar la violencia al tiempo que se reconoce el mecanismo patriarcal.** Desde los chistes machistas, los piropos soeces y hasta el maltrato emocional y físico, el machismo ha de ser visibilizado, nombrado y denunciado para detener el abuso y la falta de equidad. Muchas mujeres siguen minimizando –si no es que justificando y favoreciendo– los privilegios masculinos como si no hubiera un límite a señalar. Para esto no basta alzar la voz, hay que seguir construyendo espacios que favorezcan la toma de conciencia, las estrategias de empoderamiento y las redes de apoyo que faciliten –paso a pasito, pero sostenidamente– dejar atrás una postura de subordinación.
- **¡No más princesas!** Seguir esperando un trato «especial», que incluye ser cuidada, rescatada y sostenida de manera pueril, genera posturas de dependencia e inactividad que infantilizan a mujeres adultas, aunque esas conductas no se consideren como tales. Las mujeres hemos de asumir las consecuencias de nuestros actos, incluyendo las que nos restan ciertos privilegios: si deseamos ser independientes, debemos estar dispuestas a renunciar a la «protección y seguridad» controladora que nos ofrecen algunos hombres; estos aparentes beneficios tienden a crear dependencia y pocas veces resultan tan permanentes como suponemos y deseamos. La búsqueda del príncipe azul no puede ser nuestro principal proyecto de vida: una buena relación de pareja nos aporta mucho, pero no alcanza para construir

una identidad personal, por lo cual no podemos dejar en segundo término todas las otras dimensiones de nuestra vida –familiar, social, laboral, espiritual, de descanso–.

- **El derecho a rechazar la maternidad.** No todas las mujeres desean ser madres y no es un imperativo serlo para construirnos como mujeres. Ya expliqué en el capítulo 7 que ser madre es una vocación que implica satisfacciones, pero no es un instinto; ser madre es una elección y un compromiso que puede no ser deseado por muchas mujeres. Además, el simple hecho de elegir no tener hijos no implica que tengamos que estar más a cargo de nuestros padres u otras personas en el rol de cuidadora. Nuestro proyecto de vida personal –asumido con conciencia, disfrute y responsabilidad– es una forma de trascender y entregarnos, sin necesidad de realizar funciones de maternidad que vayan más allá del genuino apoyo e intercambio que se dan, unas a otras, las personas de bien.
- **Adueñarnos de nuestro cuerpo y de nuestra sexualidad.** En materia de sexualidad y erotismo, así como respecto al derecho a decidir y planificar la familia, las mujeres hemos de adueñarnos de nuestra corporalidad: para nuestro propio placer, para la vida que queramos tener. Si bien en alguna época fuimos moneda de cambio y posesión de otros (padres, esposos, incluso hijos), hoy nos poseemos a nosotras mismas y es legítimo habitar el propio cuerpo y disfrutarlo sin represión ni culpa. No somos mujeres fáciles al gozar de nuestra sexualidad con libertad y responsabilidad (hacia nosotras y hacia los demás), ni somos egoístas al decidir tener –o no– un hijo no planeado.
- **El compromiso con una misma.** Ver por una misma antes que por las necesidades de los demás, para poder acompañar y apoyar a quienes nos rodean –desde la

elección y no desde la imposición–, da cuenta de una entrega consciente y madura. La abnegación, el servilismo, las concesiones que se hacen cuando actuamos bajo presión, e incluso ser madres y esposas tiranas, son formas equivocadas de buscar el reconocimiento, como si el ser nosotras mismas, *per se,* no fuera suficiente para ocupar nuestro lugar en el mundo. Una persona que no se busca a sí misma, que no satisface sus necesidades y deseos más profundos, poco a poco va decayendo y despojándose de su auténtica humanidad. Podemos conquistar la autovaloración y el autorreconocimiento no solo por los roles que jugamos (y elegimos jugar) en la vida de los demás, sino por la validación de los propios sueños, el despliegue de nuestras capacidades, la atención a nuestros genuinos intereses y la experiencia de vivir desde la propia escala de valores.

- **La conquista emocional y económica.** No me canso, de manera personal, de insistir a mis sobrinas que trabajen. No minimizo el rol del trabajo doméstico ni el de la crianza de los hijos, lo he desempeñado por muchos años, pero muchas mujeres que encarnan estereotipos de género, al emparejarse, pero sobre todo al ser madres, dejan de lado la autodeterminación, la cual es clave para reconocernos tan valiosas como libres en cada aspecto de nuestras vidas: *basta que me lo diga yo y que me guste a mí para que algo sea valioso.* La independencia no implica soledad, sino una autosuficiencia que tendrá efectos en la manera en la que nos involucramos sentimentalmente con los demás. Al ser autosuficientes y abastecernos a nosotras mismas, ponemos en duda las jerarquías culturales, políticas y sociales que nos tienen en desventaja, esas que suponen –a veces consciente y a veces inconscientemente– que no nos podremos sostener si perdemos ese modelo de sociedad patriarcal. No se trata de rechazar el apoyo y poder intercambiar roles –somos seres interdependientes y nos necesitamos unos a otros–, pero es muy importante, junto con la autonomía emocional y la independencia económica, elegir nuestras dependencias.

- **Buena para hablar, pero ¿para actuar?** De tanto hablar, pedir, explicar, necesitar que nos escuchen, de tanto regresar a los mismos temas y quejarnos, posponemos el actuar de forma distinta para lograr resultados diferentes. Tomar acción implica tener que movernos de nuestra zona de confort, reflexionar sobre esos sitios que, de tan comunes, quizá hayan dejado de descubrir posibilidades ante nuestros ojos. Arriesguémonos a cuestionar nuestros temores y desafiar nuestros prejuicios, incluso de tolerar cierta culpa que implica «decepcionar» a un entorno que espera de nosotras algo que a nadie le hace bien. Para conseguir nuevos efectos en nuestras vidas, se requieren nuevas acciones: generemos acciones concretas de cambio que nos lleven a lugares diferentes y más cercanos a la mujer que deseamos ser. La conquista de nosotras mismas no puede edificarse meramente de ideas y palabras, necesita el potencial y la fuerza de la acción, así como la exploración de esta realidad que aún necesita de una mayor transformación.

¿Cuál es el camino de salida? No hay pócima secreta, hay un itinerario por recorrer. En terapia propongo tres puntos de trabajo: aceptación, acompañamiento y protagonismo. **Aceptación** es ver la realidad como es (edad, cuerpo, etapa, límites del otro), sin maquillarla ni dramatizar; cuando acepto, dejo de pelear con lo que no se puede y libero energía para lo que sí. El **acompañamiento** consiste en sostener la transición con flexibilidad, pedir ayuda, construir redes de mujeres, incluir a los hombres disponibles y pelear por políticas que hagan del cuidado una responsabilidad compartida. Y el **protagonismo**

es colocar el deseo propio en el centro de la toma de decisiones, con criterio y consecuencias: dinero propio, tiempo propio, habitación propia, como lo afirmaba antaño Virginia Woolf.

Vuelvo al inicio para cerrar este capítulo: ser mujer hoy trae **ventajas inéditas** –educación, autonomía, voz pública, posibilidad de segundas vidas–, pero también **exigencias desmedidas** cuando esas ventajas circulan por rieles antiguos. La tarea no es poder con todo; es decidir mejor. No es fundirme con el otro; es encontrarme conmigo. No es servir para merecer amor; es amar en paridad. La libertad que buscamos no apunta contra nadie: va a favor de una vida donde el deseo propio deje de estar oculto. Se trata de pasar de ser un satélite de los demás, a ser nuestro propio planeta; de vivir de ilusiones a construir proyectos; de pedir permiso a apropiarnos de nuestro derecho. **De ser objetos a ser sujetos.** En ese trayecto tenemos derecho a cansarnos –no a agotarnos–, a pedir, a decir que no, a cambiar de idea y a estrenar horizontes. Otra vida es posible si la habitamos como autoras, no como extras de las biografías ajenas, sea cual sea la vocación por la que optemos: la vida privada, dedicándonos al hogar o a la crianza y el cuidado de los otros, o bien, habitando los espacios públicos.

Yo, optimista crónica, confío en que estamos en eso; a jalones y trompicones, pero con mayor conciencia y responsabilidad. Y entonces sí, a encontrar la verdadera satisfacción que otorga el servir al otro desde la realización personal, el desarrollo de la propia personalidad y de la genuina entrega.

CAPÍTULO 10

¿AMOR O SOLO SEXO?

10.1. Entre el deseo, la calentura y la culpa

Roberta y Franco recién se conocen. Llevan un par de semanas intercambiando miradas, insinuando caricias y anticipando un encuentro. Entre ires y venires, guiños y sonrisas, finalmente Roberta sugiere explícitamente a Franco planear el fantaseado encerrón. Sin duda, entre ellos se dio una diligente atracción, ambos hicieron de la seducción un intercambio bien jugado, fueron cultivando el deseo de manera sostenida; ahora falta ver qué ocurre a la hora de llegar a la cama, porque nada puede asegurarles no sufrir una decepción.

No hay duda de que la posibilidad de acoplarse a un nuevo cuerpo puede empezar a intuirse en una primera noche: la química existe. Además, la novedad de una geografía corporal que ha sido recorrida en la imaginación puede hacer del primer encuentro una experiencia erótica de gran excitación. Habiendo pasado la cata de los primeros acercamientos –la sorpresa del roce de dos pieles que se agradan, el contraste de aromas que congenian y el gustoso trote de dos cuerpos que por primera vez se entregan–, habrá que resistir irremediablemente la prueba del tiempo si lo que se busca es una relación de larga duración. Y es que hay temples, formas, fantasías e intensidades que de forma sostenida no logran congeniar. Pero ¿por qué limitarnos a ejercer una vida sexual, responsable y activa, si no es nuestro deseo o momento de consolidar una relación?

En la actualidad, el sexo, la procreación, la sobrevivencia y el sustento no necesitan ir envueltos todos en el único paquete del matrimonio, como antaño; de ahí la multiplicidad de encuentros y acuerdos que se pueden construir en torno a los intercambios eróticos. Hoy, los encuentros sexuales pueden ir desde una noche de copas, pasando por un intercambio erótico-afectivo sostenido –sin establecer una vida de pareja «formal»–, hasta la consolidación de una relación amorosa comprometida –con o sin convivencia domiciliaria y con o sin contrato matrimonial–. Pero hagamos distinciones importantes, ya que **no es lo mismo la sexualidad que el erotismo, y menos aún que el amor.**

Literalmente, la sexualidad se refiere a las actividades y el placer que deriva de nuestra genitalidad. Es una palabra demasiado biológica; una acción que puede estar alejada de lo que imaginamos cuando pensamos en tener sexo. Si bien la sexualidad es común a los seres humanos y otros animales, el erotismo, la seducción, la sensualidad, el amor, son fenómenos exclusivamente humanos; la sexualidad es la dimensión más básica sobre la cual se asientan todos los demás. Sobre la sexualidad se asienta el erotismo, sobre el erotismo se asienta el enamoramiento y sobre el enamoramiento se puede (o no) asentar el amor. Y estos, siendo caminos posibles y frecuentes, no son los únicos. Yo recuerdo bien iniciar dos de mis tres relaciones amorosas sin un enamoramiento loco, pero con un gusto por nuestra vida sexual, y de ahí el brinco a un amor que coqueteaba con el enamoramiento alejado de la locura de mi primer –y adolescente– amor.

Muchas veces, al hablar de sexualidad, realmente a lo que nos estamos refiriendo –y quizás hasta fantaseamos con ello– es al erotismo: el erotismo es la elaboración cultural del sexo, es el conjunto de posibilidades que los seres humanos construimos sobre esa realidad biológica. El sexo, destinado a la reproducción, es bastante animal; sin embargo, el erotismo está destinado al placer y por eso es humano: el instinto se transforma en placer y el placer en erotismo. El goce del erotismo es central en un intercambio erótico-afectivo, y si se consolida la relación, en el amor. Por eso hemos de entender que hay relaciones sexuales que pueden ser de valor, de crecimiento, de disfrute, de autoconocimiento, incluso de afecto, sin que necesariamente se dé el enamoramiento, la vida en común, y menos aún la crianza de los hijos o el compromiso entendido como un proyecto amoroso a futuro o como matrimonio. Disfrutar eróticamente un encuentro implica ese gozo sexual, pero alejado del impulso rápido y sobrecogedor de un adolescente; es por eso que la experiencia erótica es una posibilidad de encuentro, disfrute, intercambio.

Algunas personas ven lo sexual como si fuera lo erótico: una relación genital vivida como algo natural, objetivo, no relacional, en la que el otro es un objeto de consumo sin más trascendencia. Lejos del artificio del erotismo, ese sexo no es el inicio de un acto de intercambio, de conocimiento, incluso de una relación afectiva o de un compromiso amoroso; sin erotismo, el sexo es solo placer rápido –legítimo y válido–, pero limitado y poco relacionado con las relaciones eróticas. El sexo se puede consumir; la relación erótica, no, porque es una relación entre personas.

Entrada la noche, llega Roberta al cuarto de hotel que Franco le indicó. Entra despacio y extrañada, la habitación a media luz y una música suave la invitan a soltar la bolsa, y las ropas... Franco provoca el contacto con su cuello, controla su deseo y lentamente se deja envolver por los suspiros y las piernas de Roberta. Sus cuerpos se trenzan y despliegan un vaivén de ritmos que a ambos abraza y satisface. El final los sorprende mutuamente satisfechos. Más aún, se quedan dormidos, y tras haber atravesado la realidad de despertar al día siguiente –sin velas, sin matices, sin pretensiones–, descubren que el grato encuentro no tendría por qué no volver a ocurrir.

El placer sexual es el más fuerte de los placeres. Por eso puede crear los más poderosos involucramientos; si alguien nos genera placer erótico, trataremos de encontrarlo una y otra vez. Por eso el sexo, el buen sexo, vincula. Cuando la experiencia del placer es bilateral, se puede llegar a establecer, entre ambas personas, un vínculo de muchos tipos, incluso un vínculo duradero, capaz de resistir diversas frustraciones de la vida. Esta ligazón puede desencadenar fenómenos que van desde una amistad íntima, el apego, el enamoramiento, la intimidad o el amor. El amor no es solo una experiencia profunda y espiritual, también es corpóreo y erótico.

Generalmente nos acercamos a una persona porque nos gustan sus actitudes, su intelecto, su atractivo sexual o su cuerpo, lo que hace que se genere un deseo que nos impulsa a interactuar con ella y a adoptar ciertas conductas de cuidado y compromiso con la vida del otro. Si el deseo aumenta, la interacción también y, con el tiempo, puede llegar a cristalizarse en algún tipo de relación. Pero también puede ser al revés: en lugar de conocerse y luego tener relaciones eróticas, se puede empezar por lo erótico, y si va bien, si se supera la compatibilidad profunda del olor, de la intimidad, del despertarse con el otro, de la mezcla de fluidos, del placer, en definitiva, se podría pensar en seguir progresando hacia un mayor conocimiento. Difícilmente podríamos llegar a amar a alguien cuya piel, cuyo tacto, cuyo olor, cuyo sabor, nos disguste; aún hacemos estas valoraciones tan básicas, como las de los reptiles.

Es cierto que lo mejor que nos puede ocurrir es estar vinculados a una persona con la que haya una concordancia, una armonía –en nuestro mundo de gustos, de intereses, de valores–, pero todo ello se apoya en ese acoplamiento biológico, químico, que es algo etéreo, inexpresable. Por eso existen relaciones –vínculos cercanos con otro– que se diferencian claramente de los matrimonios, el cual, para muchas personas, ha dejado de ser la norma en la vida en pareja, dando origen a lazos emocionales y sexuales establecidos entre los amantes, quienes asumen lo que de ellos derive y bajo el entendido de que solo los sostendrán en tanto que ambos obtengan suficiente satisfacción.

En la base del erotismo está el deseo. El deseo es trascendente porque parte de una misma y va hacia fuera, busca vincularnos con los objetos y con las personas del exterior que deseamos. El deseo sexual es la base de las relaciones erótico-afectivas y del amor erótico, pero este es frágil y caprichoso.

Tal vez uno de los mayores problemas de la actualidad es la extinción del deseo. Pareciera que la excesiva proximidad de los amantes, el acceso fácil al sexo y la interacción permanente conducen a la desaparición del deseo y al declive de vínculos de valor, incluso al rompimiento de algunas relaciones amorosas. Y es que el amor se sostiene, a diferencia del matrimonio como institución, en el anhelo, en el desafío, en la escasez, en la independencia; por tanto, en una cierta distancia. El amor necesita del deseo, pero no necesita del matrimonio. Es notable que **históricamente no siempre haya existido el amor, pero sí el erotismo.**

El erotismo conmueve nuestra corporalidad como no hay otra dimensión humana que lo haga; exige que desarrollemos nuestra capacidad de vivir la vulnerabilidad y la intimidad.

Y ser vulnerable, ser íntima, develarse, arriesgarse por el otro, es algo muy exigente; de hecho, es el mayor problema con el que nos encontraremos al tener relaciones erótico-afectivas: si no queremos lastimarnos, no queremos perder seguridad, no queremos involucrarnos, eso terminará en un sexo vacío. Además, y esto me parece una idea central en nuestras prácticas sexuales, no existe lo erótico sin lo sentimental, ni lo sentimental sin lo erótico. Somos cínicas, reprimidas o egoístas cuando sostenemos que se puede tener relaciones eróticas sin cierta implicación emocional (quizá con la excepción del sexo rápido de una noche de copas). Y ocurre lo mismo cuando decimos que una relación erótica fue solo sexo (queriendo decir habitualmente que fue poco satisfactoria).

En toda relación erótica se crea, se genera o se contiene algo de una relación amorosa, de la misma manera que toda relación amorosa crea o contiene erotismo. El sexo solo no implica deleite, así lo practiquemos con o sin amor; cuando lo erótico se deshumaniza, rápidamente aparece el hastío, la insatisfacción, la sensación de abuso o el desagrado. Por eso hay que tener claro que el sexo no es *solo sexo:* o es erotismo o es casi nada. De hecho, basta afirmar que el acto sexual no es necesario para tener una experiencia erótica integral, ya que la sexualidad no es una necesidad como el hambre o la sed; es un deseo que expresa una disponibilidad emocional y, por tanto, física y psíquica. No es un instinto, pero como nuestra sociedad capitalista se organiza alrededor del consumo, desde este lugar también se puede consumir un sexo físico, genital.

Por eso muchas personas, al volver a la realidad y a la conciencia tras el encuentro sexual, se preguntan «¿Qué hago yo en esta cama?». Bajo esta tónica, la mañana siguiente, tras relaciones eróticas con una persona recién conocida o que se conoce muy poco, es un momento interesante para investigar las relaciones humanas, el erotismo, la sexualidad y la intimidad. Se pasa abruptamente de no conocerse a compartir cosas privadas e íntimas: dormir, despertar, el baño. Actividades como la conversación que estamos –o no– teniendo, decisiones como salir de la cama desnudos o vestidos, ir al baño, cerrar o no la puerta, las tareas higiénicas y, finalmente, desayunar cara a cara, pierden su automatismo y se convierten en decisiones importantes: agradables o incómodas. Hasta un beso o una caricia pueden ser complejas en una situación así.

El erotismo surge del cultivo de la excitación y corporalmente nos proporciona casi la experiencia más placentera que podamos sentir: el orgasmo. Pero más importante aún es el hecho de que sea la única experiencia que posee la capacidad de disolver nuestras características más estables y rígidas: el yo, la historia personal, la identidad, el tiempo; todos quedan suspendidos gracias al erotismo. De ahí su importancia en el aquí y el ahora, pues nos ayuda a crear vínculos con otras personas.

Sea cual sea el nivel de compromiso de la relación, el erotismo así practicado deja un buen sabor de boca, a diferencia del consumo sexual despersonalizado y compulsivo. Cuando la sexualidad se libera de la obligación de reproducirnos –porque en los humanos no hay periodo de celo y además existen los anticonceptivos–, aparece un erotismo más libre: la búsqueda del placer sexual, tanto en hombres como en mujeres, se vuelve una pieza clave de la libertad y de la felicidad.

Aun así, en la actualidad sigue habiendo personas que viven con contradicciones, culpas y temores esta dimensión vital de la vida humana. Se siguen acarreando los efectos de una sociedad donde el sexo fue algo sucio y negado por mucho tiempo. Si bien el impulso sexual, como lo he explicado, tiene una base biológica, nuestras respuestas sexuales se ven modeladas a través del troquel de la cultura a lo largo de los años. Nuestra cultura occidental es producto de una tradición judeocristiana que valoriza el dolor y penaliza el placer. Posteriormente, e iluminada por la filosofía griega –que hace una escisión entre cuerpo y mente a favor del espíritu, al cual considera superior a lo corporal–, termina por imponer miedo, penalización, señalamiento moral e incluso un precio que pagar cuando el gozo es desmedido.

He escuchado a personas que, atravesando una experiencia sexualmente gozosa, llegan a afirmar: «Dios me va a castigar o algo me va a pasar por ser una mujer sin pudor». En una sociedad erotizada y hedonista, hay quienes aún le temen al placer, lo asocian con el pecado, con lo sucio, feo o inmoral, y viven el gozo erótico con una mezcla de culpa y castigo. A esta tradición del mundo occidental se suma una estructura social basada en una **jerárquica patriarcal,** la cual, como ya mencioné en el capítulo anterior, sobrevalora lo masculino.

Aún hoy, en la vida sexual se espera que los hombres sean activos, rápidos y propositivos; mientras que de las mujeres se espera cierta pasividad, receptividad, lentitud y ternura. Y no hablemos de la medida moral que se impone a unos y a otras: lo que en materia sexual a los hombres se les condona, a las mujeres se les condena. Y junto con la influencia cultural general está el influjo familiar particular: dime cómo te amaron y te diré cómo haces el amor.

Vale la pena rastrear el momento en el que aprendimos a integrar nuestra dimensión erótica y de qué manera lo hicimos: ¿aprendimos o no a experimentar el placer?, ¿a confiar o no en los demás?, ¿a recibir o a que nos negaran las cosas?, ¿nos abrazaron y acunaron o nos abandonaron y humillaron?, ¿aprendimos a sentirnos a gusto con nuestro cuerpo, con nuestro sexo y con nuestra sexualidad?

Hemos de descubrir la manera en la que estas experiencias influyen en nuestra capacidad de acercarnos al otro, de soltarnos y de experimentar placer. Por eso no basta afirmar que los comportamientos sexuales y las decisiones tomadas en el territorio sexual son profundamente individuales, también vienen influidos por nuestros antecedentes familiares, culturales, sociales y religiosos; de ahí la importancia de reconocerlos, desmitificarlos y trabajarlos (si es necesario, incluso, en terapia) para conquistar la congruencia y la madurez sexual.

Para romper viejas creencias y tabúes que nos atrapan entre el exceso o el defecto, requerimos hacer algunas reflexiones y tomar ciertas acciones: una vida sexual sana empieza, en primer lugar, por la comodidad de habitar nuestro cuerpo –asunto que traté en el capítulo 2 «¡Soy una garrocha! Este cuerpo mío, ¿me gusta o no me gusta?»–, y segundo, por la conquista de la congruencia sexual.

Para lograr la congruencia sexual, necesitamos armonizar, como lo explica Antoni Bolinches en su libro *Sexo sabio,* el instinto con la razón y lo que nos gusta con lo que nos hace bien. Ser congruentes sexualmente es saber discriminar qué cosas de las que me gustan puedo permitirme y qué cosas no me gustan porque creo que no deberían gustarme. No tiene sentido debatirnos indefinidamente entre el sentimiento de culpa por lo realizado y la frustración por lo reprimido. Los comportamientos sexuales y las decisiones tomadas en esta área de la vida son profundamente individuales, y no debemos perder de vista que el reto para alcanzar la madurez sexual no consiste solo en tener más sexo y más experiencias, sino hacerlo con conciencia, con autocuidado, con cierto nerviosismo, claro, pero con paz interior.

Siempre es bueno hacerse las siguientes preguntas: ¿soy consciente de quién tiene, en este encuentro sexual, más poder y, por lo tanto, mayor responsabilidad?, ¿tengo clara mi escala de valores sexuales?, ¿hago lo que hago porque me gusta a mí o porque le gusta a la otra persona?, ¿me gusta complacerlo o me siento presionada?, ¿lo que no hago es porque no me gusta o por cuestiones sociales que indican que no debería permitírmelo?, ¿me abro a la posibilidad –igual que descubro nuevos sabores probando diversos platillos– de ampliar con disfrute mis prácticas sexuales?

Distinguir entre nuestros principios y nuestros prejuicios sexuales es central, así como si la experiencia que estoy viviendo es mi gusto personal o la necesidad de agradar al otro, a mi pesar. Esta distinción nos facilitará reconocer si consideramos normal aquello que hacemos, desde la congruencia personal, sin que por eso se descontextualice de lo ético y, obviamente, de la legalidad, pero sí derrocando poco a poco los prejuicios limitantes.

Las prácticas sexuales han de ser consensuadas, entregadas, en suma, cabales del erotismo; algunas personas pagan precios emocionales muy altos por experimentar con conductas que no eran compatibles con su forma de ser, sus principios y sus valores. No hay que caer en la represión ni temer la perversión, esto se facilita permitiéndote lo que quieras, rechazando lo que no quieras, siempre desde el deseo previo, de acuerdo con tu propia escala de valores y en consenso con la persona con quien estás compartiendo. A estos últimos cinco puntos, Antoni Bolinches los llama «la regla de oro en la sexualidad».

Pero sea cual sea el tipo de encuentro que tengamos, hemos de partir de una premisa inicial indispensable: cualquier intercambio sexual requiere que la interacción se establezca sin engaños ni falsas expectativas y entre personas que son conscientes de la motivación que las acerca. Antes de dar rienda suelta a nuestro deseo, tenemos que saber con claridad –y si es necesario, explicitar con sensatez– de qué va el encuentro, para bien propio y de quien esté frente a nosotras. Las reglas del juego han cambiado y por eso es importante esta consideración.

«Franco, sé que esto que hemos vivido ha sido disfrutable y enriquecedor, pero sabes con claridad que me marcho pronto al extranjero. Es difícil definir nada estando en esta situación». Roberta está por irse a terminar un doctorado a Alemania, Franco quisiera alargar la relación por lo cómodos que se han sentido este par de meses. Ambos saben que sus proyectos de vida no empatan a futuro, pero se abre la posibilidad de acompañarse en esta transición de vida y de reapropiarse de una

dimensión corporal y erótica que estaba clausurada de tiempo atrás. Roberta y Franco conocen sus historias previas, sin excesos, y están dispuestos a vincularse temporalmente y a apoyarse en el tránsito a nuevas etapas de vida.

En el lado opuesto de la represión sexual, tenemos el exceso, el cual puede generar aburrimiento y hastío. Con tanto énfasis en el tema, la sexualidad también parece haber perdido su encanto, su erotismo, como si se hubiera convertido en **otro objeto de consumo que en poco tiempo deja de satisfacer.**

No sobra insistir en que, para vivir una libertad sexual gratificante, enriquecedora y saludable, sea cual sea el caso y la ocasión, se requiere asumir **que como seres humanos no somos objetos de consumo mutuo, sino sujetos generadores y receptores de placer.** Esta premisa nos hace vernos unos a otros como personas merecedoras de un intercambio cuidadoso y enriquecedor.

Cuando este ir y venir de placer ocurre en un marco de erotismo –independientemente del nivel de compromiso de la relación y de la inquietud que pueda ocasionar una ruptura–, deja un buen sabor de boca. Por eso, aun el sexo casual puede ser una experiencia enriquecedora, un encuentro humano y no una vivencia frívola y banal. Lo contrario ocurre cuando lo que se vive es un consumo sexual despersonalizado y compulsivo que cosifica a una misma y al otro: la experiencia de vacío es efecto de esta cosificación.

El sexo gratificante –sin desmerecerlo ni despreciarlo– se puede lograr con cierta facilidad: dos personas que se gustan comparten el deseo previo, tienen cierto nivel de competencia sexual y logran una básica compatibilidad en la cama. Pero lograr transformar unas cuantas experiencias sexuales gratificantes en una **sexualidad satisfactoria** requiere sostener la experiencia a lo largo de un tiempo suficiente, como efecto de una decisión libre, para que el intercambio se convierta en una vivencia de importancia predominante y posiblemente en un vínculo emocional.

Es en el paso del tiempo que se dejan ver nuestros gustos y acomodos sexuales, y nada de esto se logra sin un acoplamiento sexual. Este, siguiendo nuevamente a Antoni Bolinches en su libro *Sexo sabio,* se cultiva con la práctica, pero también puede verse facilitado u obstaculizado por los siguientes factores:

- **Quién toma la iniciativa.** Lo ideal es que sea bilateral, sin la rigidez de *una vez tú y otra yo,* pero sí con la posibilidad de que sea armónicamente alternada.
- **Con qué frecuencia tenemos encuentros sexuales.** Lo ideal es que la frecuencia la marque el propio deseo, pero este es caprichoso y varía con el tiempo debido a muchos factores. Además, si la pareja tiene libidos muy dispares, se generará un problema de cierta complejidad, ya que tan injusto es reprimir el deseo como forzarlo si no se tiene.
- **Los rituales.** Estos se refieren al conjunto de prácticas y conductas que forman el repertorio sexual. Habrá disonancia si un miembro de la pareja es muy conservador en sus gustos y el otro más versátil e innovador; no se puede decir que unos sean mejores que otros, pero sin duda a mayor rigidez y limitación en la variedad de repertorios sexuales será más fácil caer en la monotonía y el desinterés. Hablar de qué es o no normal es muy variable, ya que generalmente es más diversa la sexualidad que se practica que la que se confiesa practicar, y más aun la que se fantasea realizar.
- **La resolución.** No es lo mismo cuando la relación culmina con un clímax satisfactorio para ambos que cuando alguno queda insatisfecho; la frustración orgásmica constante será fuente de malestares en la relación. Pero, además del logro del orgasmo en sí, la resolución incluye otro factor más: la forma en que se muestra tanto

verbal como corporalmente. Hay parejas que expresan el placer de forma muy contrastada, lo que puede traer consigo molestia y malestar.

- **La afectividad posorgásmica.** Además del antes y del durante, también importa el después: las muestras (o no) de afecto posteriores incrementan o reducen la receptividad sexual.

Durante mis años de soltería –a los 54 años y con un mejor entendimiento de tantas mujeres que quieren tener pareja y la buscan con cierta decepción–, miraba con una chispa especial a diestra y siniestra, y consentía con secreto regocijo el deseo que recorría mi mente y mi cuerpo cuando estaba cerca de un hombre que me gustara.

Algunas amigas me observaban con rareza y me insinuaban: «Para qué quieres un hombre teniendo una vida tan completa», «Qué necesidad de meterte en problemas». Una tía llegó a decirme, viéndome a los ojos: «Hija, ya no te enredes, ya viviste dos buenas relaciones. ¡Cuándo vas a madurar!». ¿Madurar? Si justamente por la madurez es que uno puede elegir sin presiones, sin urgencias y sin complacencias cómo quiere planear su vida. Además, lo que te gusta, te gusta, pero entiendo de dónde venía tanto *sainete*.

Y es que no puedo dejar de empatizar con un sector de mujeres agraviadas **por años de opresión, abuso y desilusión:** yo misma podría citar diversos sucesos de mi vida que ponen de manifiesto privilegios masculinos que nos dejan a las mujeres en una situación, no solo desventajosa, sino lastimosa también. Aun así, muchas seguimos tratando de construir a punta de prueba y error lo que nos funciona en la cama y en el corazón, desechando –entre desilusiones y espantos– lo que no nos hace bien. Seguimos así deseando encuentros eróticos y amorosos que nos den más de lo que nos quitan, que aporten satisfacción suficiente y opciones de crecimiento y placer.

No hay modo de no mencionar la típica frase **«los hombres no se comprometen»** y es que en esta larga época de transición sin duda hay mucho de eso. ¿Por qué? Las mujeres en general nos mostramos más disponibles emocional y sexualmente que los hombres, más propensas a desear el compromiso y la exclusividad, y esto –como cualquier oferta de mercado– facilita que ellos controlen mejor las condiciones de los encuentros.

Si hubiera **menos mujeres dispuestas a dar sin condición y en abundancia,** quizás agilizaríamos la transición que estamos viviendo. La abundancia de mujeres disponibles –y, en muchos casos, desesperadas– facilita a los varones quitar valor a los encuentros. La escasez y la distancia es lo que podría generar más valor a la vida sexual y amorosa para ellos. La persona más deseada (y no la más deseosa) es la que tiene más poder, de ahí que los hombres cuestionen por qué agotarse en una relación si seguro pueden encontrar algo mejor. Es desde el deseo previo, y no desde la oferta ilimitada, que se busca más el compromiso para crear un vínculo y renunciar con convicción a otras opciones. Y sí, hay más mujeres disponibles, dispuestas y deseantes –de cualquier edad, raza, clase y religión– que hombres en la misma condición.

Ya puestos los puntos sobre las íes, regreso a mi particular gusto por los hombres y comparto con aquellas mujeres que están en parecida situación una lista de aquello que nos puede dar el intercambio erótico con un hombre:

- El simple **gusto de observarlos,** con premura o con detenimiento. Indagar en su fisonomía, atender a sus gestos, descubrir sus modos; el verlos moverse, conversar, reflexionar, sentir, puede generarnos una experiencia estética. Advertir su aroma, escuchar su caminar. Hacerlos nuestro objeto de deseo.
- Recibir **su mirada** confirmante, no desde la carencia de autoestima, sino desde ese escudriñamiento discreto y, a la vez, explícitamente deseante.

- Su compañía masculina puede **conectar con nuestro ser mujer** para dejar de lado los roles de madre, hija, esposa, que pueden llegar a encasillarnos en un papel.
- El **contacto piel a piel** que alimenta. Podemos ser afectuosas físicamente a través de abrazos y caricias con muchas personas, pero el toqueteo, el contacto corporal, el sentir el roce de otra piel –más allá de la excitación– despierta nuestro cuerpo, aportándonos un bienestar general.
- Disfrutar **del cuerpo masculino.** Me cuesta entender la falta de promoción artística a la lúdica y estética exposición del desnudo masculino para deleite de quienes los apreciamos. En la cama, sin duda el preludio sexual embelesa, pero un hombre listo para una penetración sin protocolo es también una excitante provocación.
- Disfrutar de **ser el deseo del otro.** Este hecho en sí es un gran generador de deseo. Cabalgar sobre su deseo no solo puede agudizar el nuestro, sino también aumentar nuestro gozo al ver el placer de su deleite con nuestra compañía, nuestro cuerpo, nuestra conversación, nuestra simple presencia.
- **Su pensamiento práctico, concreto y resolutivo** estimula a entender la vida desde perspectivas diferentes. Su estilo más lineal y racional suma y amplía la propia mirada.
- Aun siendo mujeres fuertes, es disfrutable sentir **su fortaleza física.** La cotidiana exigencia femenina para estar a la altura en un mundo patriarcal y competitivo requiere de una postura sostenida de fuerza que termina siendo agotadora: poder «recargarnos» y sentir su solidez es un placer. Las mujeres que luchan contra la idea del «sexo débil», sepan que estoy con ellas, pero esa lucha por la igualdad no quita la profunda satisfacción de recibir la contención de unos sólidos brazos masculinos.

- Su presencia también es un reto para seguir **desbancando roles pasivos de género.** Tomar la iniciativa –en la cama y en la vida– es una invitación a ver sus reacciones, conocer, conocerlos y reconocernos. Rastrear su sorpresa, sumar a su vida y, al final, de alguna forma, desafiar lo establecido e intercambiar el timón en las diversas facetas de nuestro existir.
- Y qué decir de todo el **juego erótico,** esas palabras, miradas, sonrisas, gestos, decires y roces que son un baile delicioso. Con o sin encuentro sexual, la seducción y sensualidad son muy estimulantes y pueden atravesar las otras dimensiones de nuestro ser –la intelectual, la corporal, la social, la actitudinal–. En resumidas cuentas, el intercambio erótico aporta vitalidad.

Si bien estas afirmaciones parten de mi experiencia personal y también profesional como terapeuta, te invito a abrirte a la posibilidad de experimentar el gozo sexual. Sobra decir que las parejas heterosexuales empiezan a dejar de ser la norma: codo a codo, compartimos con amigos, familiares, colegas que viven diversidad de intercambios amorosos –homosexuales, bisexuales, poliamorosos y demás–. De cualquier modo, es evidente que somos tanto más flexibles en funciones y aficiones de lo que nos enseñaron nuestros abuelos, así que, intuyendo que lo que he experimentado yo y algunos consultantes les ocurre a otras personas con sus propios objetos de deseo, dejo abiertas las preguntas sobre cuáles de estas afirmaciones aplican a otras preferencias sexuales, cuáles habría que dejar fuera de la lista y qué tanto más sería necesario añadir. No me considero la persona más experta para desarrollar y precisar el tema, por eso he excluido diversas posibilidades erótico-amorosas en este texto.

Pese a que la equidad entre géneros y la libertad personal van siendo una conquista, es inevitable que en la intimidad se produzca cierta incertidumbre y ambivalencia: ¿me desea o no?, ¿se quedará o se irá?, ¿acaso le soy suficiente?, ¿esto nos funcionará o nos llevará a la disolución? Quizá el anhelo perdido de esa complementariedad engolosinadora es, en palabras de Eva Illouz en su libro *Erotismo de autoayuda,* una añoranza del patriarcado, y no por la dominación en sí, sino por la cohesión de los vínculos emocionales que implicaba.

Sin duda, el patriarcado es un **sistema desigual** basado en relaciones de recíproca dependencia que, al tiempo de los costos que conlleva, ha generado claridad en los roles de género, así como perdurabilidad desde esas mismas dependencias. La conciencia y ejercicio de los propios derechos permite un despliegue de potencialidades antes impensables, pero, con todos los beneficios que esto acarrea, implica muchos más procedimientos –negociaciones y consentimientos– que en algún sentido **debilitan la chispa del erotismo y la sensualidad;** a veces pareciera que estamos elaborando un convenio más que planeando una aventura o construyendo un amor.

Por eso, antes de encontrarme con Peter, mi pareja actual, experimenté durante algunos años lo que yo llamo **«amores de entretiempo».** No todos, y mucho menos siempre, estamos dispuestos, disponibles y listos para un amor de larga duración. ¿A qué me refiero con este tipo de amores? A todas esas **experiencias erótico-afectivas que se dan en un marco de respeto, sin proyectar un futuro común** (aunque a veces se deseara), y que incluyen desde un encuentro sexual casual hasta una relación amorosa que se intuye temporal. Se distinguen de una aventura fugaz y banal –que simplemente da salida a un impulso sexual– porque favorecen el crecimiento, incluyendo el autocuidado y el cuidado de los demás. Estos amores permiten reconocer nuestro cuerpo y sus deseos, explorar nuestra dimensión erótica, descubrir nuestro potencial sexual, descartar prejuicios e ideas erróneas del erotismo y del amor, intercambiar placeres y disfrute y, sin duda, llevarnos alguna decepción propia del amor (de las que excluyo las experiencias de abuso y maltrato, que solo lastiman el cuerpo y el corazón).

En el plano más amistoso, también pueden sumar a nuestra tarea de distinguir errores del pasado y recuperar la confianza, de compartir actividades y rebotar ideas, entender más las relaciones hoy, aumentar nuestra autoestima, acompañarnos durante un trayecto y retomar las riendas de nuestra vida. Todo esto, vivido con conciencia, paciencia y cuidado, nos permite también ubicar el modelo amoroso en el que se quiere y se puede vivir.

El erotismo que se da en los amores de entretiempo, si bien **incluye la sexualidad, es más que la pura corporalidad,** por eso nos conmueven y transforman; nos implican ser vulnerables, íntimas, develarnos y arriesgar algo con y por el otro, por lo que generan incluso cierto temor. Y sí, en el lapso en el que transcurren se pueden generar enamoramientos, a veces imprevistos, por lo que **la claridad es un tema nodal en este tipo de intercambios.** Recuerdo cuando uno de mis hijos, tras terminar una relación amorosa, empezó a salir con una mujer interesante y divertida con la que disfrutaba de la interacción. Pasados tres meses de convivencia, ella le preguntó: «¿Contemplas en tu futuro casarte y tener hijos?». A su respuesta –«Eso hoy no lo sé»–, ella le dijo que se retiraba porque se estaba empezando a enamorar de él y –aun sin tener mayor prisa de contraer matrimonio– era claro que él aún no sabía lo que deseaba para sí mismo en el futuro.

A diferencia de este ejemplo, en el que fue ella quien decidió retirarse, en las relaciones heterosexuales suelen ser las mujeres quienes buscan eternizar la relación, cambiar al otro e incluso reformar casos perdidos a costa de ellas mismas. **Las mujeres apostamos más por el amor** y cuando creemos que lo hemos encontrado, luchamos por transformar lo que no nos gusta, cosa que –si bien es algo imposible, en cualquier caso– en las relaciones de entretiempo no vale la pena ni cuestionar ni negociar.

El problema de esto es que la persona que se empeña demasiado por una relación sin entender la naturaleza de esta, o sin intuir el verdadero interés de la persona con la que se encuentra, puede sentirse usada como un puente que solo sirve para llegar a otro lugar.

¿A qué se deben estos casos de sobreesfuerzo de una de las partes de la relación? A la falta de experiencia y madurez, a la distorsión de la naturaleza de un encuentro de entretiempo, a las creencias erróneas sobre el amor y, a veces, a una exacerbada necesidad de este. Así, las personas que funcionan como puentes terminan sintiéndose usadas, impotentes, incomprendidas, injustamente tratadas, resentidas e insuficientes. Del mismo modo puedo afirmar que hay personas que prometen, mienten y manipulan para experimentar sin cuidar al otro y salirse con la suya, gente tóxica y abusiva que tarde o temprano desaparecerá del escenario de forma descuidada.

Para tener una mayor claridad, te comparto las nueve condiciones indispensables para que funcione un amor de entretiempo:

1. **El otro es un sujeto, no un objeto.** Las personas con quienes nos involucramos no son objetos de uso y abuso para nuestro placer, son sujetos.
2. **Usamos el consenso.** No abusamos, engañamos, manipulamos, chantajeamos, mentimos o ignoramos la necesidad del otro.
3. **No nos autoengañamos.** Nos comprometemos a entender nuestras motivaciones, deseos, temores y emociones personales, y estamos dispuestas a cuestionarlos, así como a compartirlos cuando sea necesario.
4. **Visibilizamos el poder.** Este siempre genera privilegios y ventajas, y quien lo ostente, siempre tendrá más responsabilidad en la relación.
5. **Somos responsables.** Asumimos nuestro poder, las decisiones que tomamos y las consecuencias de estas, para nosotras y para los demás.

6. **Buscamos la proactividad.** No somos pasivas confiando en que el otro se hará cargo de nuestro bienestar, sino que somos activas en cuidarnos a nosotras mismas.
7. **Reconocemos el límite.** Si nos sentimos inseguras entre lo que podemos controlar y lo que no, es mejor retirarnos y/o pedir ayuda profesional.
8. **Podemos desear un amor duradero, pero, si no se consolida, no es un fracaso.** Una relación puede ser valiosa por muchos más motivos.
9. **No necesitamos justificarnos de más, ni encontrar grandes razones para vivir un amor de entretiempo.** El sexo es bueno, el placer igual. Si se transforma en afecto, qué bueno, y si evoluciona en amor, también. Pero si esto no ocurre, y has trabajado en tu autoestima (como hablé en el capítulo 3 «¿Valgo o no valgo? ¿Puedo o no puedo?»), tu mundo no se derrumbará.

Activar cualquiera de las opciones que he planteado en este capítulo requiere introducirnos al **mundo lúdico del coqueteo y la seducción.** Sobra aclarar, a estas alturas del camino, que no es lo mismo la seducción que la sexualidad. La seducción es la estrategia por excelencia para crear un clima que facilite ese primer contacto y se sostengan los posibles intercambios posteriores también. De hecho, **la seducción es el ritual interactivo en virtud del cual una persona es capaz de provocar en otro interés en general, e interés erótico en particular.** Por eso es tan importante aprender a seducir bien, con estilo y con calidad, ya que la seducción no es manipulación ni engaño para conseguir tener relaciones sexuales o cualquier otro objetivo. Seducir tampoco es excitar, para eso suele hacer falta poco, en especial en el caso de los hombres, donde bastan unas piernas y entrever un escote; a las mujeres, históricamente menos entrenadas, puede hacernos falta algún estímulo más completo, pero no hay otras diferencias. La seducción es un modo de interacción, es un querer gustar al otro para que se fije en uno, o, mejor dicho, se sienta atraído por nosotros, y de esa manera nos permita introducirnos en su vida, en su memoria, en sus futuros proyectos.

En mi libro *Celos. ¿Amar o poseer?,* escrito en coautoría con Rafael Manrique, afirmamos que **podemos amar en solitario, pero no podemos seducir en solitario,** porque seducir es relacionarnos. De la seducción puede resultar la creación de un vínculo entre dos personas que, hasta ese momento, no estaban unidas; dos personas entre las cuales no existían puntos de intersección, ni coincidencias, ni de encuentro. En un baile en el que se pone en juego el conjunto de la personalidad, el seductor se propone a sí mismo como objeto de vinculación personal y erótica. Por eso, seducir es creer en la importancia de la palabra, del atractivo personal, de la integridad, del deseo y del placer, y lograr así que el otro se fije en uno. **Seducir es poner a nuestro servicio nuestros atributos personales:** la simpatía, el don de gentes, la capacidad de verbalizar, la inteligencia creativa, para acercarnos a los otros y resultarles atractivos.

Cada persona tiene sus diversos atributos y los pone en marcha en el juego de la seducción. Es justamente **en el manejo de estas diferencias donde reside el estilo, el toque, la elegancia, así como la singularidad de la seducción;** no existen dos seductores iguales, por eso podemos hablar de «estilos» diferentes en función de la personalidad del sujeto seductor, o, más exactamente, de las personalidades implicadas en el juego seductor. Estos distintos matices se configuran según donde se centre más la capacidad de expresión de la persona seductora: en lo erótico (lo masculino y lo femenino, lo atractivo, lo sensual); lo corporal (la fortaleza, la distinción, la belleza); lo actitudinal (simpatía, decencia, agresividad, bondad, positivismo); o lo intelectual (capacidad verbal, información, cultura, reflexión). Para que un intento de seducción sea eficaz necesitan juntarse dos variables que lo faciliten: una depende del emisor y otra del receptor, y ambas están condicionadas por muchos factores que hay que conocer si queremos influir en el interlocutor. Como no podemos controlar todos los factores, trataremos de conocer las estrategias para usar con eficiencia nuestros atributos personales y encauzarlos con eficacia.

Todo ritual seductor tiene su parafernalia y nosotras vamos a construir la del nuevo concepto de la seducción. La típica seducción tradicional, la machista, se apoya en la preeminencia masculina y la subordinación femenina; en cambio, **la nueva seducción,** la alternativa, la equitativa, se fundamenta en el principio de **simetría interactiva y la igualdad de derechos.** Hasta ahora eran los hombres los seductores y las mujeres las seducidas: los hombres enamoraban y las mujeres eran las enamoradas. A partir del nuevo código de relaciones menos sexistas, la seducción dependerá de la coincidencia de atracciones recíprocas y el enamoramiento se dará como un sentimiento compartido. Para iniciar un intercambio seductor, la impresión producida por los primeros acercamientos favorecerá que quien nos interesa se disponga a mirarnos, a escucharnos, a sentir curiosidad por nosotras, en primera instancia, y a interesarse en nosotras, en un paso posterior. De aquí la importancia de entrenarte en algunas habilidades sociales que facilitan que los encuentros sean gratos, más relajados e incluso eficaces, y para ello he de hablar de la seducción en el sentido más amplio de la palabra.

Seducir y ser seducido exige olvidarnos de las maneras convencionales de hacerlo, exige el artificio que se realiza con algunas estrategias particulares, aunque la capacidad de seducción no se basa en ellas mismas, sino en cómo se usen. Esta seducción relacional conlleva la capacidad de **disfrutarse a una misma y de ofrecerse al otro para ser disfrutada.** Supone también poder disfrutar con la otra persona sin pretender cambiarla. Y es en ese proceso de intercambio donde se establece un vínculo de mutualidad, de una cierta pertenencia, aunque no en la vigilancia o la posesión.

Aunque la seducción resulte algo natural a ciertas personas, también **puede ser aprendida** y esto es muy importante de tener en cuenta. En la danza seductora existe un cierto simulacro y un cinismo inocente, ya que ambos, seductor y seducido, insertos en esa danza, son conocedores del tipo de interacción que se está produciendo entre ellos. Este conocimiento es condición imprescindible para que exista una seducción gozosa y no un ejercicio de maldad, engaño o torpeza.

¿Cuáles son los elementos que se pueden aprender y nos ayudan a seducir? Veamos, a modo de ejemplo, algunos de ellos.

Despertar el interés es diferente a forzar el contacto. La presión, la insistencia y la demanda excesiva no funcionan. A veces hacer un cumplido sincero y sencillo genera una sensación positiva, dando al mismo tiempo una salida que no haga al otro sentirse atrapado. Puedes decir algo como: «Estoy por irme, pero no quería partir sin decirte que me llamó la atención la forma en que te ríes». Llamas la atención, despiertas interés y marcas un límite a tu presencia. Un escote puede encender el deseo sexual, pero lo que comienza la seducción es un gesto, una mirada, toda esa intención dirigida hacia la persona que nos atrae. Pocas cosas nos generan tanto placer como sentir que le atraemos a alguien más, que somos el deseo del otro.

No se trata de impresionar con la apariencia, sino con la esencia, la cual se expresa en la manera de comportarnos y manifestarnos. Sin embargo, de poco sirve la esencia si no sabemos transmitirla con la apariencia.

Para transmitir quiénes somos se requiere **ser auténtica,** entendiendo la autenticidad como sinceridad, integridad y nobleza. Si actuamos desde la falsedad, no sabremos si nos aceptan por lo que somos o por lo que aparentamos, lo cual no solo crea contradicción, sino que genera duda sobre no ser merecedora del éxito y poder ser «descubierta» en cualquier momento.

Asimismo, para expresar la esencia, se requiere también cierto **don de la palabra.** Tener algo que decir (inteligencia). Querer compartirlo (determinación). Ejercitar la conversación (voluntad). No se trata de hablar mucho, sino de hablar bien.

Lo aburrido jamás resulta seductor. Si bien la seducción está en el territorio del juego, ese juego no puede ser irrelevante. Lo que se comunica al otro ha de tener alguna importancia, alguna relevancia.

La seducción es una acción que **se vive en la alegría.** Crea y transmite placer, gozo y diversión. Una relación divertida nos hace estar pendientes, concentrados en ella. A veces, encontrar algunos puntos de afinidad facilita generar conversaciones elocuentes e interesantes, y lo mismo ocurre al dejar ver diferencias que resulten curiosas e intrigantes para la otra persona. No se trata de pretender que en todo se asemejan, ni tampoco perturbar en demasía con las distinciones, pero sí de converger en algunos temas de mutua coincidencia e interés.

La seducción ha de **generar cierta intimidad.** Para ser creíble y despertar interés, hay que mostrar algo de una misma. Un cierto intercambio de debilidades, sin excesos, lo hace estimulante, significativo; de lo contrario, estaríamos en una cena de negocios que informa solo datos duros. Mostrarnos un poco y pedir a la otra persona que nos comparta algo de su interioridad genera conexión. Esta intimidad ha de ser graduada: ni demasiado pronto, ni mucha información. Ser sincera, pero sensata.

La seducción **no intenta modificar al otro,** menos aún controlarlo; por el contrario, se le muestra que en ese momento es un ser único y como tal se le trata, lejos de verlo como un mero objeto ante el cual una se exhibe y se pavonea. El otro es un sujeto único.

La seducción **es interactiva,** es decir, ha de darse un intercambio. El otro ha de ser invitado a participar en esa acción. Por tanto, al seducir se lo integra en una conversación, en una acción. No es dar clase, ni sentar cátedra; es involucrar al otro, intercambiar información, miradas, sensibilidades.

La actitud de **víctima mata la seducción.** Las víctimas producen lástima e incluso enojo, pero no seducen. Si una quiere seducir ha de mostrarse responsable y activa frente a su vida y circunstancias. No culpar a los demás de sus desgracias, sino asumir la responsabilidad de las propias acciones. La suerte está ligada a la actitud.

Ser positiva. Detectar el lado bueno de las cosas (que siempre existe), encontrar soluciones asequibles a los problemas, preferir la acción al lamento, y el fracaso a la frustración. Cometer errores y aprender de ellos. Equivocarse y rectificar. Es más, saber reírse de una misma y de ciertas situaciones desafortunadas da cuenta de la seguridad personal. El humor genera estados de positividad y te libera de estar muy al pendiente de impresionar y perder la brújula; además, el sentido del humor practicado es una herramienta para acercarse a los demás con mayor ligereza.

La eficacia personal. Es el estado de aplomo ante la adversidad y de capacidad resolutiva. Toda conducta coherente, toda experiencia adecuadamente integrada y todo fracaso bien digerido son elementos que nutren el nivel de confianza en las propias posibilidades. Ser eficaz es vivirse como agente proactivo de la propia vida.

La apariencia física es fundamental. No se trata de ser una persona guapa o fea según los criterios convencionales, me refiero a cómo se para una en el mundo: cuando vivimos de forma gozosa y creativa, cuidamos nuestro aspecto y tratamos de gustar, lo conseguiremos.

Seducir requiere de cierta **proximidad física.** El seductor roza, toca levemente, de forma no sexual. El contacto físico comunica la capacidad de acercamiento e interés por el contacto. La frialdad física transmite distancia y el temor de acortarla. Un suave roce con la mano permite mostrar que no se teme al contacto físico, sino que se está abierta a él.

El seductor ha de ser capaz de **generar estados emotivos** de relativa intensidad, emociones lo suficientemente fuertes que den relevancia a la interacción y resulten conmovedoras. El contagio emocional nos ha permitido sobrevivir como especie: reírnos, entristecernos, conmovernos por algo, sensibilizarnos ante alguna situación. Para esto la música, las luces, los olores, las conversaciones emotivas, facilitan la sensibilización. Seducir es más fácil cuando se activan sensibilidades y afectos.

Toda relación de seducción tiene que **suponer un riesgo medido,** una incertidumbre para ambas personas. No hay nada menos atractivo que un triunfo seguro, un vínculo obtenido de antemano, sin ninguna duda. Esto no significa tener al otro colgado permanentemente en «la cuerda floja», pero sí en la incertidumbre natural que se da en toda relación. Se trata de mostrar interés, claro, pero mostrarte exigente también.

Poner límites al otro también genera atracción. Al seducir, una no se derrite por el otro. Al contrario, ha de sostener una cierta oposición, ha de plantearse una distancia «crítica». Aunque la persona te llame la atención, incluso te interese, no has de mostrarte dispuesta a pagar cualquier precio. Primero asegúrate de que le intereses a esa persona y que ella sea oportuna para ti. De lo contrario, te mostrarás como alguien necesitada, capaz de estar con quien aparezca primero. Los límites invitan a explorar, a ir más allá. Si una es totalmente permisiva o tolerante en exceso, deja de ser deseable.

Pocas cosas seducen más a las mujeres que detectar que el esfuerzo que han tenido que hacer ellas para **superar la injusticia histórica de su subordinación** a los valores masculinos también empiezan a hacerlo algunos hombres dispuestos a mantener relaciones enriquecedoras desde la igualdad. Las mujeres que han madurado gracias a su esfuerzo no quieren a hombres inmaduros, reacios a su pereza o aferrados a sus privilegios patriarcales.

La seducción tiene un **matiz transgresor.** Se ha de poder invitar al otro a vivir una cierta rebeldía, algo, si se quiere, un tanto «vergonzoso». A veces proponer un plan concreto que implique desafiar horarios, proponer un segundo encuentro en un lugar menos concurrido, pedir el número telefónico para interrumpirlo en horas laborales, incluso plantear la posibilidad de una escapada de interés. La corrección política es eso, correcta, pero no seductora.

Crecer en la dimensión erótico-sexual es una de las tareas más desafiantes de la vida humana. El tema del erotismo, el coqueteo, la elección, puede seguir abordándose desde muchas más perspectivas, pero sin duda estamos en una transición en donde no existen –ni existirán– esquemas amorosos claramente trazados. Antaño bastaba ser hombre o ser mujer para entender claramente cómo proceder y en qué posición nos correspondía colocarnos en la vida –y en la cama–. Hoy hay que fortalecernos internamente, correr riesgos medidos, disponernos a cuestionar prejuicios limitantes, desbancar creencias añejas, experimentar, caernos, aprender de sopetón y repuntar. El buen amante no nace, se hace; así que aplícate –conversa, consulta, experimenta, cuestiona, transgrede y aprende–, porque lo sexual sí importa.

CAPÍTULO 11

¡YO NO QUIERO TENER UN MILLÓN DE AMIGOS!

11.1. La necesidad de contar con amistades de verdad

En el mundo convulso, hiperconectado e individualista en el que vivimos, la amistad se ha convertido en un ancla indispensable para el apoyo, el disfrute y el bienestar. Es posible que las personas nunca hayamos sido tan dependientes del vínculo de la amistad como hoy; tanto es así, que el creciente interés por este tema se deja ver en novelas, series de televisión y películas que giran en torno a ella.

Vivimos en una época que nos ofrece más opciones de vida, diferentes caminos y más libertades. Nuestro mundo en transformación nos permite mayores procesos de emancipación y de elecciones respecto a la forma de vivir nuestra existencia; por esto, hoy más que nunca, la autonomía emocional y la independencia económica son importantes. Pero la vida más individual –a diferencia de antaño, cuando vivíamos en pequeñas tribus y comunidades cerradas, las cuales nos generaban una sensación inmediata de pertenencia– nos lleva a construir una identidad a partir de procesos más complejos que pasan no solo por la pertenencia a un contexto que nos acoge, sino por la tarea de fortalecer intencionalmente nuestra relación con los demás.

Es más, parte importante del entendimiento de nosotras mismas y de nuestra construcción como sujetos libres y autónomos tiene que ver con la relación que entablamos con los otros. Somos seres interdependientes y nuestro desarrollo está ligado con el entorno social y cultural: nuestro crecimiento se favorece con la modificación de las formas de pensar, actuar y operar de las diversas personas y organizaciones que nos rodean. No sobra decir que en un siglo en que las relaciones de pareja se han tornado tan inciertas y frágiles, **las relaciones de amistad cobran un significado especial al no requerir de leyes ni de contratos,** y como dice una canción popular «No tiene horarios, ni fecha en el calendario». Cuando se vive a profundidad, la amistad es el amor que con más gratuidad se entrega sin un fin concreto, pues se alegra, simplemente, de la compañía mutua. Marina Garcés, filósofa española, nos dice en un artículo de *El País* que: «De Aristóteles a Simone Weil, del *Gilgamesh* a la serie *Friends,* amigos son aquellos que no se utilizan unos a otros, aunque pudieran hacerlo».

Es en este escenario que las amistades –sobre todo las redes de amigas– se vuelven un refugio fundamental: un lugar donde muchas mujeres encuentran el apoyo, la escucha y el buen trato que a menudo no tienen en sus vínculos amorosos. Por eso es importante pensar en la amistad no como una relación de segunda importancia, sino con la misma seriedad que el amor.

Hablar de amistad es reflexionar sobre algo que, si llega a faltar, tarde o temprano se cobra factura en el cuerpo, en la mente y en el ánimo. Nadie puede cruzar las grandes alegrías ni los grandes dolores solo, aunque lo intente. Y si bien durante décadas nos han vendido a la pareja como el lazo central de la vida, una y otra vez, en consulta y en la vida real, he podido observar otros escenarios.

Cuando la vida se resquebraja, teniendo o no pareja, quienes aparecen con un hombro para apoyarnos, con sopita para nutrirnos, con mensajes para acompañarnos y con pañuelos para llorar son las amigas y los amigos. Por eso quiero dedicar este capítulo a la amistad: cómo la vivo, la observo y la trabajo en terapia; por qué es tan importante, cómo cambia con los años, qué le está sucediendo con las redes sociales y la virtualidad y lo más importante: **qué necesitas hacer tú para tejer y sostener buenas amistades.**

Para mí la amistad es una relación afectiva entrañable entre dos o más personas que se da en distintas etapas de la vida y en diferentes grados de importancia y trascendencia. Es una relación elegida y relativamente estable entre personas que se reconocen como pares, donde hay apoyo mutuo, confianza, cariño y cierta continuidad. No hay contrato legal, ni sangre de por medio, ni jerarquía formal; lo que hay es la decisión de acompañarse, apoyarse y, claro, disfrutarse y divertirse. En las relaciones amistosas, las personas se eligen creando un vínculo que las contiene en las subidas y bajadas de la vida y se ofrecen sostén emocional y disfrute conjunto.

Las personas somos seres sociales, nos necesitamos unos a otros. Nadie es totalmente independiente, por más autonomía emocional y libertad económica que conquiste. Somos seres interdependientes, por eso –sin generar relaciones tóxicas– hemos de elegir nuestras dependencias: en la familia, en el territorio del amor y en nuestros grupos sociales. **Las buenas amistades son benéficas para el alma y el cuerpo.** Cuando estás con alguien cuya presencia te hace bien, tu cerebro libera oxitocina (que facilita el vínculo), dopamina (que te da placer) y disminuye el cortisol (generado por el estrés). La amistad, literal y clínicamente, te protege.

Un verdadero amigo te mira como eres, te reconoce, te acepta y, de alguna manera, te hace saber que le importas, que puedes contar con él y que quiere abrirte la puerta de su vida, así como poder ser parte de la tuya. La amistad no implica que nuestras relaciones amistosas sean perfectas, ni eternas, ni libres de conflicto, pero sí vínculos que amortigüen los golpes de la vida, subrayen las alegrías y den sabor, crecimiento y color a la cotidianidad. Pero ni toda compañía es amistad, ni todo vínculo intenso es sano; de ahí la importancia de **distinguir las amistades que nutren y las amistades que exprimen y lastiman,** para cuestionar si vale la pena continuarlas o si, por el contrario, no compensa sostenerlas por el simple hecho de que siempre hayan estado ahí.

Me gusta imaginar a los amigos formando parte de nuestro *sistema solar relacional,* es decir, un sistema donde nos colocamos en el centro –somos el sol de nuestro propio sistema– y alrededor de nosotras giran, en diferentes órbitas y distancia, nuestras relaciones sociales. El movimiento de estos planetas es flexible y dinámico, por lo que pueden moverse de órbitas y cambiar su velocidad a lo largo de nuestra vida; **incluso pueden abandonar nuestro sistema solar.**

Las buenas amistades son **libres y elegidas mutuamente,** nadie está en un vínculo amistoso por obligación, ambas partes conservan una vida propia sin entrar en celos infantiles con los otros tipos de vínculos que cada una mantiene. Las amistades son **recíprocas,** esto no implica repartir equitativamente los minutos, los favores o los regalos; puede ocurrir que en ciertas temporadas una de las partes se entregue más porque la otra está en duelo, se encuentre enferma o esté en plena crianza de hijos.

Incluso ocurre que una persona puede darnos un tipo de cosas –compañía, atención, sostén–, mientras que nosotros entreguemos algo diferente acorde a nuestra personalidad y circunstancias –consejo, distracción, favores concretos–; lo importante es que, viendo el vínculo amistoso en perspectiva, no se sienta que siempre es una de las partes la que llama, escucha, acompaña y apoya, en tanto que la otra solo recibe y desaparece cuando le toca dar. Así, el cuidado es mutuo, pero es eso, **cuidado, no control,** ya que acompaña sin asfixiar; quien requiere controlar a sus amigos da cuenta de un apego inseguro y de un miedo a no ser suficiente.

Un buen amigo o amiga es alguien con quien **te puedes abrir y compartir cosas delicadas** sin el temor a que lo use en tu contra o para tener poder sobre ti. Tampoco lo develará si así se lo pides, aun si la relación se tensa o llega a terminar. Y claro que una buena amistad no solo te da por tu lado, también puede **confrontarte** para ayudarte a crecer; pero, como siempre digo, una puede ser sincera, pero debe ser sensata: no toda verdad, y menos dicha de forma descuidada, tiene que ser compartida. Por el contrario, pensar en voz alta con el estandarte de ser honesta y hacerlo por «el bien del otro» puede ser innecesario y lastimoso. Las amistades maduras justo se ubican en la línea media, haciéndote saber lo que consideran importante, valorando tu punto de vista y aceptando tus decisiones.

Una buena amistad **se alegra de tus logros** y te sabe acompañar en tus alegrías sin envidia, porque tu gozo no lo vive como amenaza, sino como una experiencia a compartir. Pero no somos ángeles, somos humanos, y podríamos sentir cierto resquemor al no tener lo que la otra persona tiene; ese malestar puede trabajarse de manera personal sin convertirlo en sabotaje, crítica o indiferencia hacia ti o hacia tu amistad. Del mismo modo, la buena amistad **sabe poner límites** y decir «hoy no puedo», «este tema me sobrepasa, mejor pide ayuda profesional», o bien, «aquello que hiciste me lastimó». Porque el fin de la amistad no es fungir como terapeuta de guardia, ni como mamá de tiempo completo, menos aún como cajero automático emocional o material: saber dar y saber decir no es esencial para que la amistad florezca y se conserve en el tiempo. Poner límites oportunos y constructivos no es traicionar la amistad, es protegerla.

En un mundo de parejas frágiles, las amistades se han convertido en la **columna vertebral de la vida.** Cuando una relación amorosa se rompe, muchas personas se quedan sin pareja, sin proyecto de vida y, a veces, sin red de apoyo. Es común constatar que son muchos quienes sacrifican a sus amistades al dar prioridad a su pareja. Si este es tu caso, además de cargar de más a tu pareja y de negarte el gusto de compartir con amigos, en caso de terminar, experimentarás la soltería como un desierto.

Por eso, cultivar, conservar y disfrutar de las relaciones de amistad es una inversión afectiva a largo plazo, tengas o no una relación de pareja. En ocasiones, es hasta que se vive un rompimiento amoroso que se valora la amistad como un recurso vital que amortigua los golpes de la vida, y no como un bonito accesorio más: poder desahogarte, compartir tu dolor una y otra vez y salir de los encierros en pijama son formas de acompañamiento que te facilitan reconocer partes olvidadas de ti, ampliando la visión que tienes de ti misma y aumentando también tu mundo de posibilidades.

¿Cómo puedes incorporar esto a tu vida? Cada una lo hará con su propio estilo: proponiendo escapadas, integrándose a nuevos grupos, reconociendo sus habilidades y proyectos, recapitulando lo que sí ha conquistado en la vida, ampliando el sentido de identidad que tenía antes, durante y después de la pareja (su humor, su inteligencia, sus gustos, sus proyectos), para integrar la experiencia de la ruptura en su totalidad. En síntesis, las amigas te ofrecen otras miradas que en la relación de pareja pudieron haberse convertido en puntos ciegos.

Una buena amistad, además de valorar tus virtudes y recursos, también te ayuda a reconocer patrones viciados, creencias erróneas y autoengaños. Los amigos te acompañan a lo largo de la vida y te confirman que **estar sin pareja no significa vivir sin red afectiva,** pero más allá de esto, las amistades también ayudan, como lo mencionaba, a no sobrecargar la vida de pareja (si la tienes). Si sostenemos todo nuestro mundo afectivo alrededor de la pareja, esta se saturará. Tener buenas amistades reparte la carga, los temas, los sinsabores y los triunfos: habrá cosas que hables con tu pareja, otras con tus amigas y otras con algún terapeuta si, a pesar del acompañamiento amistoso, no puedes salir de algún atolladero. Con redes de apoyo se vive y se respira mejor: tener buenas amigas y buenos amigos es una de las grandes defensas naturales contra la soledad destructiva, la depresión y la desesperanza. Además, te coloca en otro rol: no solo serás la persona que necesita que la sostengan, sino también la que sabe sostener.

No hemos de olvidar que las amistades, así como el amor, no son estáticas: se mueven, se actualizan, envejecen, es decir, se transforman en el tiempo. Por eso resulta infantil decir «amigas por siempre» o «nunca cambies», porque con ese pensamiento también puede llegar la sorpresa de que alguna de nuestras relaciones amistosas cambie y deje de ser lo que fue. Pero es que hay que entender que las relaciones de amistad también surgen en situaciones concretas, y cuando esas situaciones se transforman, ciertos vínculos se modifican, se reajustan o incluso se diluyen. **La amistad cambia contigo, con tus etapas vitales, con los territorios que habitas dentro y fuera de ti.**

Por ejemplo, durante la infancia y la adolescencia, los amigos tienen mucho que ver –aun en este mundo hiperconectado– con la proximidad física: viven en la misma calle, van a la misma escuela, comparten juegos y aficiones. En la adolescencia, las amistades se vuelven casi sagradas: el grupo de amigos define estilos, rebeldías, música, ropa, pertenencia. Son vínculos intensos, dramáticos y a veces absolutos, y si bien no siempre es cierto, en ese momento se experimentan así; tanto es así que la influencia de los pares, en esta etapa de la vida, tiene mucho más peso que la autoridad de los padres, lo cual puede generar conflictos en la familia. No puedo olvidar, en mis años de secundaria, la amarga experiencia de tener una querida amiga, a quien sigo recordando con afecto, a la que mis padres temían por una serie de prejuicios personales; romper la relación con ella por la presión paterna y por rendirme a su obediencia es de las pocas experiencias que me queda en el tintero con el deseo de reparar.

Si seguimos con la línea de la vida, en la juventud temprana, la amistad se organiza mucho alrededor de la universidad, de los primeros trabajos, de las fiestas, de los viajes, de esos proyectos que nos unen. Estas amistades tienen muchas afinidades, y con ellas se comparte tiempo y energía: de aquí surgen amigos y amigas que, si se cuidan a lo largo del tiempo, pueden durar décadas o toda la vida.

Pareciera que entre los treinta y cuarenta años –etapa de hacer pareja y familia, así como proyectos laborales de cierta magnitud– se descuidan ciertos grupos de amigos, pues entre atender a los hijos, cuentas por pagar, padres que envejecen, exigencia laboral, el poco tiempo y el enorme cansancio ponen a los amigos en otro lugar. Suele abundar la frase «nos queremos mucho, pero difícilmente coincidimos», dando esto como resultado la construcción de nuevas amistades alrededor de los proyectos que emergen, así como cierto distanciamiento de algunos amigos que sentimos en otro canal. Eso no implica que esas relaciones no sobrevivan, pero requiere intensión y esfuerzo continuar su asiduidad.

Si saltamos a la segunda mitad de la vida, de los cuarenta y tantos hacia delante –cuando empieza la muerte de los propios padres, la terminación de algunas relaciones de pareja, el reacomodo del cuidado de los hijos jóvenes, el vislumbre de un retiro laboral, incluso la llegada de ciertos achaques o alguna enfermedad–, pareciera que las personas hacemos un reajuste en la organización de nuestros tiempos, valores y actividades, y con ello, del lugar que ocupan nuestras amistades. Las personas, al ir madurando, somos más conscientes del rápido correr del tiempo y de la congruencia con la que queremos vivir, así podemos sacar de nuestro sistema solar los vínculos que se han tornado pesados –amistades que juzgan, relaciones unilaterales, personan que solo nos demandan–, dejando cerca solo a la gente que nos respeta, nos aporta y con quienes podemos ser nosotras mismas.

Un mito es que los verdaderos amigos solo se hacen en la juventud, porque la realidad es que en la etapa de madurez también se construyen amistades nuevas –en cursos, en terapias grupales, en viajes, en círculos de lectura, en proyectos recreativos o laborales, en espacios espirituales–. Llegamos a estas relaciones con más historia, más criterio y, también, más necesidad de vínculos genuinos. No hay ya interés de perder el tiempo en compromisos superfluos, relaciones vacías y espacios que generan tedio o incomodidad, pues contrario a lo que puede pensarse, la edad tiende a incrementar, no a reducir, nuestras habilidades sociales. En general, la madurez nos vuelve más tolerantes, flexibles y versátiles, y nos permite construir –con algún esfuerzo– grupos de conocidos, compañeros y colegas con los que compartir intereses comunes. Y lo mejor es que nunca deja de sorprender el disfrute de estas amistades, porque cada una, con un recorrido vital andado, suma sorpresa, disfrute, crecimiento y contención al trayecto que nos falta por caminar. Actualmente me encuentro en esta etapa de la vida, **eligiendo a quien quiero querer y dejándome querer por quienes me quieren.**

En este sentido, deseo mencionar de manera especial la amistad entre mujeres, sin negar que, la amistad entre hombres, así como las amistades mixtas, tengan sus gracias, su lugar y su valor. Pero ante el fenómeno de transición que seguimos viviendo las mujeres de cara a la sociedad patriarcal –con el consecuente impacto que esto tiene en las relaciones de pareja–, las amigas están siendo un espacio de acompañamiento y disfrute que tiene un toque particular.

En mis encuentros con amigas, en grupos de trabajo y en las redes sociales, de pronto se deja ver la fuerza de las amistades entre mujeres de todas las edades: tanto mujeres maduras que ante el fin de una relación de pareja alimentan sus redes de amigas como de las mujeres más jóvenes que desean periodos de soltería porque están cansadas de estar con hombres que les dan más dolores de cabeza que disfrute y paz. Y es que de una u otra forma, muchos hombres llevan a cabo conductas que refuerzan la masculinidad convencional, y con mayor o menor grado de conciencia, tienen acciones y prácticas que no suman a las mujeres de hoy. Como dice una amiga soltera por convicción: «Los hombres no están a la altura».

Este fenómeno se ilustra en la literatura también con autoras que escriben sobre la amistad entre mujeres. Por mencionar a algunas está Elena Ferrante en *La amiga estupenda,* Fátima Casaseca en *Afectos secundarios* y *Cuentos de amigas,* selección y prólogo de Laura Freixas. En el mundo del espectáculo también se ve: ahí tenemos a Rosalía, cantautora española, que, de momento, ante los hombres parece decir «paso». En 2025, afirmó en una entrevista para *El País:* «Estoy soltera y siguiendo un celibato voluntario. No hay espacio para *crushes* ni fantasías románticas que me distraigan de mi presente creativo». Así vemos cómo las relaciones entre mujeres, sin ser un sustituto a las relaciones de pareja, se yerguen con una estabilidad y continuidad tal que son –para un cada vez más grande colectivo de mujeres– la raíz de su mundo afectivo.

De ahí la importancia de la **sororidad,** que, en palabras de la escritora y periodista peruana, Gabriela Wiener, es la amistad entre mujeres que ni siquiera son amigas, es decir, un pacto de base. La sororidad empieza en el espacio de sumarse a otras mujeres desde la conciencia de haber vivido experiencias comunes y de hacer frente –en la rebeldía, en el cuestionamiento, en la desobediencia– a uno de los clichés machistas más irritantes y persistentes: que las mujeres no conocemos la lealtad mutua. «En películas y series estamos hartas de ver que entre nosotras somos unas *bitch* (perras, en inglés). No se corresponde con la realidad».

La **familia elegida,** la interdependencia, ha existido desde que surgieron las comunidades humanas. Tampoco es algo que se da solo entre mujeres, pero es en el feminismo donde adquiere una dimensión política. Cuando hablamos de feminismo, pensamos en la fuerza –resultado de la unión entre mujeres– que se convierte en una potencia transformadora.

Pero bueno, ni todas las amistades son para siempre ni todas se quedan en el mismo lugar con el paso de los años. Esto es algo que debemos de asumir con paz. Algunas cumplen una función en la etapa de vida que estamos atravesando, otras son de largo aliento, otras son intensas y cortas –como el fuego–, pues prefieren arder que durar, y unas cuantas, con el paso del tiempo, dejan de brillar.

No es fracaso que una amistad cambie o termine. Fracasar sería quedarse atada a vínculos que han cumplido su ciclo, que te drenan o que te aburren, ya sea por miedo, por costumbre o por culpa de tener que soltarlos. De ahí la importancia de valorar a los amigos, poniéndolos en un estatus menos romántico y etéreo para poder mantener su amistad mientras se pueda actualizar y disfrutar, y, en su momento –quizás con dolor–, dejarla ir.

En el libro *Amiga mía,* Raquel Congosto, escritora madrileña, narra la fractura de una amistad intensa entre dos mujeres y el duelo que deja una separación no amorosa, pero igual de devastadora que un rompimiento de pareja. La voz íntima –dirigida muchas veces a la amiga ausente– recompone escenas domésticas, gestos mínimos y malentendidos que, sumados, erosionan el vínculo de amistad: la maternidad, los cuidados desiguales, los celos sutiles, el desacomodo cuando una crece y la otra no al mismo ritmo. Este libro pone el tema de la amistad en el centro –con esa seriedad que solemos reservar al amor–, y es ideal para quienes queremos nombrar lo que a veces no sabemos explicar cuando una amiga se vuelve pasado.

Quien no ha vivido rompimientos amistosos dolorosos –por mentiras, desencantos y rechazos– que nos hacen experimentar una desazón profunda y tener que atravesar un duelo para superarlos desconoce las profundas huellas de abandono y de traición que puede dejar en nuestra vida el perder una amistad. Y es que los amigos y las amigas llegan a ser verdaderos amores y pilares fundantes en nuestro existir, así que una ruptura de este tipo, sin ser de pareja, no deja de ser un golpe a nuestro corazón. Tampoco hay duda de que existen situaciones en que el desvanecimiento de algunas de nuestras relaciones amistosas se da de a poco con el correr del tiempo, transformándose en contactos esporádicos, lo cual no implica que se les deje de atesorar con alegría, agradecimiento y profundo cariño, incluso que pudiesen resurgir en momentos de alguna coyuntura vital, aunque en el presente las ubiquemos en un lugar distinto del que ocuparon ayer.

Para algunas personas, por su historia, sus circunstancias concretas y sus rasgos de personalidad, hacer y sostener amistades puede ser un desafío que no saben, a ciencia cierta, cómo abordar.

Este es el caso de las **personas introvertidas,** quienes responden diferente a los estímulos, incluso a los estímulos sociales. Explicaré este concepto con peras y manzanas: según Susan Cain –escritora, autora y consultora estadounidense, conocida principalmente por su obra *El poder de los introvertidos*– un tercio de las personas se sienten más vivas y capaces de acometer sus metas y satisfacer sus deseos y necesidades en solitario. Recargan su energía en el silencio y en los encuentros calmos y entrañables.

Cain afirma que, para las personas introvertidas, contar con unos cuantos amigos les es suficiente, gozoso y ciertamente necesario. No obstante, agrega que en la cultura occidental contemporánea se ha instalado el **ideal extrovertido:** la creencia de que la persona ideal es conversadora, brilla en sociedad y se desempeña bien en grupos. Para Cain, este ideal se ha vuelto tan dominante que la introversión se ve como defecto, problema o rasgo a corregir, de ahí que millones de personas introvertidas intenten actuar como extrovertidas, agotándose y dejando de aportar su mejor versión al mundo.

Pero la introversión –que no es sinónimo de vergüenza e incapacidad de entablar relaciones– es una forma legítima y valiosa de estar en el mundo, tan común y normal como la extroversión, pero profundamente infravalorada. La introversión así entendida es una preferencia por las interacciones más de uno a uno, o en grupos pequeños. La introversión se diferencia de la timidez, que más bien es miedo al juicio social y la ansiedad frente a la evaluación de los otros. De uno u otro modo, el hecho de socializar implica un reto para muchas personas, pero esto no significa que les angustie o les disguste la gente.

La tesis de Cain afirma que la introversión/extroversión no es una etiqueta rígida, sino un continuo: la mayoría se mueve a lo largo del espectro, con ciertos rasgos predominantes, y también hay ambivertidos con rasgos de ambos atributos. La autora retoma investigaciones de la biología, la psicología y la neurociencia y deduce que la introversión tiene componentes innatos y temperamentales: diferencias en la sensibilidad del sistema nervioso, en la reactividad a estímulos, en circuitos de recompensa, etc. Por eso, lo que para un extrovertido es una fiesta animada, para un introvertido puede ser un bombardeo sensorial. Sin duda, los introvertidos, para desarrollar encuentros sociales, no han de intentar convertirse en extrovertidos, pero sí ampliar su repertorio, saliéndose de su zona de confort, aunque sin perderse. No se trata de *cambiar de bando,* sino de equilibrar y reconocer que **una sociedad sana necesita tanto la energía expansiva del extrovertido como la profundidad reflexiva del introvertido.** Y que cuando dejamos de forzar a los introvertidos a actuar todo el tiempo, se libera una cantidad enorme de talento, creatividad y humanidad.

Las tecnologías han cambiado también nuestra forma de vincularnos, incluida la forma de hacer amigos. En mi caso, la tecnología me ha ayudado a conocer gente y a sostener relaciones de valor. De ahí la importancia de no descartar *a priori* la posibilidad de activar nuestros **vínculos sociales** a través del chat y la mensajería instantánea, considerando todo lo que las redes sociodigitales han aportado a ciertas relaciones, por ejemplo, mayor grado de confianza y afinidad. Internet cada día demuestra sus enormes posibilidades como otro medio para comunicar a las personas entre sí, sin minimizar el abuso de quienes pretenden estar conectados evitando el proceso humano –con sus delicias y sus tensiones– que implica el contacto en la vida real.

En su momento, el correo electrónico fue toda una revolución, puesto que hizo mucho más constante la comunicación entre personas, además de ser un medio de interacción a bajo costo. Recuerdo cuando vivía fuera de México y saboreaba los intercambios epistolares con mis amigos, incluso los acuerdos laborales con colegas gracias a esta forma de comunicarnos.

Los ciberespacios en general –redes sociales, foros, chats, blogs y la mensajería instantánea– han facilitado el acercarse a gente nueva que comparta tus mismos gustos y aficiones; además, proporcionan una distancia segura antes de promover un encuentro físico. No sobra decir que algunas relaciones cibernéticas, que ni se consolidan ni sustituyen a una amistad personal, pueden hacernos aportes de suma relevancia en tanto que producen algún tipo de compañía, generan reflexiones diferentes, muestran otras realidades, promueven un intercambio de ideas, aportan novedad y aminoran, en ciertas circunstancias, la sensación de vacío y soledad.

Quizás esto es particularmente notorio entre las personas que se insertan dentro de la comunidad LGTB+, quienes encuentran en grupos de amigos y espacios virtuales la aceptación y respaldo que a veces no experimentan en sus familias y con otras personas. Las redes sociales más famosas en México son Facebook, Instagram, TikTok y X. En estos espacios virtuales es posible interactuar con otras personas, compartir aficiones e intereses, intercambiar opiniones y mostrar lo que piensas y lo que te gusta.

Asimismo, se puede hacer uso de blogs o páginas para chatear con amigos, compartir fotos y archivos, o inscribirse a un club virtual donde se realicen intercambios con otras personas que compartan algún interés. Todas estas opciones nos facilitan pertenecer a alguna red social cibernética si sabemos hacer un uso oportuno y constructivo de ellas.

No hay duda de que las redes sociales cibernéticas suman a la amistad: mantienen el hilo de amigos que viven a la distancia, facilitan reencontrar personas de quienes perdimos el radar y crean, como he dicho, espacios de afinidad. Pero recuerda que una red social no existe solo en internet; no desprecies estas herramientas, pero tampoco seas rehén de ellas. No olvides que afuera hay un mundo que te espera, y que el espacio cibernético nunca lo podrá sustituir. Muchos amigos en la red puede significar poca profundidad. Además, el cuerpo importa: la mirada directa, el abrazo, el silencio compartido, el reírse juntos; todo esto alimenta tanto al cerebro como al corazón.

Al buscar redes de amigos, el tema de la discriminación puede ser un factor determinante en la manera de relacionarte con los otros. Es importante cuestionar **tus prejuicios** con la finalidad de tener una red más amplia y diversa de amistades que enriquezca tu vida. Con frecuencia, nos centramos en las diferencias con los otros, particularmente en las referentes a lo físico, la clase social, la ideología y el color de la piel; sin embargo, en mi trabajo con grupos, al utilizar algunas dinámicas colectivas, he descubierto que es mucho más lo que nos une que lo que nos separa de los demás. Alguna vez en la vida hay que abrirnos a la posibilidad de cuestionar los estereotipos que nos rigen y desafiar algunos prejuicios para, de ese modo, elegir a las personas con quienes queremos estar. Si ampliamos nuestras percepciones, también ampliaremos las posibilidades de crear círculos sociales significativos y de conocer personas diversas, lo que redituará en una mejor vida social y en un mayor equilibro personal.

Probablemente deseas dar el paso, pero ¿qué te limita? Por lo general, deseamos conservar el bienestar que surge del amar, del querer, del vivir y convivir, en la vida individual, de pareja, familiar y social. Esto se logra mediante la creación de relaciones humanas significativas, de la colaboración que de estas surge, lo cual, en la base, requiere la formación de **redes de apoyo.**

La mayor parte de los dolores y sufrimientos son culturales: pregúntate en dónde te duele la vida y verás que, en general, el cuerpo duele menos que el alma. La vida duele en los espacios donde **nos sentimos invisibles, no miradas, no queridas o aceptadas por los demás,** y en donde no se nos reconoce como personas. La sensación de ser invisibles puede ser devastadora, ya que nos hace vivir, de algún modo, el desamor. En el fondo, lo que mueve a los humanos es la necesidad de ser reconocidos, aceptados y acogidos; este requerimiento humano existe desde el origen de nuestra especie.

Ser valoradas, el que se tomen en cuenta nuestras aportaciones al grupo, el ser requeridas en algunos espacios sociales, son elementos claves para nuestro bienestar. Quien no se reconoce no es reconocido, por lo cual sufre y hace sufrir. Las personas que tienen activada una buena red de amigos gozan de muchos beneficios, entre ellos, corren menos riesgo de morir prematuramente, poseen un sistema inmunológico más fuerte, gozan de mejor salud mental, no solo viven más, sino con mejor calidad de vida, atraviesan mejor los problemas y se deprimen menos. ¿Podrías agregar otras ventajas tú también?

El mundo en el que vivimos nos ofrece cientos de alternativas para generar bienestar y salud: productos de consumo, medicamentos, viajes, etc., pero son los verdaderos contactos humanos los que tienen un valor terapéutico inigualable. Date la oportunidad de constatarlo por ti misma.

El pertenecer a redes sociales de carne y hueso te permitirá beneficiarte de diversas formas: aprenderás a relacionarte más y mejor, reconocer la importancia de la influencia del otro en la definición de tu identidad, facilitará tu conexión e interrelación con otros y experimentarás un ambiente de libertad, aceptación y respeto.

Algunas personas se dirán: «Bien, sí quiero pertenecer a algún grupo, pero no sé cómo iniciar la interacción, carezco de las habilidades para hacer los primeros contactos y después para crear más intimidad con los demás». Esta es una preocupación válida porque no todos tenemos las mismas competencias para relacionarnos debido a muchos factores –varios los citamos en el primer capítulo de este libro–, pero aun y con nuestras limitantes, todos podemos practicar ciertas estrategias que nos faciliten acercarnos a otras personas.

Hacer amistades siendo adultas puede sentirse extraño. Hay quienes experimentan miedo al rechazo, sensación de que todas las personas ya forman parte de algún grupo, creencias como «a esta edad ya no se hacen amigas de verdad», incluso reviven «traumillas» derivados de amistades anteriores.

Lograrlo no siempre es fácil, pero es posible; requiere de acciones, no solo del deseo. Reconstruir amistades incluye, por lo general, tres etapas: en la primera puedes estar tan fuera de juego o tan herido por experiencias anteriores que evitas a amigos del pasado, a menos que sean lo suficientemente confiables como para no sentirte en riesgo con ellos. Después empiezas a tomar el riesgo de generar encuentros con algunas personas, aun cuando temes el rechazo o el aburrimiento. En este punto, checa si los estereotipos creados en tu mente te hacen rechazar ciertos encuentros. Finalmente, te vas sintiendo a gusto con gente –alguna nueva, alguna ya conocida– y descubres que todo marcha bien, que puedes relajarte y disfrutar de los demás con menos temor al rechazo y con mejor manejo de ti misma. Esta experiencia puede tornarse difícil para gente que se ha cambiado de localidad, que acaba de atravesar un divorcio que la tenía cautiva, o por sus propias características de personalidad.

Normalmente, en consulta escucho las preguntas: ¿cómo hacer amigos?, ¿dónde encontrarlos?, ¿con quién salir? Vale la pena que, al inicio, el foco social sea conocer gente variada y confiar en que, con el paso del tiempo, alguna persona puede convertirse en un buen amigo o, incluso, si eres soltero, en tu pareja. Sea cual sea tu orientación sexual, es necesario aprender que se pueden desarrollar relaciones amistosas cercanas con alguien del sexo que te atrae eróticamente, sin que estas tengan tintes románticos o sexuales.

Para encontrar amigos, es fundamental tomar en cuenta la primera impresión que recibimos de la otra persona. Las primeras semanas de las relaciones interpersonales tienden a ser determinantes para una amistad a largo plazo. Si algo va mal al principio de la amistad, tiene menos posibilidades de prosperar en el futuro.

Las decisiones e influencias de una relación interpersonal se gestan, por lo general, en los primeros minutos de conocimiento entre ambas personas. Por esto es importante cuidar la primera impresión; en ella se establece el esfuerzo que la persona está dispuesta a realizar para avanzar en su acercamiento al otro. Establecer alianzas o vínculos para protegerse frente a otras personas o determinadas circunstancias es un factor determinante para el disfrute y el bienestar.

Las amistades están relacionadas con las alianzas; así, van tomando fuerza según el valor otorgado a la alianza que se ha hecho. En pocas palabras, en una amistad una da sin esperar recibir de la misma forma en la que dimos, aunque sí esperamos –y de alguna manera sabemos– que, en caso de necesitarlo, nuestro amigo estará para nosotras también. Esto es muy claro cuando un amigo acompaña a otro en una enfermedad terminal, donde ambos se ven beneficiados, aunque el enfermo ya no tendrá la oportunidad de pagar el favor; aun así, es invaluable lo que durante la enfermedad compartirá. Además, al hacer algo por un amigo, no solo cuenta el valor de lo que se hace, sino el sentimiento de bienestar y el amor que produce apoyar y acompañar.

Hay amistades que surgen rápidamente por **afinidades descubiertas y disfrutes compartidos,** pero, por lo general, consolidar una amistad requiere cultivarla cuidadosamente: intercambiar afecto, simpatía, confianza y discreción, tener un interés genuino por el otro y que este se prolongue en el tiempo. Por estas razones, las amistades sólidas no se logran de la noche a la mañana.

Basada en lo anterior, aquí te comparto nueve sugerencias para hacer más simple el inicio y la consolidación de una relación amistosa:

1. **Mantente abierta.** La amistad depende de compartir y responder mutuamente. Si hay una afinidad básica, te manejas en forma abierta y respetas tus sentimientos y los del otro, lo más probable es que recibas una buena respuesta.
2. **Interésate sinceramente por los demás.** Por lo que hacen, lo que desean, cómo viven y qué disfrutan.
3. **Trata a las personas con quienes te encuentras como futuros amigos.** Con amabilidad, sana curiosidad y camaradería.
4. **Detecta las cualidades positivas de los otros.** Si ves lo positivo en quienes te rodean, reconocerás también tus recursos y te relacionarás desde ahí.
5. **Realiza actividades que te interesen.** Inscríbete a cursos, talleres y clubes. Viaja, ve a eventos sociales, deportivos y culturales. Lo más probable es que en esos espacios encuentres gente con quien puedas compartir inquietudes, gustos e intereses comunes.
6. **Mantente atenta a las opiniones ajenas, sobre todo cuando sean diferentes de las tuyas.** No esperes siempre opiniones parecidas a lo que piensas, aprende a escuchar al otro con respeto y curiosidad.

7. **Recuerda que siempre es mejor pedir lo que necesitas que esperar a que el otro lo adivine.** La asertividad es un modo de mantener vital y fluida una relación y de no acumular resentimientos: algunas veces una pide y el otro da, y en otras ocurre al revés.
8. **Construye relaciones de amistad aunque tengas pareja.** No pongas todos los huevos emocionales en la misma canasta, porque las canastas se sobrecargan y los huevos se pueden romper.
9. **Trabaja en sentirte a gusto contigo misma.** Eso te dará la seguridad de ser apreciada y disfrutada por otros, como tú disfrutas de tu propia persona también.

Si estás genuinamente interesada en una persona para iniciar una amistad, empieza por enviar mensajes sutiles que hagan que quiera acercarse. Estas vibraciones o mensajes incluyen un sinfín de conductas: movimientos corporales, tono de voz, contacto visual, forma de vestir y otras maneras sutiles que reflejan cómo te sientes. Si te muestras excesivamente necesitada y desesperada, la gente preferirá poner distancia.

Las habilidades sociales que facilitan acercarnos a la gente y crear relaciones, si bien son recursos innatos en algunas personas, también son estrategias que pueden desarrollarse. El objetivo de trabajar en ellas no es solo hacer un primer contacto con los demás, sino desarrollar la capacidad de establecer vínculos con otra persona de manera que su mundo de ideas, sentimientos y pensamientos pase por tu persona; y, del mismo modo, tu mundo de ideas, sentimientos y pensamientos atraviese al otro, para bailar, metafóricamente hablando, una especie de danza que los una.

Así como con la falta de ejercicio y con la edad los músculos se atrofian, hacer amistades es algo que se pierde si lo dejamos de ejercitar. Ya vemos el impacto que tuvo la pandemia en la salud mental de las personas que carecían de relaciones de valor. Por otro lado, es importante recordar que la gran estrategia de las relaciones humanas **no es la vigilancia, la presunción, la posesión, la compra o la persecución del otro.** El secreto para hacer amistades es la seducción en el sentido más amplio de esta palabra, entendida como el deseo y la intención de resultar interesante a otra persona de manera que elija establecer contigo algún tipo de relación, para que te elija como amiga entre muchas otras personas. El seductor cautiva pero comparte, es tierno y atento con el otro, y busca atención para sí al tiempo que se olvida de sí mismo para comprender al otro.

Si bien en el capítulo anterior ya hablamos de la seducción erótico-afectiva, **seducir** es también un buen recurso para hacer amistades, ya que implica desplegar la propia personalidad para lograr que el otro se fije en nosotras, se vincule y que también podamos ser parte de su vida.

Para lograr esto necesitas invertir **tiempo, actitud, creatividad** y, en ocasiones **dinero,** pero vale la pena porque es la manera más confiable de despertar auténtico interés en la persona a quien quieres interesarle. Más que coartar, perseguir, comprar y controlar al otro, al seducir te ofreces a ti misma como objeto de vinculación personal en un intercambio en el que se pone en juego toda tu personalidad.

Seguro el contenido de las **estrategias** que utilices para hacer amigos variará dependiendo del tipo de vínculo que quieras crear con la otra persona (colega, cliente, amigo, incluso amante), pero, en el caso específico de las relaciones amistosas, estas acciones te facilitarán el acercamiento y la aceptación de los demás. Algunas **puertas de entrada** para el primer encuentro –y también para sostener un interés genuino después– pueden ser tratar al otro como un ser único que no tiene por qué cumplir todas tus expectativas. **Evita sermonearlo;** por el contrario, escúchalo y hazle preguntas, pues ambas cosas son una muestra de interés. No seas totalmente permisivo; saber **poner ciertos límites** al otro genera interés de su parte. Ábrete para lograr **cierto nivel de intimidad,** muestra algo de ti misma, algunas de tus debilidades, pero sin dejar de asumirte responsable y activa frente a tu vida. Lo **aburrido no genera amistades;** en cambio, las conversaciones interesantes posibilitan que el primer encuentro no sea también el último. Disfruta el momento, crea y transmite **placer, gozo, diversión.** Si bien tu **apariencia física** es fundamental, no te obsesiones. Busca sentirte cómoda con tu físico; si lo vives de forma gozosa y creativa, y cuidas tu aspecto, lo conseguirás. No temas la **proximidad física.** Acerca tu oído a la otra persona, tómala del brazo al cruzar una calle; la apertura física también favorece la apertura emocional.

Como ves, para llevar a cabo esta tarea es necesario salirse un poco de lo convencional y de lo previsible. Esta forma de acercarnos a los demás es **lúdica,** implica disfrutarse a una misma y ofrecerse al otro para ser disfrutada. Atrévete a dar el primer paso: pasar de ser una conocida a colocarte como una posible amiga implica un pequeño acto de valentía: «Me interesa tu punto de vista. ¿Te gustaría que nos echáramos un café y seguir esta conversación otro día?». Alguna vez te dirán que no, pero también de ese modo vas detectando quién tiene ganas de construir y quién está cerrado a un nuevo encuentro.

No dejes de revisar **lo que te dices a ti misma,** pues hay creencias internas que bloquean cualquier intento: «Ya es tarde para hacer amistades profundas», «La gente solo se acerca cuando quiere algo». Esto no implica que niegues tu historia, pero sí que te preguntes si tus creencias te protegen o más bien te aíslan de los demás.

Suma mucho integrarse a espacios compartidos como clases, talleres, diplomados, grupos de lectura o de ejercicio; proyectos de voluntariado u otras iniciativas comunitarias; y los espacios artísticos, culturales, espirituales, siempre facilitan un primer encuentro montado en intereses comunes que abran, de inicio, conversaciones de valor. La clave es darte permiso de permanecer por algún tiempo en estos espacios, interesarte por el grupo e ir conociendo a sus integrantes: ten la certeza de que con alguno habrá afinidad.

Finalmente, a veces no necesitas un nuevo grupo, sino desempolvar vínculos que ya existen: esa compañera de trabajo con la que compartes el sentido del humor; una vecina con la que te quedas clavada platicando cuando se encuentran; una amiga de antaño de la que te fuiste alejando porque la vida las distanció. Un «te extraño» o un «¿cómo estás?» pueden reactivar lazos que siguen vivos, aunque se hayan adormilado por la rutina.

En un mundo donde la pareja es frágil, donde las familias cambian de forma, donde los trabajos no son para siempre, las buenas amistades son una de las mejores inversiones afectivas y de salud mental que podemos hacer. La amistad no borra el dolor, pero cambia radicalmente la experiencia de atravesarlo acompañada. No quita la enfermedad, pero es contención en una sala de espera. No paga la renta, pero da perspectiva y ánimo para seguir trabajando. No resuelve el divorcio, pero sostiene tu dignidad mientras reconstruyes tu vida. Y para esto no basta un «me gusta». Te invito a revisar qué tipo de amiga eres, a agradecer y a cuidar a quien hoy te sostiene, a soltar amistades que realmente no lo son porque te restan, y a dejar la puerta entreabierta a nuevas personas y, con ello, a nuevas historias de amistad.

CAPÍTULO 12

AMAR POR SEGUNDA VUELTA

12.1. CERRAR, LLORAR Y DARNOS UNA NUEVA OPORTUNIDAD

La semana pasada llegó Maru a su tercera sesión de terapia. Maru tiene 37 años y lleva ocho años con Rafa: dos de novios, tres viviendo juntos y tres de casados. Se queja de que no sabe si seguir con él o dar por terminada la relación. Al igual que en las dos sesiones anteriores, no cesó de decirme lo mucho que él la decepciona: «No me escucha, muy pocas veces noto que se interesa en lo que le digo. Ni qué decir cuando se trata de decidir qué hacer el fin de semana. ¡Sus amigos siempre están primero! Aun cuando ya hemos organizado algo, si uno de ellos llama, hemos de acceder a sus peticiones y luego, si nos queda un huequito, hacer lo nuestro». Escuchaba atentamente a Maru sabiendo que, en la primera inhalación que interrumpiera su desconsolada queja, yo me metería de voladita y le diría: «Maru, me queda claro que estás harta, entiendo también por qué estás harta, sé claramente desde cuándo estás harta. Pero ¿qué tendría que pasar para que estés "harta de estar harta" y decidas hacer algo diferente de lo que vienes haciendo de dos años para acá? Solo actuando distinto puedes esperar que ocurra algo diferente también».

Maru piensa que es de las pocas personas indecisas que atraviesan en silencio esta experiencia de desasosiego, pero la realidad es distinta. Cada semana, muchas personas me contactan en mis redes sociales para preguntarme si deben iniciar, terminar o continuar con una relación. La mayoría de ellas están atrapadas en un fuerte malestar amoroso sin saber para dónde tirar. Percibo que la insatisfacción sentimental tiende a ser una constante entre hombres y mujeres, homo y heteros por igual. Y así, mientras los casados piensan que el amor se encuentra en otro lado, los solteros creen que su «media naranja» ha de estar por ahí esperando un fortuito encuentro, y otras tantas personas van de desencuentro en desencuentro, dudando de que el amor exista y renegando por los desencantos que padece su corazón. Los territorios amorosos se han transformado a gran velocidad en lo que va de este siglo: en la actualidad, son altas las posibilidades de que una relación de pareja acabe en separación. Si bien más del 90% de las personas que se casan tienen el deseo de que la relación dure para toda la vida, las estadísticas comprueban que cada año hay un 1% menos de matrimonios y casi 6% más de divorcios en nuestro país. En Estados Unidos, cuya tendencia vamos siguiendo, solo 3 de cada 10 matrimonios se salvan y la mitad de los que se separan lo hacen en los primeros años de la relación. De las parejas que permanecen juntas, cabría preguntarnos **¿cuántas se sienten satisfechas con su relación?**

Actualmente, las relaciones de pareja responden al momento histórico que vivimos: hoy nadie se casa pensando –como en un pasado no tan lejano– en producir, reproducirse y sobrevivir. Las mujeres, que antaño no tenían más opciones de vida que el matrimonio –o el convento–, han sido activas promotoras de esta transición: su despegue y despliegue en los espacios públicos hace que busquen acompañarse y disfrutar con su pareja, en vez de someterse y vivir en la abnegación. Producto de la aparición de la píldora anticonceptiva y de la revolución sexual se ha dado un desacoplamiento entre sexo y reproducción, incluso entre sexo y amor, cuyo efecto es una alta expectativa de disfrute y satisfacción en la dimensión erótico-amorosa. Sumado a lo anterior, con el rampante avance de la ciencia y la tecnología, podemos vivir más, renunciar a menos cosas y aspirar a más confort, convirtiendo el tradicional «hasta que la muerte nos separe» en una cada vez más cuestionada posibilidad.

En el caso de nuestro país, aproximadamente el 20% de los mexicanos se encuentra ante el dilema de irse o quedarse en una relación, estado que produce mucha incertidumbre y sufrimiento. Los matrimonios que rompen suelen tardar seis años en tomar la decisión. Cuando experimentamos la sensación de estar en el «limbo» y nos paralizamos sin saber qué hacer, nos preguntamos si existe un camino más corto para resolver el dilema y salir de tal situación. Otros piensan que la forma de encontrar la mejor solución es sopesando lo bueno y lo malo de la relación, sin darse cuenta de que este camino solo perpetúa una evaluación sostenida sin fin. La evaluación constante en tu mente es un autoengaño de que estás haciendo algo por encontrar la respuesta, pero al final se repite el ciclo de la indecisión, aumenta el distanciamiento y la ambivalencia dentro de la relación. ¿Qué sí es eficaz para recorrer este camino de duda y tomar una decisión? Te presento algunos pasos que me han sido útiles en lo personal y en lo profesional para recorrer este proceso de terminar o continuar en una relación de pareja:

1. Antes que nada, **reconoce cabalmente tu malestar,** no te autoengañes y acepta que estás en una encrucijada

amorosa; sé consciente del tiempo que has pasado llevándolo a cuestas. No lo minimices, solo dale cabida. Reconoce que quieres pasar menos tiempo con tu pareja, que conversan menos y que lo que comparten es de poco valor. Seguramente sientes poco deseo de tener sexo con ella y notas que la convivencia se ha convertido en algo rutinario lleno de rituales y frases corteses.

2. **Detecta el ciclo de la indecisión.** Este comienza con un momento de calma seguido por una lenta acumulación de tensión y malestar. La insatisfacción acumulada explota en una discusión o crisis. Generalmente, después de esta explosión puedes sentir remordimiento y miedo, seguidos por otro periodo de cuestionamiento de si te vas o te quedas, el cual disminuye con el tiempo hasta que regresa de nuevo la rutina. Al poco tiempo se vuelve a acumular tensión e inicia de nuevo el ciclo. Este patrón ocurre en todas las parejas, pero entre quienes dudan de irse o quedarse se da con más frecuencia y mayor intensidad. Tras «apagar el fuego» temporalmente, la pareja se queda con una experiencia de resignación, de más ambivalencia y de mucha frustración.
3. **Cuestiona qué es importante para ti,** cómo quieres vivir, qué valoras tanto en tu vida que no podrías renunciar a ello. Distinguir lo que es realmente valioso para ti (más que lo que hace o no hace tu pareja), te permitirá luchar por conservarlo o lograrlo. No se trata de que la pareja te dé todo lo que necesitas, sino que tú, al tener claro lo que valoras, deseas y necesitas para que tu vida tenga sentido, lo cuides y lo trabajes. Quizá lo valioso para ti es el respeto, la libertad, la vida pacífica. Tal vez lo es tu crecimiento profesional, la vida familiar, tu salud emocional. Ahora sí, haz una lista de lo que es requisito *sine qua non* para continuar la relación. Seguramente el enojo que tienes con tu pareja es porque algo que es muy importante para ti no tiene cabida en tu relación.

4. **¿Qué necesito hacer para vivir como quiero?** Distingue qué depende de ti para que tus básicos estén en tu vida y qué depende del respeto y apoyo de tu pareja. A veces no queremos dar los primeros pasos para satisfacer nuestras necesidades y esperamos que sea el otro quien adivine y llene nuestras carencias. Nos da miedo incluso validar nuestros deseos: tememos que nuestra pareja nos juzgue, incluso nos asusta que nos haga algún señalamiento si nos equivocamos al tomar acciones que pensábamos oportunas. La vida en pareja ha de abrir puertas, pero no esperes que tu pareja adivine: pide y negocia. Lo que sí es válido esperar es que te respete, y en la medida de sus posibilidades, acompañe y apoye tu camino personal. Si tu pareja no da cabida a tus genuinas necesidades y valores, es claro que no vale la pena perdurar.
5. **Evalúa situaciones de riesgo.** La existencia de enfermedades mentales, el abuso de sustancias como el alcohol y otras drogas, y la violencia doméstica son grandes impedimentos para continuar una relación. La violencia no solo consiste en golpear, es cualquier palabra, acto u omisión que tenga como fin controlar la conducta de la otra persona infligiéndole sufrimiento; incluye el maltrato verbal, el control económico, el abuso del tiempo del otro y el cuidado sobreprotector que no deja a la persona ser libre para tomar sus propias decisiones. No todas las personas con alguna adicción o enfermedad mental, incluso algunas que ejercen violencia, son necesariamente malas, pero sin duda requieren ayuda profesional.
6. Quizá te das cuenta de que no vives situaciones de riesgo, pero **el aburrimiento y la sequía son parte de tu vida en pareja.** No se necesita llegar a aquellos extremos para reconocer que no vale la pena una relación. Quizá ya no te entusiasma compartir con tu pareja; las

personas con el correr del tiempo crecemos y cambiamos, y a veces las relaciones amorosas pierden su razón de ser. ¿Ya lograste el objetivo que te planteaste al unirte con esa persona? Tal vez fue salir de casa de tus padres o crecer profesionalmente, quizá formar una familia o bien construir un patrimonio. Si la historia que te unió a tu pareja ya no existe –porque se logró, se agotó o se frustró–, hay que actualizar la relación con una nueva historia compartida, o bien, honrar lo vivido y saber decir adiós. Una relación pobre en el sentido de ser poco estimulante es como llevar un lastre a cuestas; sin ser peligrosa, cabalga por el territorio del aburrimiento, la falta de entusiasmo y la poca diversión.

7. **Valora las opciones** que tienes hacia delante y amplía tus posibilidades de elección. No tienes que actuar de manera radical salvo que tu integridad esté en peligro o que en tu interior tengas claro lo que quieres hacer. Si no estás segura, camina paso a paso y recuerda que tienes más de dos opciones frente a ti:

- Quedarte en la relación. Sin evadir tu malestar, sino buscando caminos de mejora y solución.
- Separarte temporalmente para ver si algo se transforma en la relación y considerar volver.
- Separarte para constatar que nada se transformó en la relación y después terminarla.
- Separarte y descubrir que quieres continuar con la persona, pero cambiando el formato de la relación: vivir en casas separadas o rehacer acuerdos económicos, por ejemplo.
- Por último, romper definitivamente, con divorcio incluido, si es que había acta matrimonial de por medio.

Entender que no tienes que tomar una decisión definitiva y extrema desde el principio te permite visualizar más alternativas. Al inicio del proceso no tienes que saber la decisión final: los cambios no se dan en un evento, sino en procesos paulatinos y sostenidos.

8. **Ten un plan de acción.** Sea cual sea la decisión que tomes, diseña una ruta crítica de lo que tienes que ir haciendo para recorrer el proceso que te acerque a una clarificación. Recuerda que los planes son para cambiarlos si, al avanzar en el proceso, obtienes información que no tenías al inicio.

Cada paso que se va dando ayuda a dar el siguiente: los pequeños cambios sostenidos hacen grandes diferencias. Es importante tener expectativas reales con personas reales para construir un buen amor. Seguir estos pasos, pero también escuchar las señales internas de tu cuerpo, será el mejor camino para tomar una decisión. Aunque dejar una relación para después de un tiempo elegir una nueva pareja y dar el paso a la construcción de un nuevo amor resulta difícil si seguimos sin poder soltar la relación amorosa anterior.

El no haber atravesado adecuadamente un proceso de duelo tras un rompimiento amoroso nos hará buscar y elegir pareja por razones equivocadas. Existe un proceso de recuperación para recorrer este camino. Este se asemeja a la escalada de una montaña en distintas etapas. Es necesario ir avanzado por pasos, al ritmo requerido por cada quien, pero ni tan despacio que la vida de pronto se nos escurra entre las manos, ni tan deprisa que cuando nos demos cuenta estemos ya liados en encuentros extraños, inconvenientes, incluso peligrosos.

Hay personas que se sienten sin fuerza para iniciar la recuperación y, aunque empiezan el camino, se detienen al menor obstáculo. Otros son seducidos en el trayecto por una relación amorosa temprana que los calma antes de haber aprendido del sufrimiento. Otros se retiran a la comodidad de su pequeño mundo y se encierran en él, solo ven pasar a la procesión que avanza en la escalada, prefiriendo no moverse de un lugar conocido y seguro, aunque incómodo. Otros más, desgraciadamente, eligen la autodestrucción que se manifiesta de mil maneras: en el abuso del alcohol, la depresión constante, en relaciones intermitentes y vacías de una noche, entre otras opciones dañinas que nunca llevan a un final feliz. Hay quienes esperan que su expareja se haga cargo de ellos, los mire y los levante. Pero hay otros que avanzan y llegan a la cima de la recuperación. Son estos quienes, estando arriba, pueden gozar del privilegio que les ofrece la conquista del propio crecimiento. En este lugar, la posibilidad de tomar decisiones autónomas y responsables abre un abanico de oportunidades para permanecer un rato en soltería o elegir.

Aunque somos seres únicos, existen patrones similares que necesitamos atravesar cuando nos divorciamos o separamos. Estos procesos son muy parecidos a los pasos a seguir en cualquier crisis de la vida, en cualquier pérdida, pero ¿cuánto tiempo durará este proceso?

Recuperarse de una separación puede variar en duración por diversas razones: las circunstancias en que ocurre el rompimiento, los años que duró la relación, las personalidades de los miembros de la antigua pareja y el tipo de familia que construyeron juntos, entre otras. Sin embargo, me atrevo a decir que en promedio hablar de uno a tres años más o menos es un tiempo más que suficiente, realista y oportuno para salir y crecer de una experiencia de separación.

Sin duda, tú avanzarás en este caminar a tu propio ritmo, pero considera que un andar pausado pero sostenido te permitirá atravesar oportunamente las distintas etapas de la ruptura amorosa. Siempre que perdemos algo importante en nuestra vida sufrimos dolor. El duelo es parte necesaria de cualquier proceso de pérdida, por tanto, es indispensable vivirlo cuando acontece un rompimiento amoroso. Lo primero que toca hacer en esta etapa es reconocer que te duele, pues el dolor es el indicativo de que algo en ti necesita sanar.

Ahora que sientes el dolor del rompimiento tienes dos opciones: despreciarlo minimizándolo y negándote a la invitación a evolucionar, o bien, usarlo como motivación para conocer quién eres y qué eres capaz de hacer para crecer. Si la ruptura te tomó por sorpresa, el shock de la noticia será bastante avasallador; si, por el contrario, tú fuiste quien tomó la decisión de terminar la relación, este impacto inicial será ciertamente menos caótico de sobrellevar, lo cual de ninguna manera significa que será fácil. La noticia también es más manejable para aquellas personas que han madurado y que, por tanto, están mejor preparadas para vivir las crisis.

En un rompimiento amoroso, además de perder al compañero de vida, se pierden infinidad de cosas: propiedades, objetos materiales, dinero, amistades y relaciones familiares, entre otras; incluso seguridad personal y confianza en el proceso del amor. Puede también haber una pérdida de la proyección a futuro: los planes se truncan, carreras profesionales compartidas se desligan y una casa que se había convertido en hogar habrá que reconstruirse. Todo este movimiento produce un desequilibrio que debilita el sentido de valía personal y, por tanto, la identidad hasta el momento conquistada.

Para aquellos que cargan con una pérdida no resuelta del pasado, el duelo amoroso puede tornarse particularmente doloroso y difícil, pues reactiva las experiencias de abandono, rechazo o separaciones previamente vividas. Son muchos otros los síntomas que puedes experimentar también en esta etapa, como cambios de humor, insomnio, falta de apetito, incluso falta de concentración y desaparición de la libido. Todos son parte natural de lo que estás viviendo, y podrás manejarlos mejor si los reconoces y admites, aceptando que son indicadores de que hay un trabajo de duelo por hacer. Sentir el dolor sin negarlo es el primer paso que dar y la forma más segura de evitar que tu cuerpo quiera expresarlo a través de síntomas psicosomáticos. Si no has atravesado esta primera etapa del proceso, te va a ser muy útil identificar las cinco fases del duelo. Mucho debemos a la doctora Elisabeth Kübler-Ross por su excelente trabajo en esta materia, quien en su libro *Sobre la muerte y el morir* nos muestra las etapas de este proceso.

- **Fase 1.** La primera reacción a la sensación de pérdida es la ***negación.*** La negación te lleva a afirmar: «Esto no me está pasando», «Si solo espero un rato, todo estará bien y mi pareja regresará conmigo».
- **Fase 2.** Conforme una empieza a aceptar gradualmente el final de la relación, se desarrolla una sensación de ***enojo.*** En un principio, el enojo se canaliza hacia dentro, haciendo que te deprimas, y luego se dirige hacia fuera contra otras personas, quizá de manera particular hacia el excónyuge. Esta ambivalencia produce sentimientos de culpa y confusión. Es importante, entonces, aprender a expresar tu enojo constructivamente.
- **Fase 3.** Al empezar a enfrentar el hecho de que la relación amorosa ha terminado, pero estando aún renuente a dejarla ir, comenzarás a **negociar** en tu interior. Esta fase es peligrosa para el proceso de separación porque puede impulsarte a regresar a la relación por motivos equivocados: evitar la soledad, por tristeza, por culpa o por promesas poco probables de cumplir. En esta fase intentas convencerte de que algo puede transformarse para continuar con la relación.
- **Fase 4.** Esta fase consiste en ***dejar ir*** la relación y se asemeja en cierto sentido a la oscuridad antes del amanecer. La depresión es característica de esta etapa, pero es una depresión distinta a la del inicio. Esta fase está llena de diálogo interno acerca del significado de la vida: ¿por qué estoy aquí?, ¿cuál es el propósito de mi vida? Es un periodo de crecimiento personal que te impulsará a construir una identidad más sólida, a encontrar el propósito más profundo de tu vida y a hacer de tu propia existencia algo significativo.

- **Fase 5.** Llegas finalmente al momento de la ***aceptación;*** aceptas con serenidad haber perdido la relación amorosa. En esta etapa empiezas a sentirte libre del dolor emocional del duelo y a vivenciar que ya no necesitas invertir tiempo ni dolores físicos y emocionales en la vieja relación. Llegado a este punto, podrás seguir el ascenso de la montaña hacia una libertad personal y una vida más plena.

Es sumamente importante transitar estas cinco fases del duelo antes de iniciar una nueva relación amorosa, de modo que la nueva pareja no sea un intento de recargarte en alguien por el temor a caminar con tus propios pies, sino un encuentro desde la libertad y el amor.

«Ay, el amor, cosa tan rara», dice la canción ochentera de Denisse de Kalafe, cantautora brasileñomexicana, y estoy de acuerdo con ella. Cuando atravesamos el territorio amoroso resulta que lo imaginábamos distinto, lo deseábamos diferente, y si bien siempre nos sorprende, engolosina y sobrecoge, al mismo tiempo nos frustra y decepciona. En el mundo occidental que habitamos, pareciera que no existe un espacio para la ambivalencia, la incertidumbre y la indecisión. ¿Qué decirles a esas muchas personas que quieren volver a habitar el territorio amoroso tras haber atravesado un proceso de duelo y no se sienten convencidas? ¿O a aquellas que desean comenzar una nueva historia de amor, pero les da miedo? ¿O a las que intentan iniciar una relación, pero no saben cómo hacerlo bien?

La mayoría de las personas, después de una ruptura, o incluso aún dentro de una relación amorosa, pensamos que sabemos lo que es el amor y luego, al paso del tiempo y con varias experiencias vividas, dudamos de todo ello. Mucha gente va sintiendo inadecuada su definición del amor al paso de los años. Es difícil definirlo porque no es algo real, tangible: es una experiencia. Metafóricamente podríamos decir que el amor es como un diamante que tiene muchas caras y puede verse desde diversas perspectivas; de hecho, podríamos decir que cada una de esas caras representa uno de los ingredientes que lo constituye. ¿Qué ingredientes serían para ti necesarios? Si asumimos esta mezcla que lo conforma, podemos concluir que no hay una definición única del amor, menos un modo único de vivirlo. Cada ser humano es diferente, eso nos hará tomar elecciones distintas en cuanto a los ingredientes necesarios para construir nuestro amor, y además cambiarlos dependiendo de la etapa de vida que estemos transitando. Una no busca lo mismo en una relación a los 25 años que a los 40, a los 60 o a los setenta y tantos.

Esto nos invita a pensar que difícilmente podemos hablar del amor; en realidad, sería más acertado hablar de amores. Las parejas, cuando se casan, tienen más o menos equilibrada la proporción de esos ingredientes –que podrían ser compromiso, confianza, deseo, cierto enamoramiento, intimidad, entre otros–, pero al paso del tiempo hay una divergencia porque no crecemos paralelamente, nos desfasamos el uno del otro, y suele observarse que muchas veces, si es imposible actualizar la relación, esta deja de tener sentido. La evolución de las personas difícilmente es igual. Por eso, aunque sea doloroso, el amor está destinado a terminarse –ya sea por muerte o por un rompimiento–. No es fácil mantenerlo, no vive toda la eternidad. Así, hemos de aceptar que el amor tiene fecha de inicio y también de caducidad, y tal vez esta sea la realidad más difícil de sortear.

En su libro *Amor líquido,* Zygmunt Bauman afirma que en este mundo de galopante individualismo y autonomía las relaciones amorosas son un golpe de suerte... ¡a medias! Así como encontrar el amor es el proyecto de vida de miles de personas que sueñan con conquistar la felicidad en pareja, es justo la dificultad de encontrar relaciones satisfactorias la que genera el miedo de amar. El dilema es claro: queremos que una relación disminuya la inseguridad que produce la soledad, al tiempo que al tenerla nos genera entre asfixia, por todo a lo que debemos renunciar, y ansiedad, por lo que tememos arriesgar. ¿La solución? Quizá más que temerle al amor habrá que aprender a tolerar la incertidumbre que implica: esa ambivalencia que se ha de sobrellevar para no ahuyentarlo antes de tiempo y luego esa necesaria insuficiencia en la que vive para no saturarlo y saturarnos en él. Y al final, en caso de que no marche la cosa, hay que seguir el consejo de Samuel Beckett: «Prueba otra vez. Fracasa otra vez. Pero fracasa mejor».

Bajo esta premisa, hay quienes argumentan que la vida actual da para tener entre tres y cuatro amores: el primero con quien se deja la casa de los padres, un segundo amor para –quienes quieren hacer familia– la crianza de los hijos, un tercero para conquistar la realización personal y un último amor para la edad madura, para recibir el invierno juntos. Por ello, en el capítulo 5 revisamos el concepto de amor con el que vivimos, dado que ese estancamiento en el amor romántico es causa de muchas tribulaciones.

Las ideas estereotipadas de lo que es el amor y lo que son las relaciones amorosas suelen estrellarse bruscamente con la realidad. Tal vez antaño, cuando la gente vivía poco tiempo y las expectativas de realización personal y desarrollo se supeditaban a la sobrevivencia, la producción y la reproducción, las relaciones cumplían sus cometidos: tener hijos, sacar adelante a la familia, crear un negocio y acompañarse el tiempo de vida que quedara de más. Hoy la pareja cumple otras funciones, se espera más satisfacción personal, la longevidad pone nuevos retos, nuevos deseos e intereses, y requerimos dejar de ver la ruptura como fracaso para, más bien, aprender de lo vivido y crecer.

La razón más aceptada para contraer matrimonio o formar pareja es estar enamorado. El enamoramiento es un estado alterado de conciencia en donde realmente no amas a la otra persona, sino a su imagen idealizada. Una imagen en la que proyectas lo mejor de ti y genera una sensación de fusión.

Cuando las diferencias caen por su propio peso, viene la desilusión, el amor sale por la ventana y la relación se disuelve, o bien, empieza la construcción del verdadero amor. El amor y el enamoramiento no son equivalentes y, por tanto, si uno deja de estar apasionadamente enamorado no significa que ya no ames a tu pareja. El enamoramiento es, por su naturaleza, temporal y ficticio. El enamoramiento acaba siempre, porque por mucho que proyecte mi mundo en el otro, el otro se moverá a sus anchas y de pronto un día una se levanta en la mañana, mira al otro y dice «Ya no estoy enamorada». Así sucede, repentina e inesperadamente. Quizá por eso una debiera enamorarse más –¿dos o tres veces en la vida?– para no tomar decisiones en función de ese enamoramiento. Y hago la distinción entre enamoramiento y emparejamiento porque, en nuestro mundo occidental, bajo el estado de enamoramiento, la gente toma decisiones demasiado importantes como casarse, tener hijos, comprar bienes, y de pronto cae en la cuenta de que, si bien ya no está enamorado, ya se encuentra casado, con tres hijos, bienes en común, con suegra y el perico en una jaula.

Hoy existen nuevos comportamientos amorosos que desafían la idea del amor total: nadie nos puede satisfacer totalmente, ni ser nuestro amigo, esposo, amante, compañero de juego, conversador, etc. Al iniciar una segunda relación amorosa, es importante reconocer tu propio estilo de amar, la historia que te cuentas de lo que es el amor y cuestionarla. Porque un amor inmaduro se asemeja a hacer algo por alguien, cuidarlo, poseerlo, nunca equivocarse y pedir disculpas, ser fuerte, ser linda y satisfacerse en todo. Es difícil deshacerse de estos patrones amorosos inmaduros. Y si nos atamos a estas ideas preconcebidas sobre el amor, aparecerán cuatro ingredientes que corroen las relaciones amorosas:

- **La dependencia,** que nos sitúa en un mundo en el que nuestra vida puede transcurrir dentro de los límites marcados por otro.
- **La fusión,** que nos sitúa en un mundo en el que la vida de dos personas es completamente común respecto a sus intereses, deseos y valores.
- **El desencanto,** que nos sitúa en un mundo en el que la relación genera aburrimiento o aislamiento del que ya solo aspiramos a escapar.
- **La posesión,** que nos sitúa en un mundo en el que una persona es un objeto para el uso de otra, lo que apenas le permite tener el poder y la autonomía que cualquiera debe tener.

El amor es siempre incompleto; el amor total es imposible. El amor adulto de algún modo siempre nos deja insatisfechos. ¿Por qué adulto? Porque se puede amar de manera infantil queriendo certezas y seguridad total. Pero ¿por qué queremos un amor sin dudas y total? Al nacer, nadie recibe un amor totalmente incondicional, pero hay quienes vivieron vínculos tempranos con sus figuras de apego primarias (generalmente los padres) más inseguros y ansiosos, así que crecen con más temores. El amor que recibimos fue como fue no porque no nos quisieran, sino porque ese era el amor que nuestros padres sabían y podían dar. El problema es que, cuando éramos niñas, interpretamos que no fuimos amadas porque no éramos suficientes, que teníamos que ganarlo y merecerlo, y así iniciamos el despliegue de una serie de estrategias para ser miradas y queridas que distan mucho de ser un verdadero amor.

El amor se manifiesta como una historia, cada pareja se cuenta historias distintas, y si ambas coinciden, pueden funcionar. Un amor romántico tiene mucha calidez, sentimentalismo y emoción. Es un amor eléctrico que envía todo tipo de emociones intensas; tiende a ser idealista y te lleva a buscar tu «media naranja», alguien con quien completarte. Ya dijimos en el capítulo 5 que este amor con frecuencia se puede estrellar con la realidad. Existe también un tipo de amor más de amistad, no es tan intenso: es más calmado, menos romántico, tal vez el erotismo y el sexo no es central, pero es más estable y respetuoso, menos demandante, más realista. Existe otro amor más comprometido que tiene que seguir normas y reglas concretas, y que más que interesarse en mucha intimidad, gusta de tener acuerdos concretos, convenientes y explícitos. Hay un estilo de amor muy necesitado que tiende a ser muy posesivo y dependiente, es muy emocional, por lo que lo vuelve inestable, celoso, inseguro. El amor práctico ve a la pareja de manera realista y decide de manera racional si la persona es la adecuada: similares en religión, ideología política, manejo del dinero, ideas de creencias sobre la educación de los hijos. Entonces se elige amar a alguien que te haga sentido. El amor altruista está más centrado en el otro y en el deseo de ayudarle a satisfacer sus necesidades; en el extremo serían mártires, pero existen auténticos amores altruistas.

De alguna manera, todos tenemos una mezcla de estos estilos, y no existe un solo estilo que adoptemos de una vez y para siempre. Entender la propia mezcla de ingredientes es muy importante cuando inicias una nueva relación. Estilos muy diferentes generarán gran dificultad en la comunicación y en el entendimiento del punto de vista del otro, puesto que las creencias básicas sobre lo que significa amar serán incompatibles. Un amor maduro se centra en un amor propio sano. Si nuestro amor está concentrado en el otro, la separación será aún más dolorosa, pues se nos habrá ido la vida mostrando a la pareja que sí éramos *amables* y, al final, el trabajo falló. Querer curar esta herida prematuramente puede promover la búsqueda rápida de un nuevo amor, confundiendo la mayoría de las veces sexo con amor. Si, por el contrario, el amor surge de un cálido fuego que se mantiene prendido en mi interior, que cuido y hago crecer, la gente que se acerque a mí se beneficiará de ese calor.

Como vemos, hay de amores a amores, así que debemos buscar que siempre se trate de un buen amor. Pero ¿qué es un buen amor?

Tal vez valga la pena compartir mi propia historia y decir que lo mío, si bien he atravesado periodos largos de soltería, es la vida en pareja. Ya sea con acuerdos abiertos o con contratos cerrados, disfruto vivir de a dos. Por ejemplo, con mi único esposo, padre de mis cuatro hijos, fuimos muy parejos en infinidad de cosas: empezamos jóvenes, teníamos educaciones similares, atravesábamos limitaciones económicas parecidas y compartíamos una ignorancia total de la vida real. Cuando estaba con Manuel, mi primer novio tras mi divorcio, ambos en nuestros casi cincuentas, disfrutábamos de varias similitudes –carreras profesionales, estilos familiares similares, gusto compartido por la comida, deseos de viajar, energía para emprender–, pero eso sí, teníamos una notable diferencia de estaturas: yo altísima, él tirando a bajito, así que caminar de la mano por la calle generaba, entre quienes nos veían, desconcierto y gracia a la vez. La gente nos miraba, bajaba la vista esperando encontrar mis pies sobre altísimos tacones, y nada, entonces cuchicheaban tratando de disimular una risa burlona que a mí me hacía sonreír abiertamente. Ahora con Peter (My Love) manejamos ritmos y rutinas diferentes; él jubilado, yo trabajando; él estadounidense, yo mexicana; él en inglés, yo en español; él en mi tierra, yo en la mía; él relajado, yo acelerada y con una vida de trabajo, familia y pasatiempos, bastante activa. Confío en que hasta aquí lleguen mis historias de amor, deseo conservar esta *para siempre,* pero tampoco vivo temiendo en exceso que se termine; incluso, pienso que, a pesar del dolor de la pérdida, podría recuperarme con uno que otro raspón.

Pero, más allá de mi vida personal, el tema del erotismo, el deseo, el coqueteo, la búsqueda de pareja, el encuentro amoroso, el reconocerme a mí misma en ese otro (y que ese otro se descubra en mí), el quiebre de los desencuentros, el mundo de los afectos amorosos –con sus gozos, sus tedios, sus placeres e incertidumbres–, la experiencia del amor intenso y profundo, de los sabores y sinsabores del día a día y el dolor del desamor y del olvido, han sido un eje central de estudio, cuestionamiento, disfrute y desespero en mi desarrollo profesional, en mi práctica como terapeuta y en el contenido de la mayoría de mis libros.

Olvidamos muchas cosas a lo largo de la vida, pero las memorias amorosas y los dolores del corazón nunca se olvidan. Saco todo esto a cuento porque, si bien vivir de a dos siempre tiene sus momentos disparejos, cosa distinta es estar con alguien, quererlo, sentir que te quiere, pero darte cuenta de que esa forma de amar no contiene las características de un buen amor. ¿Qué considero yo indispensable para vivir un amor así? El disfrute en pareja da cuenta de un buen amor, ¿de qué serviría una vida amorosa que resuelve mucho, pero disfruta poco? Disfrutar en y con la pareja no niega los momentos de tensión y los problemas de la relación, pero el placer compartido es algo que acompaña a un amor que vale la pena. Cómo disfruto momentos de silencio juntos mirando una película, o planes de comer algo rico, en un lugar rico, o de cocinarlo con un rico vino en casa también; sí, momentos llenos de deleite y placer. No solo sexuales, pero sexuales también. Ni se diga de compartir juntos ciertos espacios de convivio con amigos y familiares, o bien, caminatas –tomados del brazo– para ir descubriendo espacios nuevos, desde un callejón de nuestra ciudad hasta la vereda virgen de un paraje recóndito. El disfrute, el contento, la posibilidad de gozar en pareja da cuenta de un amor que vale la pena. Sin duda, en la vida hay momentos y etapas de sufrimiento, en la vida de pareja también, pero que la vida amorosa sea un eterno valle de lágrimas, decepciones y aburriciones no da cuenta de estar viviendo un buen amor.

Hoy en día, hay una gran dificultad para encontrar una pareja que sea pareja (sea hombre o mujer); y con esto me refiero a que sea igualitaria, respetuosa, con quien convivir en equilibro, desafiando esos roles rígidos que dictan que «por ser la mujer debes...» y que por «ser el hombre te toca...».

De esto hablé ampliamente en el capítulo 9 «Superwoman... ¡y supercansada!». Y es que en una sociedad patriarcal y en un país como México, particularmente machista, hombres y mujeres vamos desfasados en madurez. Las mujeres hemos crecido de manera estrepitosa en los últimos cien años: estudiando afanosamente, posicionándonos en puestos públicos, sacando adelante hijos, familias, proyectos, y sorteando las limitantes que nos ha impuesto. Reconozco profundamente a los hombres que se fajan y se forjan en este proceso de transición para convertirse no en *más hombres,* sino en más humanos, rompiendo con infinidad de abusos e invisibilizaciones que los hacen ser parejas disparejas y poco constructivas. Nunca olvidaré a mi amigo y colega Rafael Manrique afirmando, en un taller que vino a impartir a México, que «detrás de un gran hombre ¡hay una mujer sorprendida!». Y es que los machismos lastiman. Cuando se vive en la presión, en la opresión, en la demanda constante, en la crítica perenne, en el desgaste generado por las agresiones, en el sometimiento, en la amenaza, en la indiferencia, en el no aprecio, en fin, en distintas formas, mayores o menores, de violencia, la relación de pareja quita la paz. No sobra reiterar que vivimos en un país que cabalga con cierta naturalidad entre las violencias de género, tema que no deja de aparecer con diferentes formas en mis consultas y, claro, a diario en los periódicos.

Si bien un buen amor aporta disfrute, también genera tranquilidad: calma de saber que una se puede relajar en compañía del otro, que no se tiene que estar a las vivas (no vaya a ser que se enoje, no vaya a ser que me trance), o en alerta perenne sabiendo que en cualquier momento puede explotar. La paz que proporciona un buen amor nos permite conectarnos con quienes somos realmente, relajarnos, planear, disfrutar; estar en el presente para crecer, para crear y no vivir permanentemente en guardia para sobrevivir. Me recuerdo, en un pasado lejano, estresada por decepcionar a mi pareja, haciendo malabares explicativos para no perturbarlo cada vez que se me ocurrían ideas innovadoras: de estudio, de trabajo, de recreación, incluso planes sociales que lo iban a contrariar. Daba largas explicaciones de por qué quería esto, por qué valía la pena aquello, tratando de convencerle de que no había nada de qué estar preocupado y queriendo compensar de mil maneras la inquietud que le generaba mi actuar. Me recuerdo con autocompasión capoteando en ocasiones sus exabruptos y toreando a nuestros hijos para no hacerle enojar. A veces alguna mirada reprobatoria era suficiente para robarme la paz. ¿Cómo y cuándo se fue gestando esto siendo que iniciamos tan parejos, tan contentos, tan considerados el uno con el otro? Fueron muchos años juntos, y, por tanto, años de cambios constantes: cambios en nuestras circunstancias de vida, en nuestra familia, en nuestras profesiones, en nuestras amistades y, por ende, cambios sustanciales en nuestras propias personas. Y fue la incapacidad de actualizar la relación y de respetar esos cambios lo que me llevó a una mezcla de temor, desgaste y atrapamiento, así que, tras muchos intentos por lograr entendernos –cenitas con velas, terapias diversas, charlas en paz y con estrés, retiros de parejas, *negligees* coquetos y demás–, decidí que mi paz y mi crecimiento valían más y que no veía cómo un estilo de relación ya enquistado fuera a cambiar. La tranquilidad que aporta una relación amorosa da cuenta de que se está viviendo un intercambio bueno, de que eso que hemos construido es un buen amor.

En ocasiones queremos hacer una *check list* para asegurarnos de estar enamorados de la persona correcta y de que vale la pena seguir con ella, y en ese intento de enlistar lo que ocurre en el exterior dejamos de lado lo que sentimos en nuestro interior. Lo mejor para saberlo es ese termómetro que valora si el amor que estamos viviendo nos suma o nos resta. ¿De verdad soy mejor persona a su lado? Ese termómetro no miente; pero hay que consultarlo con sinceridad. Es fácil que la cabeza y el deseo nos engañen, y justificar actitudes y acciones que nos lastiman del otro: *es que está tan estresado que por eso explota; de chiquito su papá le pegaba, así que aprendió a defenderse siendo hostil también.* A esto agregamos que no faltan ocasiones en que nos da por comparar a nuestra pareja con las parejas de otras personas, o de tratar, con esa idea de sacar lo positivo, de encontrar *lo bueno de lo malo* para sostener una relación que, o bien nos lastima, o simplemente se ha empobrecido lo suficiente para que no alcance una vida de a dos. Estas acciones nos encajonan, nos atrapan, nos cortan las alas; por el contrario, los buenos amores abren opciones, nos ayudan a desplegar nuevas posibilidades para nuestra existencia y para nuestra relación, nos impulsan a abrir nuestras alas y crecer.

A lo largo de la vida he experimentado que una relación que vale la pena aumenta tu mundo de posibilidades en la vida, añade opciones para elegir, conocer, disfrutar. Y esto implica lograr cosas que solos, cada uno por nuestro lado, no se nos hubieran ocurrido, no nos hubiéramos atrevido a realizar, o no hubiéramos contado con los recursos sociales, materiales o emocionales para llevarlas a cabo. Los buenos amores son escalones que nos elevan y nos dan mejor perspectiva de quiénes somos y qué podemos lograr, que nos facilitan dar saltos para diseñar experiencias y conquistar territorios que de otro modo serían inalcanzables. Un amor que te impide soñar con lo que deseas, disfrutar de lo que te interesa, apostar por lo que consideras valioso no es un buen amor. Decir que un buen amor abre tu mundo de posibilidades no implica que siempre te festeje lo que haces o te ayude a conseguir lo que sueñas, pero, en un primer nivel, no te lo impide, ni te juzga por desearlo, ni obstaculiza tu caminar. El respeto y la confianza de que, aun en el fracaso, el otro estará para ti, da la fuerza para correr riesgos y experimentar.

Si bien no siempre he vivido en pareja, jamás elegiría acompañarme de alguien por el simple hecho de no estar sola, y menos aún si ese alguien fuera una mala compañía que me quitara la paz, el disfrute y las posibilidades de expandir lo que soy. No puedo olvidar una sesión de terapia en la cual los miembros de la pareja con la que trabajaba una situación de desgaste crónico e insatisfacción galopante, en un intento por decirse pacíficamente lo que los lastimaba el uno del otro, se adentraban en el laberinto de los reclamos, las críticas y las acusaciones. La voz se les iba incluso transformando: ella hablaba más bajito y con un tono de voz de niña pequeña, y él como niño enojado, cruzando los brazos y frunciendo el ceño, empezaba a vociferar sin poder hilar una frase completa: *eso no es cierto, es injusto, estás mal.* Yo, observándolos y queriendo entender la dinámica de su relación, me preguntaba cómo iban a poder negociar lo que necesitaban si sostenían una actitud tan infantil. Conforme avanzaba su intento por defender sus puntos de vista, las quejas y las formas de expresarse se iban reduciendo a culparse entre sí, a recordar historias ancestrales de errores mutuos y a intentar ganar la partida con el fin último de tener la razón. Lejos de plantarse como dos adultos negociando su presente y cuidando su relación, **se mostraban como dos infantes desesperados** por obtener lo que querían haciendo uso de estrategias ineficaces para explicar y defender lo que consideraban bueno y oportuno para cada uno de ellos.

El buen amor aporta madurez, contrario a lo que hacía esta pareja que se iba introduciendo en el túnel del tiempo para recrear a su niño interior frustrado, lastimado e indefenso, ese niño que se repliega, reclama, hace berrinche, agrede y no tiene capacidad de escucha y autorreflexión. Con cada reclamo, iban perdiendo de vista lo que necesitaban para que no sucumbiera su relación. Si entendemos la madurez como la capacidad de autocriticarnos constructivamente con el fin de lograr la autonomía necesaria para la gestión eficaz y realista de nuestros sueños, necesidades, intereses y valores, el camino que mis consultantes habían elegido se los iba a imposibilitar.

La madurez se aleja de la victimización, de las rabietas y de los chismes. Para conseguir lo que uno necesita –lo cual no significa que el otro tenga que dármelo todo–, es indispensable aprender a negociar. En las buenas negociaciones, nadie gana, de hecho, ambos quedan algo insatisfechos, para promover el bien común. Esto requiere de un yo adulto que aporte la fuerza para tolerar cierta frustración y posponer cierta gratificación. Se cede para ganar algo lo suficientemente bueno, para uno y para la relación, y esto solo se logra comunicando con respeto y asertividad lo que queremos. Un amor maduro también entiende que el amor no es incondicional y por eso sabe poner límites oportunos y constructivos a lo que no le hace bien; un amor maduro construye bajo sus propios términos sin dejar de considerar las necesidades del otro.

Me recuerdo atravesando el miedo de confirmar un viaje de estudio planeado mientras mi pareja se sentía amenazada por mi partida. Recreo la necesidad de respirar y sostenerme –contra viento, esposo, papá y marea– en la decisión de llevar a cabo un proyecto de desarrollo profesional que, desde sus perspectivas, atentaba contra mi vida familiar.

Lo hice, viajé dos semanas a Roma a tomar un curso intensivo de familia, y esta acción consciente fue un parteaguas en mi vida. Cuando me recuerdo en aquel entonces, saliendo de una depresión por sostener la creencia de que **me tocaba adaptarme a todos y, por tanto, debía ser el satélite de la vida de los demás,** me regocijo internamente de haber avanzado, con fuerza, pero sin agresión, para hacer valer mis necesidades e intereses, y paso a paso, y nadando contracorriente, haber conquistado mi madurez y la libertad. Las cosas, a partir de esa decisión, fueron cambiando en mi vida matrimonial. Y es que un buen amor es aquel en el que **cada uno se apoya en las características del otro para su propio crecimiento y para la construcción de la relación,** donde el intercambio nos abre los ojos y moldea nuestras conductas para ser mejores personas y ser quienes queremos ser, disfrutando el trayecto y sorteando los obstáculos en el camino. De nada sirve en este caminar que el otro me culpabilice o me sobreproteja, me demande de más o menosprecie lo que puedo y quiero hacer; una buena pareja ve en uno lo que a veces nos cuesta ver en nosotros mismos y, además, en sus acciones nos enriquece con su conocimiento, destrezas, recursos y esfuerzos. Un amor así es un impulso para madurar.

Siempre he sido una enamorada del amor, afortunadamente hoy lo sigo siendo, pero con los pies bien puestos en la tierra. Por eso entiendo y acepto que, si bien un buen amor no otorga toda la felicidad imaginada y deseada, sí genera **sentimientos de ternura** en el alma propia y en el corazón de quien nos ama. Entiendo la ternura como un sentimiento que experimentamos por las personas que merecen nuestro cariño y nuestro amor simplemente por ser quienes son. La ternura se experimenta más fácil si la persona es dulce y delicada; pero, en lo profundo, esta se experimenta ante la alegría y agradecimiento por la existencia del otro. Un buen amor permite experimentar ternura por el amado. Ojo, **la ternura no debe confundirse con la lástima,** pues amar tiernamente es consideración, ablandamiento del corazón, un deseo de que ese otro esté bien.

Pero desafortunadamente los seres humanos, a pesar de nuestros buenos deseos y de los millones de años de evolución, seguimos siendo muy primitivos y básicos en muchas circunstancias, y siempre podemos ser predadores y abusivos en nuestras relaciones.

En cuántas ocasiones de enojo he tenido ganas de vaciar una jarra de agua helada en la cabeza de mi pareja o de verlo patinar perdiendo el equilibrio tras atravesar desprevenido un piso enjabonado; el enojo, la frustración, el resentimiento, a todos nos ha hecho querer zarandear al otro para que se dé cuenta de algo o al menos para fastidiarlo un poquito. Nadie puede negar que estar en pareja genera, en ocasiones, tensión y que de ella puede surgir una agresión capaz de destruirnos o destruir al otro, o, al menos, en un arranque de rabia, impulsarnos a aventar el celular por la ventana o romper una puerta de un puñetazo. La capacidad de experimentar ternura nos muestra que alguien, pudiendo ser destructivo, agresivo o duro, es capaz de transformar esa posibilidad no solo en autocontrol, sino incluso en símbolos de amor. Por eso los sociópatas y los psicópatas son tan lastimosos, pues carecen por completo de esta capacidad de sentir ternura, de empatizar, de experimentar compasión.

Por citar un ejemplo de agresividad transformada en ternura pienso en esos mordiscos que pueden ser suaves y dulces si una los usa a manera de caricia o para hacer arrumacos en el juego del amor; porque, en sí mismo, morder es reflejo de una agresividad de quien busca defenderse o lastimar para salir bien librado de una situación que atenta con desestabilizar. Yo no muerdo, faltaba más, pero siendo impacientita y exigente, cada tanto tengo ganas de *jalarle los pelos* a Peter ya sea con las manos o con palabras hirientes, pero me detengo porque lo amo, y genuinamente veo en su actuar un intento por entenderme y por apoyarme, y entonces, antes de aumentar mi capacidad de lastimar, me encierro en mi pequeño vestidor y me digo: «Yo también, como el hombre lobo, me desaparezco un rato porque tengo unas ganas locas de atacar».

Con la ternura, el amor supone la aceptación del otro como un sujeto, como un ser humano, en un contexto de afecto, cariño y aprobación. En las consultas observo, entre aquellas parejas que ya tienen pocas posibilidades de salvar la relación, todo lo contrario a la ternura. Usan la burla, el desprecio, las críticas despiadadas que, por la desesperación de que el otro le entienda, solo los llevan a replegarse más: «Eres demasiado simple, no tengo idea quién puede divertirse contigo», «Uy, con ese trabajito de maestrita, no creo que te puedas mantener tú sola». Estas y otras frases vienen desde un estado de enojo que ya no logra hacer de la ternura una forma de cuidado, asertividad y consideración.

De las agresiones a las demandas imposibles hay un paso. Con el correr de los años, me doy cuenta de cuántas cosas imposibles quería en una relación amorosa. Es que no me canso de repetir que seguimos influenciados por la idea del amor eterno, del amor romántico, del amor que genera una total plenitud. Y esto nos lastima de una manera impresionante, distorsiona lo que es el amor de pareja, espera cosas imposibles y, a veces, resquebraja el sentimiento por quererlo ajustar a formas que no se adaptan a la realidad.

Recuerdo a Alma, una amiga y vecina querida, que cada vez que nos reuníamos se quejaba de su marido. Yo comencé a agotarme de escuchar sus retahílas de «es que no me dice, es que no me entiende, es que no me da», y eso en una postura de víctima y pasividad que ni iba a salvar su matrimonio ni le permitía reflexionar y actuar. Un día le dije: «Eso que pides pocas madres se lo pueden dar a sus hijos».

Y es que **el buen amor también nos deja algo insatisfechos;** si es bueno, aporta mucho, sin duda, pero no nos puede hacer felices en su totalidad. El buen amor es un amor adulto, y los amores adultos ni son totales, ni son incondicionales, ni son absolutos. Pedir todo y tanto y a cada rato es más propio de un amor infantil, y a veces de un niño tirano que espera que se hagan cargo de él. No se puede lograr la satisfacción total en el amor –ni en casi nada–, pues las personas somos *seres contradictorios e imperfectos:* queremos esto y también aquello, y eso cuando estamos claros de lo que queremos, porque somos seres cambiantes, así que lo que deseamos hoy quizás ya mañana no nos interese; además, no nos conocemos bien ni damos a los demás lo que a veces les solicitamos. No te pelees con la vida ni con tu pareja para lograr un amor total porque la relación acaba siendo una persecución y una cárcel, aparecen las dependencias, la necesidad frenética de ser *tú y yo uno mismo,* el deseo de que el otro sea *mío y solo mío,* y antes que después –entre gritos, sombrerazos, palabrotas y manotazos– algún tipo de agresión. Se espera tanto de la relación amorosa que todo acaba resultando muy poco o casi nada; incluso, existen los trágicos casos en que se da «todo» por un amor y, al tiempo (y eso si bien nos va), nos damos cuenta de que solo somos una parte de la vida del otro, y que ese otro ya emprendió una vida por otro lado.

Lucho por no perder la paciencia cuando consultantes me narran sus casos en los que, por un lado, o demandaban tantas cosas –atenciones, certezas, caricias, regalos, conversaciones– que lo perdieron todo, o, por el otro, entregaron tanto que se quedaron con nada; bueno, sí se quedaron con algo: mucho resentimiento y a veces hasta deudas económicas por saldar. El buen amor, aunque se dé entre dos personas, **necesita de otras fuentes que complementen a cada uno y a la relación misma.** Bien dice Esther Perel, en su libro *Inteligencia erótica,* que hoy le pedimos a la pareja lo que antes nos daba toda una tribu: esparcimiento, romance, seguridad económica, trabajo, matrimonio, acompañamiento en el aburrimiento, charlas íntimas, pasión desbordante y cuidados abnegados en la enfermedad. Esto es imposible de lograr.

No puedo dejar de pensar que el amor, el buen amor, nos lleva –con inteligencia y madurez– a transgredir algunos mandatos sociales anquilosados y preceptos sociales que aprietan. Cuántas parejas, lejos de crear la vida que ellos quieren juntos, no en una total desadaptación social pero sí sobre sus propios términos, acaban siendo hijos de familia y acomodándose a todo lo que quieren su papá y su mamá. Ahí están los sueños truncados y las batallas perdidas en las que pesa más lo que los otros quieren –asistir a cuanta fiesta infantil los inviten, llevar a la suegra al fin de semana que había sido pensado en familia, traerse a vivir a la hermana soltera a la casa conyugal, participar en todas las reuniones de amigos y de trabajo habidas y por haber– que lo que la pareja considera estimulante y particular para ella.

Hablar de transgresión implica un actuar de manera peculiar, diferente en ocasiones de lo esperado, de lo previsto. En este sentido, un amor *demasiado obediente* –a la familia, a la sociedad, a los roles de género, a las *buenas costumbres,* a los gustos comunes– se sobreadapta a lo que esperan de él y pierde lo propio que caracteriza a ambos amantes y a su unión. **El buen amor es transgresor; incluso yo diría que se ve «medio anormal» para los que lo rodean.** La pareja se da permiso de hacer cosas raras, locas, «peligrosas» o hasta inútiles a la vista de los demás. Por eso la gente que no sabe de esto, los califica de absurdos, de necios, de raros. Y ojo, hoy, en pleno siglo XXI, lo meramente sexual ya no es transgresor como antes. **Transgresoras, para mí, son las relaciones que se despegan de lo tradicional, las que no imponen roles de género, las que llegan a acuerdos privados,** quizá secretos, y que la pareja no comparte mucho, pues son difíciles de explicar. Sin duda, la mayoría de quienes los oyeran no los entenderían y los criticaría, pero para los amantes son acuerdos de una profunda complicidad.

Tras aquella depresión que viví hace ya bastante tiempo, y mi consecutiva graciosa huida a estudiar inglés a Inglaterra por tres semanas, como matrimonio, empezamos a acordar espacios de disfrute común y momentos de disfrute individual que se ceñían a nuestras necesidades como personas y como pareja. Evitábamos compartirlos con la gente porque no solo nos juzgaba, sino que además se mostraba escandalizada. Viniendo ambos de un contexto conservador y religioso, estos movimientos nos implicaron un grado suficiente de independencia, madurez y fortaleza interior. Pero con la mayor conciencia posible, si acordábamos que aquello nos sentaba bien e iba en pro de mantener viva la relación, lo hacíamos.

Si te animas a ver la película protagonizada por Kate Winslet y Leonardo DiCaprio, *Solo un sueño* (2008), podrás observar en una intensa, ruda y profunda trama cómo la pareja va claudicando a la pasión y a los sueños que los acompañaban al inicio de su relación. De un deseo de mudarse a París, terminan viviendo en una cerrada población para continuar con la estabilidad laboral de Frank (DiCaprio). La pareja ideal que fueron en el pasado va difuminándose poco a poco al amoldarse a lo rutinario, a lo «conveniente», a lo esperado, para dejarle lugar a un matrimonio resentido y desgastado. Al final de la película, la pareja original y transgresora que habían diseñado en el inicio de su relación se convierte en dos egos separados que pierden sus deseos, su frescura y su complicidad. La trasgresión en el amor no es delinquir ni escandalizar, tampoco presumir de una originalidad superficial, es diseñar un camino propio, que si bien se alinea en algunos momentos con la gran corriente de las convenciones de la vida (no somos monjes de claustro aislados del mundo), se desvía con frecuencia de ellas para vivir eso que el *nosotros* quiere vivir.

Hoy descubro que me ha tomado 64 años entender lo que es amar y actualizar tantas ideas románticas, sueños imposibles y expectativas obsoletas construidas sobre la vida de pareja. Quizá por ello voy siendo un poco mejor terapeuta, amante y compañera de vida; además, no tengo la menor duda de que en lo que me resta de vida seguiré descubriendo nuevas perspectivas y matices, sonrisas y cicatrices, en la experiencia de vivir de a dos. Afirmar esto no es en absoluto un desprecio a la soltería. De hecho, pienso que vale la pena transitar periodos de soledad –que siempre son temidos por considerarse desgraciados, desafortunados y desgastantes–, mismos que yo, tras atravesar temores y duelos, descubrí en su momento que eran disfrutables, necesarios y revitalizantes; en ellos aprendí a reorganizar mi tiempo, a generar autonomía emocional al interior de mi cierta soledad, a navegar entre reflexiones contundentes y a tomar decisiones trascendentes.

Estar sola me mostró la medida justa y necesaria que necesitaba para seguir construyendo la vida que quiero. Los periodos vividos en soltería me aportaron crecimientos importantes, me confirmaron que cuento con amistades y relaciones familiares valiosísimas, en ellos gesté y lancé proyectos especiales. La soledad me permitió experimentar aventuras eróticas y amoríos temporales que también me han hecho la mujer que hoy soy.

Me casé a los 21 años, con mi único novio de la adolescencia, creyendo que el amor sería eterno, que juntos resolveríamos cualquier reto, que habíamos sido creados el uno para el otro, que siempre nos priorizaríamos sobre cualquier otro proyecto y persona, que nuestra incondicionalidad sería infinita y que nada ni nadie podría atravesarse en nuestro deseo y en nuestra relación. Y así los días, y así las noches, y así cuatro hijos, y así momentos de mucho disfrute hasta que, tras 18 años de vida compartida, *algo pasó*. Y sí, cuando se siente en el cuerpo el peso de un desgaste sostenido, de sueños truncados, de intercambios lastimosos, de cierto ahogo y fastidio, es porque que se ha venido gestando *la crónica de una muerte (amorosa) anunciada*. Y con ella, todo lo que implica desenredar lo mejor posible aquello que se tejió con esmero, ilusión y cuidado durante muchos años.

Por eso hemos de aceptar que **no hay manera de aprender a amar sin correr el riesgo de equivocarse,** de decepcionar al otro y de decepcionarse una misma de aquella persona que eligió. Esto no significa necesariamente terminar la relación, a veces se requiere actualizarla, y sí, a veces cerrar honrando lo que se vivió. Y es que solo se aprende a amar amando de la mejor manera que podemos con el entendimiento y las herramientas que en cada etapa de la vida tenemos. Solo se ama mejor descubriendo, con aciertos y varios errores, lo que sí funciona y lo que –con las mejores intenciones y las mayores inconsciencias– marchita el amor. Y así es como entre tropiezos, bostezos y risas he ido descubriendo y confirmando lo que a mi entender es un buen amor, aquel que, así dure toda la vida o sea estrella fugaz, deja luz en nuestras almas: nos genera paz, nos abre opciones de vida, nos aporta madurez, despierta nuestra ternura, nos lleva a salirnos del carril y, al final, nos deja algo insatisfechos, cosa que como adultos hemos de entender, aceptar y capotear. Y junto con Antoni Bolinches, afirmo que «el amor todo lo cura, si la persona madura».

CAPÍTULO 13

¿EXISTE LA FELICIDAD?

13.1. LA MAYOR DICHA POSIBLE

Nunca me hubiera imaginado llegar a la edad que tengo, en la situación que vivo y con los varios retos que me faltan afrontar. Ni lo hubiera pensado, ni lo hubiera pedido. Sí, voy por el último tercio de mi vida, estoy divorciada, soy madre de cuatro hombres adultos y autónomos, estoy con un novio amado desde hace más de seis años y atravieso una enfermedad. Y con todo esto a cuestas, y otras graciosadas acumuladas a lo largo del camino, cada noche me duermo dentro de unas suaves sábanas blancas, envuelta en un ligero camisón de algodón elegido de acuerdo al clima y a mi ánimo, con la ropa del día siguiente colgada en un perchero de mi armario, y sobre mi buró dorado unas notas hechas a lápiz con los quehaceres del día siguiente que está a pocas horas de llegar. Todo esto en medio de un montón de libros desparramados a diestra y siniestra, que turno entre noche y noche, entre sueño y sueño, y entre las decisiones que cada día tengo que capotear. Así (y sintiendo mariposas de emoción en la panza), me entusiasma el llegar de las noches y me motiva el despertar de los días, y junto con ellos, todo el jolgorio que disfruto en este andar.

Mi gente cercana me observa y me cuestiona con cara de sospecha y curiosidad: «Estás contenta, ¿verdad?». Y yo me pregunto: «¿Qué, de plano, tendría que estar tirada al drama por no continuar con un tipo de vida que algún día temí que nunca se iba a acabar?». Cómo explicarles que la edad no me pesa, la energía no la pierdo del todo, el miedo lo toreo, la enfermedad la afronto, el entusiasmo lo conservo, y entre una y otra cosa, tropezones incluidos, me voy alistando para lo que tenga que vivir. ¿Que la vida que vivo puede ser más difícil que la que viví hace ya algunos años? No lo niego. ¿Pero que, sin duda, también mi existencia es mejor? Lo sostengo. Fuera de esquemas tradicionales y parejas matrimoniales, disfruto de tardes libres, trabajo en proyectos nuevos y convivo con mi familia y mis amistades de corazón. ¿Por qué pensar que salirse del camino «perfecto», el matrimonio «intacto» o la familia «soñada» es producto del error o de la equivocación? Yo he reencarnado varias veces en esta única existencia que tengo, y con ello he transitado lo elegido y lo inesperado, y por nada escogería ni otro cuerpo, ni otro espacio, ni otra vida que vivir.

La vida cambia, se hace rara, nos sorprende, nos asusta, nos reta, nos deleita y no se detiene. Y aunque vivir bien o bienvivir no es sencillo (nunca lo ha sido), la vida siempre puede ser generosa, en particular si la entendemos y la sabemos capotear. Si comprendemos nuestras frustraciones, equivocaciones y fracasos como estados de tránsito necesarios para llegar a mejores lugares. Vivir, por supuesto, duele. Casi nunca hay certezas de éxito, y si aparecen culpables, suelen escabullirse sin muchas consecuencias. Y es que vivir implica fracasar, conflictuarse con otros, equivocarse, sentirse de pronto sola, experimentar incomprensión, quemarse y asumir que la incertidumbre no es una maldición que nos llega de quién sabe dónde, sino la sal y pimienta de todos los días. Nuestra era moderna nos oculta estas realidades y quiere vendernos lo contrario, por lo que muchas personas se preguntan: *¿por qué a mí?, ¿por qué ahora? ¡Yo no me lo merezco!* Nadie, en estricto sentido, merece sufrir, pero de ahí a considerar que las desazones de la vida son como haber caído en el infierno, del cual hay que salir a cualquier costo, llevará a mayor sufrimiento.

Antaño, la vida transcurría sorteando los desafíos de la sobrevivencia y es apenas ahora, que están bastante resueltos los asuntos del diario vivir, que no solo se sobrevalora el derecho a ser feliz, sino que se impone casi como una obligación. Así, los ciudadanos del siglo XXI nos damos a la **tarea de buscar, encontrar y disfrutar la felicidad a cualquier costo.** Y ojo, aquí empiezan los problemas: correr frenéticamente para conseguir «un ideal» es estresante en sí mismo, implica un alto nivel de desgaste y genera tensión innecesaria. Una carrera de este tipo hace que la búsqueda de la felicidad se llene de autoexigencia y, por tanto, de frustración personal. Si a esto agregamos que la consecución de la felicidad tiende a basarse en criterios externos impuestos por los discursos dominantes en la sociedad –tener prestigio, dinero y, por supuesto, pareja–, la carrera de la felicidad, lejos de llegar a su meta, termina en el desencanto personal. O bien, en el caso contrario, algunos –al intentar eludir esta búsqueda frenética– nos sentamos a esperar la felicidad (como si esta pudiera «caernos del cielo»), o, peor aún, nos ponemos a exigirla como si fuera responsabilidad de otros o de la vida otorgárnosla.

Los males que nos aquejan hoy –flojera, miedo, cansancio, depresión, hastío, decepción, procrastinación, sinsentido– no son nada del otro mundo, pero no entender el origen y el manejo de estos puede acarrear malestares incisivos y problemas de salud mental. Si bien el actual mundo digital, sobreacelerado e individualista, detona malestares y enfermedades propios de nuestra era, el desgaste emocional ha acompañado desde siempre a los seres humanos. No son exclusividad de nuestro presente, caracterizado por la incertidumbre, el cambio constante y la contradicción. La Organización Mundial de la Salud (OMS) afirma que 1 de cada 4 personas sufre un trastorno emocional caracterizado por la ansiedad galopante, el sinsentido y la falta de identidad. El neurólogo Oliver Sacks llamó a estas patologías enfermedades moralmente neutras. Ante esta realidad no hay necesidad de ponernos disfraces, disimular y culparnos. Entre los muchos aprendizajes adquiridos y algunas claves diseñadas para vivir con motivación y satisfacción, pongo en primer plano la conquista, paso a paso, de la autonomía emocional y la independencia económica. Mientras la primera me ha permitido reconocer y elegir la forma en que quiero vivir, conforme a lo que es bueno, correcto, valioso y bello para mí, la segunda me ha dado una estabilidad financiera mediante la cual puedo ir realizando mis sueños, viviendo conforme a mis valores y disfrutando de este caminar. Sin la independencia económica es muy difícil hacer valer nuestros deseos profundos, desarrollar nuestras habilidades, atender nuestros intereses y vivir de acuerdo con lo que consideramos adecuado para nosotras mismas.

Ya hace varios años, en una conferencia sobre psicopatología, me topé de frente con Estela, mi terapeuta de hace algunos años: una mujer menudita, vieja y sabia, que me acompañó en momentos difíciles de la vida. Las dos nos sorprendimos gustosamente y, tras un abrazo afectuoso, me preguntó: «¿Todo bien?». Yo le contesté con tranquilidad: «Sí, Estela, todo bien». Y ya sentada, me pregunté si en verdad estaba «todo bien» y concluí que, en realidad, las cosas estaban lo suficientemente bien. Aun en las crisis inevitables que nos revuelven la vida. ¿Por qué, entonces, contesté eso? Primero, porque me aburren y cansan las personas que creen que todo está mal; esas que se victimizan y azotan contando siempre las desgracias de su vida. Y, segundo, porque soy una convencida de que se puede estar lo bastante bien en el turbulento fluir de la existencia, y que no por ello el día a día deja de ser valioso, desafiante y divertido. ¿Que si soy feliz? La pregunta en sí misma me conflictúa. **¿Acaso la felicidad existe?** Yo, por el momento, a diario puedo salir y volver a entrar en esos momentos de bienestar y goce que la vida siempre da: un café bien preparado, una charla divertida, una mirada inquietante, una chamba bien amarrada, el abrazo de mis hijos y un beso intenso con sabor a «más allá».

Llegando a este punto del libro, si has leído el texto en el orden que sea, pero dejando este capítulo para el final, pareciera que **todo se va tejiendo para darnos la clave de una vida más satisfactoria,** de una posibilidad de mayor bienestar. Y en muchos sentidos, sí, pues tras profundizar en cada capítulo, te habrás dado cuenta de los zapatos que te aprietan: creencias obsoletas, prejuicios infundados, tabúes perpetuados y demás. Lo cual, si le escarbamos un poquito, nos lleva a percatarnos de otro pensamiento mágico que nos ha hecho creer una sociedad que nos impele –como obligación a rajatabla– a conquistar «la felicidad».

El cambio acelerado nos ha mostrado posibilidades insospechadas y muchos territorios desconocidos que, para recorrerlos, es necesario liberarnos de la idea de que «somos responsables al 100%» de lo que nos pasa, porque, en realidad, solo somos responsables de la forma en que vivimos lo que nos pasa. La psicologización de la vida y el excesivo análisis de nuestro actuar ha puesto un sobrepeso a nuestras experiencias pasadas, apelando de manera excesiva a nuestras emociones y cargándonos de una responsabilidad desmedida en la resolución de nuestros malestares y problemas. La idea de felicidad relacionada con el conocimiento de nuestras emociones cobró una especial importancia a partir del siglo pasado con el florecimiento de la psicología. El bienestar emocional, el autodesarrollo, la liberación sexual y la satisfacción amorosa pasaron de ser derechos personales a obligaciones colectivas a alcanzar. Por tanto, sin tener claro el origen social de los problemas que atravesamos, es fácil ser acusadas por el entorno y culparnos a nosotras mismas por el sufrimiento y fracaso personal que llegamos a padecer.

Pero con todo y esto, lo aceptemos o no, lo digamos o no, seamos conscientes de ello o lo mantengamos en el inconsciente, todos aspiramos en esta vida a cierto grado de bienestar y satisfacción. Sin embargo, los discursos de autoayuda que nos impelen a ser felices –y, de manera particular, nos lanzan a su conquista como fuente de identidad– no solo aportan soluciones centradas únicamente en la psique del individuo, sino que desconocen los aspectos políticos, económicos y sociales que las limitan. Así, ante el deber de «ser felices», la psicología nos propone aliviar nuestro sufrimiento psíquico, cosa que sin duda se logra, por una parte, si trabajamos con nosotras mismas, pero, por la otra, la sociedad marca una serie de demandas que, si no las cumplimos del modo que lo hacen *todos* –en el amor, en el estatus económico, en el trabajo, en las relaciones sociales, en el ideal de la imagen corporal, en la maternidad y paternidad, en la salud–, nos generan más sufrimiento que bienestar. Es por esto que, si bien no somos tan culpables de la incertidumbre que estamos viviendo, sí somos responsables de entenderla en sus diferentes dimensiones y contextos, y de posicionarnos con agencia personal, conciencia y proactividad ante lo que vivimos para definir qué toca aceptar, qué atravesar, qué transformar y qué reacomodar.

Pero si no hay tips universales ni recetas únicas para sortear estos desafíos, ¿cómo podemos adentrarnos a los retos con realismo, actitud serena, curiosidad, cuidado y la justa responsabilidad? Ya Sigmund Freud, médico neurólogo austriaco, padre del psicoanálisis, afirmaba con el famoso principio del placer que nuestra actividad psíquica (y física también) busca evitar el displacer y procurar el placer. Pero ¿se puede alcanzar la felicidad en un mundo convulso donde la vida parece que se transforma a cada momento y se nos escurre la dicha de las manos? ¿Existen caminos mejores para ser felices cuando la incertidumbre y la ambivalencia son la constante? ¿Se puede lograr una identidad más equilibrada mediante la construcción de hábitos, actitudes y decisiones?

Primero, pongámonos de acuerdo: **¿qué significa ser feliz?** Si nos diéramos a la tarea de preguntar a un grupo de personas qué es la felicidad, con certeza encontraríamos tantas respuestas como personas encuestadas. Partamos, entonces, de un acuerdo muy simple: no existe consenso. No hay una opinión general respecto a lo que es la felicidad ni cómo lograrla; aspiramos a ella, pero no podemos hablar de *la* felicidad como algo único y universal. Lo que sí es claro es que podemos vivir profundamente infelices. Según lo que entendamos por ser feliz y la forma en que nos demos a la tarea de lograrlo, esa felicidad puede nunca llegar a nuestra existencia.

En ese caso, sería mejor intentar darle vuelta a la moneda partiendo de la base de que los seres humanos, en nuestro engranaje físico y psíquico, tenemos la capacidad de experimentar emociones y que, entre las de índole primario, se encuentra la alegría: esa experiencia de disfrute, gratificación, deleite y dicha. Esta emoción puede ser en un principio una experiencia corta y de cierta intensidad, pero si tal experiencia es posible, ¿cómo lograr prolongarla en el tiempo? ¿De qué forma extenderla a manera de sentimiento, quizá menos intenso, pero más o menos sostenido? ¿Cómo hacer perdurar un suficiente bienestar, efecto de la suma de diversas experiencias gratificantes? La clave a este dilema podemos encontrarla en la palabra *suficiente,* ya que parece que lo primero que frustra la experiencia de ser felices es soñar con una felicidad total y absoluta. Podemos, entonces, pensar en la felicidad como una experiencia posible en vez de idealizarla queriéndola asir permanentemente a través de cosas muy concretas, de situaciones muy planeadas y con personas muy esperadas. Pensemos en la felicidad como una condición interna (no externa) que genera cierto bienestar, suficiente satisfacción y, en ocasiones, sentimientos de alegría. Así como el amor total no existe, la felicidad total y perfecta, como meta final de la vida, tampoco. Esa concepción de felicidad es un «ideal» no solo inalcanzable, sino infantil.

En su libro *La ciencia de la felicidad,* Sonja Lyubomirsky, doctora en psicología social, plasma una investigación mundial realizada sobre el tema. Lyubomirsky afirma que, para alcanzar un bienestar duradero, no es necesario escarbar, necesariamente, en lo profundo de nuestros traumas, y mira que creo en el valor de los buenos procesos terapéuticos. Por tanto, no se trata de poner candado a nuestra capacidad de conciencia, ni de negar, ni evadir los desafíos que la vida siempre nos pone; lo que ella investigó fueron los factores que determinan la felicidad, entendida como esa experiencia de bienestar y satisfacción.

Dichos factores se representan de la siguiente manera:

- 50% de nuestra predisposición a ser felices viene dada en nuestra información genética. Así como la inteligencia o el colesterol, como la tendencia a la delgadez o a la robustez, algunas personas tienen mayor disposición genética para experimentar bienestar que otras.
- 10% de la felicidad tiene que ver con las circunstancias de la vida: ser ricos o pobres, sanos o enfermos, hermosos o poco agraciados, con este o con aquel trabajo, con o sin pareja, con o sin hijos, etc. Este descubrimiento sorprende porque la mayoría de las personas hemos puesto todo nuestro empeño en cambiar nuestras circunstancias para ser felices sin lograr el cometido.
- Por último, el 40% restante tiene que ver con nuestra actividad deliberada, con nuestra forma de pensar y

> nuestras decisiones y acciones en la vida. Es, entonces, este porcentaje el que, desde nuestro conocimiento personal y nuestra responsabilidad –haciendo uso de nuestros recursos, capacidades y honrando nuestros intereses, pasiones y valores–, hace factible la consecución deliberada de la felicidad.

Lyubomirsky agrega que cada persona es distinta y por eso cada una experimenta un tipo de bienestar subjetivo relacionado con la realización de actividades concretas basadas en sus necesidades, deseos, intereses y valores particulares. Hay quienes gozan practicando la gratitud y cultivando el optimismo, otros invirtiendo en sus relaciones sociales, algunos manejando el estrés y las pérdidas en el día a día, y otros más mediante actividades que incluyen el cuerpo y el alma, como la meditación y la actividad física.

Sin importar la cultura, el grado de modernización, la clase social, la edad o el sexo, todos tenemos uno o más recursos de los cuales disponer, y todos los podemos entrenar y desarrollar para generar disfrute en la vida: la capacidad de introspección, que nos permite cuestionarnos para conocer el mundo, a nosotras mismas y mejorarnos; la flexibilidad, para adaptarnos al cambio y sentirnos cómodas en diversas situaciones y con distintas personas; la voluntad que tolera –en términos generales– la frustración y puede postergar la gratificación hedónica inmediata, así como desarrollar la resistencia necesaria para atravesar el sufrimiento propio de la vida, aprender del fracaso y que las malas experiencias de la vida –si se asimilan bien– aportan crecimiento; la integridad, que nos impide traicionarnos a nosotras mismas; el sentido del humor y el optimismo realista, que nos permite reírnos de nosotras mismas y ver el *cómo sí;* el sentido de propósito, que, mediante metas y acciones concretas, le da significado a nuestra vida; la interdependencia, que genera la experiencia de conexión y protección mutua; y, sin duda, la autocompasión, que nos permite aceptarnos y perdonarnos en vez de recriminarnos o victimizarnos.

El común denominador de todas estas personas es la sensación de que su vida es buena, tiene sentido y vale la pena. La felicidad, vista desde esta perspectiva, es una construcción personal y una elección vital que se juega en cada una de nuestras decisiones; requiere de autoconocimiento y responsabilidad. Se plasma en lo cotidiano más que en un futuro idealizado. Por eso yo, que nací con *el ceño fruncido,* hace tiempo que le dije adiós tanto al anhelo frustrante de vivir en el paraíso terrenal como a la idea obsesiva de que haciendo *todo bien* podría librarme de *todo mal.* Y es que son nuestros actos de cada día los que van haciendo un tejido de pequeños espacios satisfactorios que generan bienestar y realización personal. Y, así, se puede dar la bienvenida a infinidad de momentos de goce, descanso, tranquilidad, los cuales, entretejidos, con todo y sus pendientes y pesares, hacen del día a día una buena vida y un lugar rico para estar.

Recuerdo el caso de Ricardo, quien vino a terapia de pareja con su esposa. Tras una relación de cinco años, con sus altibajos, estaban separados físicamente desde hacía dos meses por iniciativa de ella y querían revisar en terapia sus posibilidades de regreso. Como en toda pareja y en toda terapia de pareja, había dos descripciones, dos interpretaciones de los hechos. Aunque la esposa tenía sus propios puntos ciegos, Ricardo era un ejemplo de inmadurez: en su discurso predominaba la culpabilización hacia ella; narraba varios actos impulsivos, como enojarse e insultarla, desquitarse con otros, y algunas formas de venganza cuando se sentía ignorado por ella (aunque no fuera así); era extremadamente demandante de la atención de ella; y uno de los actos más claramente inmaduros era que se quejara de que ella le reclamaba que en estos dos meses había ido a ver muy pocas veces a su hijo de un año. Él argumentaba que le dolía mucho verlo y que por eso no iba. En esta lógica, el adulto, que es responsable de las necesidades del niño, pierde de vista la necesaria presencia de él para su hijo y pone por encima su dolor, dando prioridad así a las necesidades del adulto sobre las del niño, es decir, no haciéndose responsable y actuando sin madurez. A Ricardo le hace falta un gran trabajo para hacerse responsable de sus propios actos y no vivirlos solo como provocación, tanto de la pareja como de otras personas, y para reconocerse como cuidador de su hijo (y no al revés). Sin este trabajo, difícilmente dejará el sufrimiento, dentro o fuera de la pareja.

Sin pretender generar una tónica moralista, sino descriptiva, hemos de asumir que los comportamientos inmaduros desembocan en la dificultad que implica aceptar la responsabilidad de ser adultos, prefiriendo un infantilismo psicológico que exonera de la pesada carga de asumir deberes. Además del temor al compromiso emocional –por el temor a sufrir–, también escasea la fuerza de voluntad necesaria para actuar responsablemente en las demás facetas de la vida, lo cual dificulta la realización de cualquier tarea que precise esfuerzo y perseverancia. Y eso aplica también –sin excluir todos los factores sociales, económicos y políticos en juego– a la labor de consolidar intercambios eróticos que nos aporten experiencia, placer y aprendizaje, y, más aún, relaciones amorosas de buena calidad y suficiente duración.

¿Puede la madurez ayudarnos a lograr este objetivo? ¿Nos facilita madurar a capotear la vida y a disfrutar? ¿Se puede conquistar esa dicha posible sin un grado suficiente de sensatez y experiencia? Empecemos por entender qué es la madurez. La persona madura, en términos generales, es aquella que logra armonizar su actuar con sus procesos reflexivos. Tiene la capacidad de autocriticarse para mejorarse. Trabaja por comprenderse y aceptarse a sí misma. Busca comprender y aceptar el mundo que la rodea. Procesa lo desagradable de la vida. Enfrenta desafíos que le generan habilidades de afrontamiento. Desarrolla cierta sensación de control. Tolera –en términos generales– la frustración. Puede postergar la gratificación hedónica inmediata. Desarrolla la resistencia necesaria para atravesar el sufrimiento propio de la vida y adopta una posición propositiva y activa en la construcción de su vida.

¿Por qué algunas personan avanzan más fácilmente hacia la madurez mientras otras se pierden en el camino? Una educación permisiva con demasiado confort dificulta el arrojo que se requiere para emprender cualquier tarea, incrementando el temor a correr riesgos, cometer errores y asumir sus consecuencias. Por otro lado, una educación extremadamente autoritaria exhorta a quienes la reciben a obedecer a rajatabla sin reflexionar ni cuestionar, impidiéndoles conectar con su brújula interna y dificultando la posibilidad de elección: se someten o reaccionan.

Antoni Bolinches define la madurez como la capacidad de superar con éxito los problemas y dificultades que se nos presentan en los distintos ámbitos de la vida cotidiana, así como aprender del fracaso. Ocurre que nadie nace maduro, todos empezamos la vida teniendo un carácter más o menos inmaduro o reprimido; por tanto, la madurez es la consecuencia de un proceso de evolución. Pero evolucionar no es cuestión solo de tiempo y menos de suerte, es el efecto de un persistente esfuerzo de desarrollo en el que las malas experiencias de la vida se asimilan bien y, por tanto, aportan crecimiento. Entonces –como dice Bolinches–, no es que resolvamos nuestros problemas porque somos maduros, sino que maduramos con el aprendizaje que nos aporta la resolución de las situaciones que afrontamos. Visto desde este ángulo, la madurez –evolutivamente hablando– no es más que la superación de la inmadurez.

Atreverse a recorrer cabalmente el proceso hacia la madurez generará en nosotras el desarrollo de los siguientes atributos:

- **Autonomía.** Elegir desde nuestro propio pensar sin por eso dejar de tomar en cuenta lo que el entorno señala.
- **Adaptabilidad.** Nos permite sentirnos cómodas en diversas situaciones y con distintas personas.
- **Coherencia.** Para gestionar nuestras contradicciones internas y así aumentar la propia seguridad.
- **Responsabilidad.** Para adoptar compromisos y asumir las consecuencias de nuestros actos.
- **Seguridad.** La solidez que aportan los rasgos anteriores favorece que desarrollemos comportamientos estables, fiables y previsibles. Además, la seguridad adquirida nos facilitará asimilar los éxitos y los fracasos sin que nos afecten en exceso.

Pero ¿cómo impulsar el proceso de maduración? La evolución personal surge a través del desarrollo de los atributos personales en la edad adulta. El mejor momento para crecer psicológicamente es cuando dejamos de crecer físicamente: ahí queda establecida nuestra imagen adulta y podemos empezar a desarrollar nuestros recursos para mejorarnos como personas. La necesidad de mejorar se siente en mayor o menor grado en la inmensa mayoría: todo el mundo tiene cierta conciencia de imperfección y suficiente intuición para entender que siempre es posible superarse en algo. El tema es ¿cómo respondemos a este llamado? Con voluntad; inevitablemente se requiere de un esfuerzo para llevarlo a cabo. No es suficiente saber mucho, leer todo o investigar de más si no se activa la voluntad, parte indispensable de los mecanismos necesarios para echar a andar el crecimiento personal. Por eso es importante iniciar con propósitos asequibles, acciones concretas, por pequeñas que parezcan: ¿caminar 10 minutos diarios?, ¿hacer tres llamadas telefónicas y mandar dos e-mails relevantes a la semana?, ¿terminar un trámite inconcluso? Al acometerlos, y experimentar con ello la sensación de pequeño logro que produce el conseguirlos, se va ejercitando la voluntad de a poco, pero perseverantemente, y al solidificarse podremos ir planteándonos retos mayores. Nadie corre un maratón por tan solo haberlo decidido: la práctica y el entrenamiento constante aumentan la propia condición.

Esto se favorece si nos empeñamos en realizar, día con día, conductas sostenidas que nos validen. Estas se refieren a cualquier comportamiento –una experiencia, una narración o una acción– que despierte un sentimiento de congruencia personal porque ayuda, a quien lo realiza, a ser como quiere ser e ir hacia donde quiere dirigirse. Las conductas de autovalidación –es decir, aquellas que nos llevan a confiar en nosotras mismas porque activamos el logro de algún objetivo– pueden ir desde hacer una llamada telefónica a un médico o la elaboración de nuestro currículum, hasta la experiencia de terminar una relación destructiva. A mayor número de conductas concretas de autovalidación, mayor mejora, más gusto por una misma y más autorrealización. Pequeñas conductas sostenidas en el tiempo nos llevarán a destinos diferentes; de paso en paso, se recorren inmensos caminos. Esta práctica nos convertirá en maestras de nosotras mismas, orientándonos hacia donde nos conviene y generando una alegría interior por sabernos constructoras activas de nuestro destino. Así veremos que pocas cosas provocan esa recóndita recompensa que genera la sensación de que la vida tiene significado y de que somos actores activos de nuestro trayecto personal.

A ti, que me has acompañado a lo largo de estas páginas, anhelo poder transmitirte que lo que vale la pena llega muy ocasionalmente por un golpe de suerte, porque lo preciado –lo que de verdad importa– se cuece a fuego lento. Y es que la paciencia es un don en un mundo donde el *querer todo y quererlo ahora mismo* es la constante; se buscan amores instantáneos, trabajos espontáneos e hijos que crezcan espolvoreándoles Royal. La inmediatez no es una buena consejera; de hecho, lejos de enseñarnos a tomar la vida por los cuernos, distorsiona los procesos de crecimiento que eventualmente nos permiten conquistar el bienestar.

En honor a lo anterior, y al recorrido que hemos transitado juntas, te comparto algunos ingredientes que he desarrollado a lo largo de la vida para vivirla bien:

- **La paciencia.** Vuelvo a ponerla en el centro de la ecuación porque, aunque me ha costado debido al carácter acelerado e hiperactivo que tengo, me ha permitido aprender a respirar, transpirar, disfrutar y esperar.
- No echar nunca a dormir la **curiosidad,** no dejar de estudiar, ensanchar constantemente mis conocimientos, exponerme a nuevas experiencias. Para lograrlo, hay que tener información, leer, viajar, ir al cine, escuchar otros puntos de vista, cultivar amistades valiosas, tomar cursos, ir a terapia –si la situación lo amerita– y ejercitar la reflexión.
- **Tocar y descubrir el qué y el porqué de lo que siento,** cómo interpretarlo, cómo dejarme doler y gozar, cómo manejarlo. Qué hacer con ese mundo afectivo que, si bien puede llevarme a cierta impulsividad y a algo de tristeza, es una de las herramientas que a mí me ha proporcionado más empatía, al tiempo que me ha hecho sentir conectada y viva.
- **La disciplina,** esa posibilidad de sostener decisiones a través de acciones y omisiones concretas que están direccionadas hacia un propósito que deseo alcanzar. Conquistarla no es fácil para nadie, pero los resultados son maravillosos.
- **El disfrute.** Sí, en medio de todo, debemos tener la capacidad de ver lo que sí hay, de aprovecharlo, de degustarlo, de hacer de las pequeñas experiencias cotidianas –un delicioso café matutino, una caminata por mi barrio, un ir y venir de chats con mis hermanas, una estimulante lectura nocturna, una comida entrañable con

amigos, la visita de un hijo, un recuerdo emocionante– placeres alcanzables, sostenibles y disfrutables. La vida es deleite también y no se requieren grandes hazañas para hilvanar disfrutes.

- **Los vínculos humanos** que nutren y acompañan. No es que necesite mil amigos y mil amores, como lo compartí en el capítulo 11, pero sin duda cuento con gente que amo y que me ama, y que en el caminar de la vida nos acompañamos dándonos sostén, cariño, diversión y seguridad.
- Y claro, la **construcción, revisión y reedificación de un proyecto personal,** que, si bien se ha ido modificando con el tiempo, ha dado sentido a mi existencia. Teniendo un para qué se encuentran los cómo. Una vida con propósito, que dé significado y valor a la propia existencia, que deje una semilla de provecho en esta tierra, a través del desarrollo de las propias capacidades.

Pero, retomando el último punto, ¿qué es un proyecto de vida? Para bien o para mal, la educación conservadora, religiosa y represiva que recibí, mi adaptación a las tradiciones familiares y la superexigencia de mi entorno me llevaron a actuar, desde los primeros años de vida, bajo un riguroso «deber ser». Esto, al tiempo que forjó en mí una disciplina rigurosa, requirió de una reflexión y reposicionamiento para conseguir momentos de diversión y placer también. No se puede conquistar una dicha posible sin integrar ciertos esfuerzos incómodos (ojo, no sufrimientos masoquistas) con momentos de logro y goce personal.

Hay cinco pasos que debemos considerar para poder desarrollar un proyecto de vida estratégico:

Paso 1. Conocer nuestros sueños y valores

Primero, hemos de identificar aquello que nos mueve internamente para actuar, tanto anhelos que no hemos podido realizar como valores que consideramos principios rectores. Sin una claridad de lo que profundamente honramos y deseamos, es difícil tener una directriz. Los anhelos o sueños profundos responden, quizás, a deseos legítimos de seguridad, estabilidad, paz, orden, y pueden tener alguna relación con aprendizajes tempranos o experiencias infantiles –tanto de carencia como de abundancia– que queremos honrar. Los valores, por su parte, son una cualidad que nos hace apreciar o estimar ciertas cosas, hechos o personas de forma positiva. Por tanto, proyectar nuestras acciones con miras a la construcción de una familia, al desarrollo de ciertas virtudes personales, a la creación artística, al desarrollo social, incluso a la libertad, austeridad, honestidad o igualdad como ideales, generará valor y significado, y dará un profundo bienestar a nuestro existir. Cada persona –debido a su historia, contexto, incluso personalidad– tiene valores distintos sobre los que se basan sus decisiones. Invisibilizarlos o reprimirlos le resta sentido a nuestro actuar. Para identificar nuestros anhelos y valores fundamentales, podemos echarnos un clavado a nuestra historia, recuperar los momentos en que nos hemos sentido orgullosas de nosotras mismas, revisar las decisiones difíciles que hemos tenido que tomar y los efectos que han tenido en nuestra vida. De estas reflexiones podremos rescatar los principios rectores y las motivaciones que rigen nuestra vida y podremos dar el siguiente paso.

Paso 2. Definir metas a largo plazo que manifiesten nuestros anhelos y valores fundamentales

Este paso consiste en identificar lo que queremos lograr en distintas áreas de nuestra vida: personal, amorosa, familiar, económica, social, laboral, recreativa, entre otras. No todas estas áreas tienen la misma importancia a lo largo de la vida ni en determinados momentos de esta, pero, de una u otra forma, todas requieren de alguna intención para lograr un desarrollo armónico y un equilibrio personal, ya que todas se correlacionan, influyéndose mutuamente. Alinear nuestras metas con nuestros anhelos y valores fundamentales generará en nosotras mayor motivación para actuar y un efecto satisfactorio ante los logros conquistados. Sin metas claras basadas en valores, será difícil afrontar las dificultades que se presenten en el trayecto y superarlas desplegando los recursos necesarios para sobreponernos.

Paso 3. Conocer nuestra realidad actual, tanto interna como externa

Para alcanzar nuestras metas, tenemos que conocer nuestro punto de partida. Identificar el territorio que atravesaremos y las herramientas con las que contamos para el recorrido aumentará nuestra posibilidad de logro. Por tanto, insisto en la necesidad de alinear nuestras aspiraciones a las circunstancias y posibilidades reales como requisito fundamental para la construcción de un proyecto de vida. Todas las personas tenemos un conjunto de fortalezas y debilidades que entrarán en juego en nuestro actuar, y reconocerlas nos hace conscientes de nuestros puntos fuertes para afrontar y acometer, así como de nuestro talón de Aquiles, el cual debemos atender para que no se convierta en un impedimento para conquistar nuestras metas. Además del autoconocimiento, hemos de tener claro el «mapa» del territorio que recorreremos, es decir, la situación en la que nos encontramos, el contexto y las circunstancias puntuales que nos condicionan. Esto incluye las oportunidades y las limitaciones del ambiente que nos rodea, desde la familia, hasta nuestro momento laboral, pasando por nuestra comunidad y nuestro país. Somos seres sociales y el contexto nos provee de recursos: materiales, sociales, incluso emocionales. Una vez conscientes de nuestra realidad interna y externa, nos preparamos para la acción.

Paso 4. Definir planes de acción para cada una de nuestras metas

Tras identificar los anhelos y valores que nos motivan, plantear las metas que queremos alcanzar y tener claros nuestros condicionamientos internos y externos, estamos listas para definir los pasos que debemos dar para iniciar el trayecto. Es importante desglosar nuestras metas a largo plazo en objetivos a mediano y corto plazo. De esta manera, podremos identificar los recursos concretos que hemos de tener para lograrlas. Entre los recursos que necesitaremos hemos de incluir los hábitos, destrezas, competencias y conocimientos que nos faciliten dar los primeros pasos y luego sostener el esfuerzo que se necesitará a lo largo del camino. Los objetivos a mediano y corto plazo son una especie de andamiaje que nos permitirá acercarnos a nuestras metas vitales. Estos objetivos intermedios implican planes de acción concretos que nos clarifiquen la ruta, los tiempos y los recursos necesarios para emprender el trayecto. No tenemos control de todo, pero sí requerimos de una ruta para iniciar el viaje –aun cuando esta será revisada y replanteada a lo largo del camino–.

Paso 5. Tomar acción y aprender de la experiencia

A caminar se aprende caminando, así que ninguna planeación es suficiente si no accionamos. Llevar a la práctica lo planeado con la mirada puesta en metas claras y la motivación apoyada en los valores personales es el paso último para desplegar el proyecto de vida.

Pero, por más que hayamos preparado el viaje, habrá cosas que redefiniremos durante el trayecto y que replantearemos desde la experiencia. Seguramente habrá cambios, errores y ambivalencia; todo es parte del aprendizaje y del crecimiento mismo. Una cosa es el mapa que diseñamos para ubicarnos, pero otra el territorio que estamos recorriendo. Incluso los valores que nos motivaban en un inicio pueden tomar mayor o menor relevancia durante el caminar; habrá, por tanto, que replantearse metas y redireccionar la ruta.

Y es que la experiencia misma de construir nuestro proyecto de vida nos construye a nosotras mismas. Nuestro contexto está en un constante fluir también y nos impacta al tiempo que nosotras generamos un impacto en él. Todo esto lo notaremos, lo aprenderemos y lo modificaremos mientras continuamos caminando, replanteando, acometiendo, obteniendo logros y asimilando la experiencia. Este proceso es, en sí mismo, enriquecedor y generará significado, satisfacción, agencia personal y sentido de logro.

La alegría de vivir depende de cómo la mente filtra e interpreta las experiencias cotidianas más que de un futuro idealizado. La felicidad, vista desde esta perspectiva, es una construcción personal y una elección vital que se juega en cada una de nuestras decisiones; requiere de autoconocimiento y responsabilidad. Esta práctica nos convertirá en maestras de nosotras mismas, orientándonos hacia donde nos conviene y generando una alegría interior por sabernos constructoras activas de nuestro destino. Así constataremos que pocas cosas provocan esa recóndita recompensa que genera la sensación de que la vida tiene significado.

Pongamos, pues, la piedra fundamental de una tarea ineludible: la de hacernos cargo de nuestra propia vida siendo los actores principales de esta, pero, en ese camino, no corramos a alcanzar la felicidad como meta, sino como trayecto, en lo cotidiano, en nuestros actos de cada día, en nuestros pasos reales por el mundo real.

CAPÍTULO 14

A MANERA DE CIERRE

14.1. ENCONTRAR EL NORTE

Llegar al final de un libro que atraviesa tantos aspectos de la vida no significa conquistar respuestas únicas y contundentes; implica, más bien, detenerse un momento, mirar el camino recorrido y preguntarse si vamos avanzando hacia donde queremos ir. Por eso, este cierre no pretende clausurar nada, sino brindar algunas pistas para seguir orientándonos y recuperar –si se nos perdió– o recalibrar –si se desajustó– esa brújula interna que usamos para tomar decisiones, para amar, para elegir, para soltar y para volver a empezar.

A lo largo de estas páginas te he compartido reflexiones, conocimientos, experiencias, tropiezos y aprendizajes que atraviesan temas fundamentales de la vida: el amor, el cuerpo, la seguridad personal, la maternidad, la amistad, el dinero, la sexualidad, la soledad, los duelos, los nuevos comienzos y la búsqueda –siempre imperfecta– de la felicidad posible. Todo ello forma parte del mismo recorrido: el intento constante de construir una vida que se sienta propia, habitable y digna de ser vivida.

Estas páginas no surgieron de certezas absolutas, sino de cuestionamientos profundamente humanos que siguen revoloteando en mi mente y en mi corazón; aun así, tras haber vivido ya más de dos terceras partes de mi vida, haberme equivocado y después aprendido de esos errores, y teniendo que revisar mi rumbo más de una vez, confío en que mi experiencia pueda ayudarte a trazar tus propios mapas, a recorrerlos paso a paso y a recalibrarlos también.

Te invito a hacerte esta pregunta: ¿por qué pensar que salirse del camino «perfecto», del matrimonio «intacto» o de la familia «soñada» es producto del error o de la equivocación? Suelo decir que yo he reencarnado varias veces en esta única existencia que tengo, y con ello he transitado tanto lo que he elegido como lo que me llegó de manera inesperada, y por nada en el mundo escogería ni otro cuerpo, ni otro espacio, ni otra vida que vivir. ¿Que la vida que vivo hoy puede ser más difícil que la que viví hace ya algunos años? No lo niego. ¿Pero que, sin duda, también mi existencia es mejor? ¡Lo sostengo! Fuera de esquemas tradicionales y parejas matrimoniales, disfruto de mi amada familia, camino por las calles de la Ciudad de México de la mano de Peter (My Love), atesoro algunas tardes libres, trabajo en proyectos que dan sentido a mi vida y cultivo –entre mensajes de WhatsApp, desayunos con té negro y uno que otro viajecito– amistades entrañables también.

No estamos rotas aun cuando nos sintamos perdidas, y menos aún somos defectuosas si nos hemos equivocado; simplemente somos humanos, con toda esa contradicción, ambivalencia y complejidad que significa vivir. Sí, porque vivir implica desorientarse. Quizá las personas que más daño han causado a la humanidad han sido aquellas que se sentían totalmente seguras de las decisiones que estaban tomando. Confirmo, a lo largo de los años, que la vida no opera con certezas absolutas: amar implica equivocarse, crecer significa soltar versiones de nosotras mismas que creíamos inamovibles, emprender requiere intentar varias veces hasta que una opción se cristalice. Sentimos perder nuestra brújula no porque seamos incompetentes, sino porque la vida cambia, y con ella cambian también nuestros deseos, nuestras necesidades, nuestras metas y nuestras posibilidades reales de actuar.

Es por eso que recuperar tu brújula no significa que lo tengas todo claro, sino que vuelvas a escucharte y te preguntes: ¿qué quiero?, ¿qué necesito?, ¿con qué y con quiénes cuento?, ¿qué cosas no me funcionan más? Y, ¿cuáles situaciones estoy dispuesta –o no– a sostener por más tiempo? Con frecuencia nos movemos en la vida con mapas heredados que ya no corresponden al territorio que habitamos hoy: creencias antiguas, mandatos familiares, expectativas sociales y modelos amorosos o de éxito que, habiéndonos prometido plenitud, o bien cumplieron su cometido en el tiempo que tocaba y ya son obsoletos, o nunca estuvieron alineados a la persona que somos y nos dejaron llenas de cansancio y frustración.

Encontrar el norte es dejar de vivir en automático y elegir con mayor conciencia y congruencia el camino que quieres transitar, aunque en ocasiones esto implique incomodarte o, incluso, incomodar a otros; decepcionarte y decepcionar a algunos; o tomar decisiones difíciles sin tener certezas absolutas de a dónde te van a llevar. Quiero decirte que, en medio de la diversidad de temas aquí plasmados, el hilo común que los entreteje uno por uno es la necesidad de hacernos cargo de nuestra vida emocional y relacional: aprender a sentir, nombrar lo que nos pasa, reconocer nuestros límites, asumir nuestras responsabilidades afectivas, elegir a nuestros compañeros de viaje y dejar de esperar que otros vengan a completarnos o a salvarnos sin más.

No te agotes buscando una brújula perfecta ni una felicidad permanente. Descubre la posibilidad de detenerte y ajustar el rumbo cada vez que te des cuenta de que estás caminando en contra de ti misma. Recuerda que siempre existe la opción de dejar de cumplir expectativas ajenas y empezar a hacerte preguntas honestas: ¿esto que vivo me representa?, ¿este vínculo me suma o me achica?, ¿este esfuerzo vale la pena?, ¿esta renuncia tiene sentido?, ¿esta vida se parece a la que quiero hoy habitar?

Encontrar el norte también implica aceptar que no somos omnipotentes: no todo depende de una misma. Hay duelos, enfermedades, pérdidas y circunstancias que no elegimos, pero frente a las cuales sí podemos escoger cómo plantarnos, a quién pedir ayuda, qué batallas enfrentar y cuáles, sin culpa, simplemente soltar. La vida no siempre se acomoda a nuestros planes, pero siempre nos invita a redefinir el sentido que le damos a lo que toca atravesar.

Sin importar la edad, la historia amorosa, los errores cometidos o las oportunidades perdidas, nunca es tarde para revisar el rumbo. Mientras tengamos vida, podemos volver a preguntarnos quiénes somos hoy y hacia dónde queremos dirigirnos. No demos por sentado lo que nos dijeron: cuestionémonos qué es lo que nos hace sentido en este momento vital.

Y sí, este caminar es permanente y estimulante, porque recuperar la brújula que oriente nuestro caminar es un ejercicio continuo, una práctica cotidiana. A veces avanzaremos con claridad; otras, titubeantes. Habrá días en que el trayecto se perciba más claro, y otros en que tengamos que detenernos, respirar y aceptar la incertidumbre que toca atravesar. Pero incluso los momentos más inciertos plantean preguntas que nos movilizan hacia nuevas maneras de redireccionar el trayecto.

Gracias por caminar conmigo estas páginas. Me siento agradecida de que este libro haya sido una pausa reflexiva, una conversación honesta y un punto de apoyo que acompañe tu caminar. Que las preguntas que vengan a tu corazón al cerrarlo den cuenta de la transformación que ha ocurrido en ti. Y que con ellas puedas seguir afinando tu brújula interna, esa que no marca destinos perfectos, pero sí direcciones más precisas para encontrar tu norte, y de ese modo vayas convirtiéndote en la persona que quieres ser.

Con todo cariño,
TERE DÍAZ SENDRA

NOTA AL LECTOR

Si elegiste este libro, seguramente es porque deseas replantear tu vida, sea cual sea la etapa que atraviesas, actualizando la visión que tienes de ti misma, del amor, de la amistad, de la sexualidad, del dinero y del mundo emocional, y quieres celebrar tu vida sin negar sus desafíos.

De corazón, espero que a través de esta serie de capítulos breves y directos que entretejen mi experiencia personal, mis estudios y mi práctica terapéutica, te hayas acercado a tu propio norte mediante ideas claras, reflexiones profundas y acciones concretas, llevándote del «No sé por dónde empezar» al «Ya sé cuál es mi siguiente paso».

Tengo la certeza de que descubrirás –ya sea por una decisión tomada, una conversación pendiente agendada, un límite claro impuesto, o un pequeño ritual de autocuidado integrado– que tu brújula ya empezó a funcionar.

Confío en que el contenido de este libro te haya sido útil para lograr alguno de estos objetivos:

- Recorrer con curiosidad y humor experiencias de tu vida con el fin de replantearlas y actualizar tu manera de percibirte a través de ellas.
- Reconocer y nombrar lo que vives: alegrías, cansancios, miedos, deseos.
- Decidir mejor, ajustando tus ideales a posibilidades reales, sin victimismo ni perfeccionismo.
- Atreverte a poner límites a quienes te lastiman y a elegir vínculos que suman a tu vida.
- Encontrar sentido y propósito en tu vida –a pesar de las dificultades–, porque si bien es difícil, también es siempre generosa.

¡Un fuerte abrazo!

Si este texto te es de utilidad, consulta más contenidos en:

www.terediaz.com
Facebook: Tere Díaz Psicoterapeuta
Instagram: @terediazsendra
X: @tedisen
TikTok: _terediaz

O consulta Psicoterapia La Montaña

Facebook: Psicoterapia La Montaña
Instagram: @lamontana.mx
WhatsApp para agendar terapia: +52 5539206004
contacto@terediaz.com

AGRADECIMIENTOS

Este libro es deudor de infinidad de personas que lo provocaron y lo acompañaron, desde la teoría, pasando por la ilusión, hasta la aplicación en la vida práctica:

A Felipe Zámano, amigo querido y único ser humano en este mundo que ha leído todo lo que he escrito –entre libros, artículos, obsesiones y necedades–, pues sin su ayuda me hubiera sido imposible armar el gran rompecabezas que hizo nacer este texto.

A Karina Macías, de Planeta México, quien siempre supo que este proyecto tenía pies y cabeza y, por supuesto, mucho corazón.

A Alejandra Zúñiga, con quien fui afinando estas páginas, paso a paso, hasta llegar a su versión final.

A tantos consultantes que, junto conmigo –y con el sudor de su frente–, sesión tras sesión de terapia, reflexionaron y profundizaron mucho sobre el contenido de estas páginas.

A mi novia y esposa del alma, Adriana, con quien he transitado la aridez de los desiertos y también he disfrutado los días de sol, y porque caminar juntas me ha hecho disfrutar mucho y aprender tanto y más.

A mis hermanas, Gaby, Pupi y Maru, para quienes no encuentro palabras suficientes... solo abrazos, risas, algunas lágrimas, muchas conversaciones ¡y puro amor!

A mis amados hijos, Bernardo, Alejandro, Diego y Rodrigo, con quienes –a punta de prueba y error– he recorrido la vida y, en ese caminar juntos, he observado, platicado y practicado para finalmente confirmar mucho de lo que en este libro dejo plasmado.

A Peter (My Love), con quien la vida se hace, sin duda alguna, un lugar mucho más gozoso, tanto cuando la transito en inglés como cuando la habito en español.

REFERENCIAS BIBLIOGRÁFICAS

Ahrons, Constance (1994). *The Good Divorce. Keeping Your Family Together When Your Marriage Comes Apart.* EUA: Quill.

Alberoni, Francesco (2006). *El erotismo.* España: Gedisa.

_____ (2007). *Enamoramiento y amor.* España: Gedisa.

_____ (2009). *La amistad.* España: Gedisa.

Álvarez-Gayou, Juan Luis y Paulina Millán (2012). *Te celo porque te quiero. Cómo los celos nacen del amor, pero lo matan.* México: Grijalbo.

Annis, Barbara y Keith Merron (2014). *Gender Intelligence: Breakthrough Strategies for Increasing Diversity and Improving your Bottom Line.* Nueva York: HarperCollins.

Barragán, María Antonieta (2006). *Soltería: elección o circunstancia.* México: Norma.

Bauman, Zygmunt (2007). *Amor líquido. Acerca de la fragilidad de los vínculos humanos.* México: Fondo de Cultura Económica (FCE).

Beck, Ulrich y Elisabeth Beck-Gernsheim (2001). *El normal caos del amor. Las nuevas formas de relación amorosa.* España: Paidós.

Bleichmar, Silvia (2006). *Paradoja de la sexualidad masculina.* España: Paidós.

Boff, Leonardo (2006). *El águila y la gallina. Una metáfora de la condición humana.* España: Trotta.

Bolinches, Antoni (2007). *Amor a segundo intento. Aprende a amar mejor.* México: Grijalbo.

_____ (2010). *Sexo sabio. Cómo mantener el interés sexual en la pareja estable.* México: DeBolsillo.

_____ (2011). *Peter Pan puede crecer. El viaje del hombre hacia su madurez.* México: Grijalbo.

Branden, Nathaniel (1990). *El respeto a uno mismo.* Barcelona: Paidós.

_____ (2010). *Cómo mejorar su autoestima.* Barcelona: Paidós.

Burín, Mabel (1990). *El malestar de las mujeres. La tranquilidad recetada.* España: Paidós.

Carter, Betty y Joan K. Peters (1996). *Love, Honor and Negotiate.* EUA: Pocket Books.

Castañeda, Marina (2007). *El machismo invisible regresa.* México: Taurus.

Congosto, Raquel (2025). *Amiga mía.* España: Blackie Books.

Coria, Clara (1991). *El dinero en la pareja. Algunas desnudeces sobre el poder.* España: Paidós.

_____ (2008). *El sexo oculto del dinero. Formas de la dependencia femenina.* Argentina: Paidós.

Corkille Briggs, Dorothy (2006). *El niño feliz: su clave psicológica.* México: Gedisa.

Chávez, Martha Alicia (2009). *Consejos para padres divorciados.* México: Grijalbo.

DePaulo, Bella (2024). *Solteros por naturaleza: el poder, la libertad y el placer de la soltería.* México: Ediciones Urano.

Díaz, Tere y Rafael Manrique (2012). *Celos. ¿Amar o poseer?* México: Trillas.

Díaz, Tere y Manuel Turrent (2011). *Volver a empezar. Cómo salir bien librado de un rompimiento amoroso.* México: DeBolsillo.

_____ (2013). *29 claves para encontrar pareja. Una guía para cerrar relaciones pasadas y elegir un buen amor.* México: Grijalbo.

Fisher, Helen E. (1992). *Anatomía del amor. Historia natural de la monogamia, el adulterio y el divorcio.* España: Anagrama.

Frankl, Viktor (1999). *El hombre en busca del sentido último.* España: Paidós.

Giddens, Anthony (2006). *La transformación de la intimidad: Sexualidad, amor y erotismo en las sociedades modernas.* Madrid: Cátedra.

Gottman, John M. y Joan DeClaire (2001). *The Relationship Cure. A 5 Step Guide to Strengthening your Marriage, Family, and Friends.* EUA: Three Rivers Press.

Gottman, John M. y Nan Silver (2004). *Siete reglas de oro para vivir en pareja. Un estudio exhaustivo sobre las relaciones y la convivencia.* México: DeBolsillo.

Hakim, Catherine (2012). *Capital erótico. El poder de fascinar a los demás.* México: DeBolsillo.

Hirigoyen, Marie France (2007). *Las nuevas soledades. El reto de las relaciones personales en el mundo de hoy.* España: Paidós.

Illouz, Eva (2012). *Por qué duele el amor. Una explicación sociológica.* España: Katz, Serie Ensayos.

_____ (2007). *Intimidades congeladas. Las emociones en el capitalismo.* España: Katz.

Kipnis, Laura (2008). *Contra el amor.* México: Tumbona Ediciones.

Kirshenbaum, Mira (1996). *Too Good to Leave, Too Bad to Stay.* EUA: Plume.

Levy, Norberto (2003). *La sabiduría de las emociones.* México: DeBolsillo.

Manrique, Rafael (1996). *Sexo, erotismo y amor. Complejidad y libertad en la relación amorosa.* España: Libertarias.

_____ (2001). *Conyugal y extraconyugal. Nuevas geografías amorosas.* España: Fundamentos.

_____ (2008). *¿Me amas? Todos los consejos que necesitas sobre el amor.* México: Pax.

Mastretta, Ángeles (2006). *Mal de amores.* España: Seix Barral.

Nicholson, Virginia (2008). *Ellas solas. Un mundo sin hombres tras la gran guerra.* España: Turner. Colección Noema.

Onfray, Michel (2002). *Teoría del cuerpo enamorado. Por una erótica solar.* Valencia: Guada Impresores.

Pasini, Willy (2005). *Los nuevos comportamientos amorosos. La pareja y las transgresiones sexuales.* España: Ares y Mares.

Perel, Esther (2007). *Inteligencia erótica. Claves para mantener la pasión en la pareja.* México: Diana.

_____ (2017). *The State of Affairs. Rethinking Infidelity.* EUA: Harpers.

Riso, Walter (2009). *Amar o depender.* México: Norma.

Romero Vargas, Alberto y Amalia Sigala Muñoz (2011). *Divorcio sano. Una despedida en paz.* España: Urano.

Sanz, Fina (1991). *Psicoerotismo femenino y masculino. Para unas relaciones placenteras, autónomas y justas.* España: Kairós.

Sinay, Sergio (2006). *La masculinidad tóxica.* Argentina: Ediciones B.

Sinay, Sergio (2004). *Las condiciones del buen amor.* Barcelona: Del Nuevo Extremo Editores.

Sternberg, Robert (1989). *El triángulo del amor. Intimidad, pasión y compromiso.* España: Paidós.

_____ (2001). *El amor es como una historia. Una nueva teoría de las relaciones.* España: Paidós.

Tonner, Leslie y Turecki, Stanley (2002). *El niño difícil. Cómo entenderlo y desarrollar sus cualidades.* Colombia: Norma.

Vaughan, Diane (1990). *Uncoupling. Turning Points in Intimate Relationships.* EUA: Vintage Books.

Viscott, David (1978). *El lenguaje de los sentimientos.* Argentina: Emecé Editores.

Willi, Jürg (2004). *Psicología del amor. El crecimiento personal en la relación de pareja.* España: Herder.

Witt, Emily (2016). *Sexo futuro. El amor en el siglo XXI.* Barcelona: Sin Fronteras.

Zumaya, Mario (2006). *La infidelidad. Ese visitante frecuente.* México: Libros para Todos.